面向"十三五"学前教育专业规划教材

家庭教育学

何俊华　马东平　主编

清华大学出版社

北京

内 容 简 介

本书针对教育及心理专业学生的实际需要,对家庭教育进行理论的阐释和实践的指导。书中全面介绍了家庭教育的基本理论观点,系统阐释了家庭教育的发展历史、影响因素、家庭教育的原则、内容和方法,以及各类型家庭教育的特点,各阶段儿童的家庭教育指导,最后对家庭、学校、社区合作的问题及家庭教育中所关心的亲子关系进行了论述。全书在编写过程中力求内容新颖、通俗易懂,体例编排上注重理论阐释与实践指导相结合,每章都设置了能力训练模块,体现了现实性、实用性和可操作性的特点。

本书封面贴有清华大学出版社防伪标签,无标签者不得销售。
版权所有,侵权必究。举报: 010-62782989,beiqinquan@tup.tsinghua.edu.cn。

图书在版编目(CIP)数据

家庭教育学/何俊华,马东平主编. —北京:清华大学出版社,2017(2024.8重印)
(面向"十三五"学前教育专业规划教材)
ISBN 978-7-302-47151-6

Ⅰ.①家… Ⅱ.①何… ②马… Ⅲ.①家庭教育-教育学-高等职业教育-教材 Ⅳ.①G780

中国版本图书馆CIP数据核字(2017)第116720号

责任编辑:张 弛
封面设计:于晓丽
责任校对:袁 芳
责任印制:刘海龙

出版发行:清华大学出版社
网　　址: https://www.tup.com.cn, https://www.wqxuetang.com
地　　址: 北京清华大学学研大厦A座　　　　邮　编: 100084
社 总 机: 010-83470000　　　　　　　　　　邮　购: 010-62786544
投稿与读者服务: 010-62776969, c-service@tup.tsinghua.edu.cn
质量反馈: 010-62772015, zhiliang@tup.tsinghua.edu.cn
课件下载: https://www.tup.com.cn, 010-62770175-4278

印 装 者: 三河市龙大印装有限公司
经　　销: 全国新华书店
开　　本: 185mm×260mm　　　印　张: 13.75　　　字　数: 311千字
版　　次: 2017年8月第1版　　　　　　　　印　次: 2024年8月第12次印刷
定　　价: 49.00元

产品编号: 064834-03

前　言

在我国经济社会急剧转型的过程中,家庭教育的新问题、新情况层出不穷,传统的家庭教育观念越来越不适应社会发展的需求,也带来了许多亟待解决的新问题:传统家庭教育理论的批判与继承问题、现实生活中家庭教育的价值导向与家庭教育的科学化问题、如何把家庭教育的理论与孩子的教育有机地结合起来等。

撰写《家庭教育学》,旨在面对我国家庭教育实际,分析和总结家庭教育的历史经验,从理论与实践结合的角度,对家庭教育的规律进行探讨,力求通俗易懂、求实求新,以服务于当前的教育与社会发展的需求。因此,本书在编写过程中体现了以下几个特点。

1. 内容的通俗性

为了满足广大读者的需求,本书在编写过程中力求兼顾语言的通俗性、趣味性、生活性和可读性。每章都以大量成功或失败的案例作为切入点,力求将崭新的观念、原则、方法带到教育"现场"呈现给读者。

2. 理论与实践的统一性

大量案例的解读与评析是本书的一个特点。案例是从生活中精选出来的事件,有调查、新闻报道,还有经典的心理学和教育学方面的研究。这些生动、有趣的教育案例能使读者深刻反思自己的家庭教育,了解孩子问题背后的原因,进而切实有效地把家庭教育的理论运用到实际中去,使家庭教育的理论变得鲜活起来。

3. 方法和技巧的可操作性

为了能够更好地增加教材的实用性,本书在编写过程中专门开辟了能力训练模块,帮助学习者把学到的方法和技巧应用到实际操作中去。试图搭建一座教育理论与实践操作的"智慧之桥"。

总之,本书以全新的视角透视家庭教育,在保证家庭教育理论科学性的同时,兼顾家庭教育的可读性、实用性和可操作性,以理论指导实践,以实践验证理论。

本书由石家庄学院的何俊华以及宁夏幼儿师范高等专科学校的马东平任主编,具体章节分工为:第一章、第二章、第三章、第四章由马丽雯、马东平共同执笔,第五章、第七章、第十章由何俊华执笔,第六章、第八章由陈宏执笔,第九章由赵芳芳、马东平执笔。全书由何俊华整理和统稿。

鉴于编者水平和能力所限,书中错误和不当之处在所难免,希望读者和专家不吝指教。另外,我们在编写过程中参阅了许多文献,虽然我们尽可能写明各种引用资料的出处,但恐有所疏漏,在此一并对有关人士和单位表示衷心的感谢!

何俊华

2017 年 1 月

目 录

第一章 绪论 ………………………………………………………………… 1
    第一节 家庭概述 ……………………………………………………… 2
    第二节 家庭教育概述 ………………………………………………… 6
    第三节 家庭教育学概述 ……………………………………………… 12
    能力训练 ………………………………………………………………… 15
    思考与练习 ……………………………………………………………… 17

第二章 我国家庭教育的演变 ……………………………………………… 18
    第一节 我国家庭教育的回顾 ………………………………………… 19
    第二节 我国家庭教育的传统特色 …………………………………… 21
    第三节 我国家庭教育的现状及发展趋势 …………………………… 30
    能力训练 ………………………………………………………………… 36
    思考与练习 ……………………………………………………………… 38

第三章 影响家庭教育的主要因素 ………………………………………… 39
    第一节 家长的教育素养与家庭教育 ………………………………… 40
    第二节 家庭关系与家庭教育 ………………………………………… 44
    第三节 家长教养方式与家庭教育 …………………………………… 47
    第四节 社会环境与家庭教育 ………………………………………… 49
    能力训练 ………………………………………………………………… 51
    思考与练习 ……………………………………………………………… 52

第四章 家庭教育的目的、任务和内容 …………………………………… 53
    第一节 家庭教育的目的 ……………………………………………… 54
    第二节 家庭教育的任务和内容 ……………………………………… 60
    能力训练 ………………………………………………………………… 65
    思考与练习 ……………………………………………………………… 67

第五章 家庭教育的基本原则 ……………………………………………… 68
    第一节 主体性原则 …………………………………………………… 69
    第二节 理智施爱原则 ………………………………………………… 72

第三节　因材施教的原则 …………………………………………… 75
　　第四节　言传身教原则 ……………………………………………… 78
　　第五节　正确导向原则 ……………………………………………… 80
　　第六节　循序渐进原则 ……………………………………………… 82
　　能力训练 ……………………………………………………………… 85
　　思考与练习 …………………………………………………………… 87

第六章　家庭教育的方法 …………………………………………… 88
　　第一节　环境熏陶法 ………………………………………………… 89
　　第二节　实际锻炼法 ………………………………………………… 91
　　第三节　说理教育法 ………………………………………………… 93
　　第四节　榜样示范法 ………………………………………………… 97
　　第五节　兴趣探索诱导法 …………………………………………… 99
　　第六节　奖惩激励法 ………………………………………………… 101
　　能力训练 ……………………………………………………………… 105
　　思考与练习 …………………………………………………………… 106

第七章　不同年龄阶段儿童的家庭教育 …………………………… 107
　　第一节　婴儿期的家庭教育 ………………………………………… 108
　　第二节　幼儿期的家庭教育 ………………………………………… 114
　　第三节　童年期的家庭教育 ………………………………………… 125
　　第四节　青春期的家庭教育 ………………………………………… 136
　　能力训练 ……………………………………………………………… 143
　　思考与练习 …………………………………………………………… 145

第八章　特殊家庭的儿童教育 ……………………………………… 146
　　第一节　单亲家庭的儿童教育 ……………………………………… 146
　　第二节　隔代家庭的儿童教育 ……………………………………… 155
　　第三节　留守儿童的家庭教育 ……………………………………… 161
　　能力训练 ……………………………………………………………… 166
　　思考与练习 …………………………………………………………… 167

第九章　家庭、学校、社区共育合作 ……………………………… 168
　　第一节　家庭、学校及社区育人关系概述 ………………………… 169
　　第二节　家庭、学校及社区育人目标和内容 ……………………… 171
　　第三节　家庭、学校和社区共育的原则和方法 …………………… 175
　　能力训练 ……………………………………………………………… 181
　　思考与练习 …………………………………………………………… 182

第十章　亲子沟通训练 …………………………………………………… 183

第一节　传统的沟通模式 ………………………………………… 184
第二节　怎么听,孩子才会说:接受性语言 …………………… 187
第三节　如何说,孩子才肯听 …………………………………… 195
第四节　寻求问题的解决方案 …………………………………… 202
能力训练 …………………………………………………………… 206
思考与练习 ………………………………………………………… 208

参考文献 ……………………………………………………………………… 209

第一章
绪　论

　　一天晚上,有位年轻的母亲正在厨房洗碗,她才几岁的儿子独自在洒满月光的后院玩耍。年轻的母亲不断听到儿子蹦蹦跳跳的声音,感到很奇怪,便大声问他在干什么。天真无邪的儿子也大声回答:"妈妈,我想蹦到月球上去!"这位母亲并没有像其他的父母一样责怪孩子不好好学习,只知道瞎想!而是说:"好啊!不过一定要记得回来呀!"这个孩子长大后真的"蹦"到月球上去了,他就是人类历史上第一个登上月球上的人——美国宇航员尼尔·阿姆斯特朗。他登上月球的时间是1969年7月16日。

　　还有一个同样有意思的故事:有一天,一个小男孩在家里照顾他的妹妹莎莉,他无意中发现了几瓶彩色的墨水。小男孩忍不住打开瓶子,模仿着妹妹的肖像开始在地板上洒。当然,不可避免地,他把室内各处都洒上了墨水污迹,家里变得脏乱不堪。当他母亲回来时,被眼前的情景惊呆了,但她同时也看到地板上的那张画像——准确地说那是一片乱七八糟的墨迹。但她对色彩凌乱的墨水污渍视而不见,却惊喜地说道:"啊,那是莎莉!"然后她弯下腰来亲吻了她的儿子。这个男孩名叫本明杰·威斯特,后来成了一位著名的画家,他常常骄傲地对人说:"是母亲的亲吻使我成了画家。"

　　家庭是孩子接触的第一个环境,父母是孩子的第一任老师,家庭环境的构建以及父母的教育对孩子来说至关重要,甚至可以说影响着他们的一生。

第一节 家庭概述

家庭,对于不同的个体来说,不是一个陌生的词汇,"家庭是孩子的第一所学校,父母是孩子的第一任教师"这是大众对于家庭最重要、最简洁的概括。家庭作为所有社会制度中最基础、最亲密的团体,对个体的影响是极其深远的,因此它具有不可替代的特殊意义。

一、家庭的含义

中华民族自古以来就重视家庭、重视亲情。家和万事兴、天伦之乐、尊老爱幼、贤妻良母、相夫教子、勤俭持家等,都体现了中国人的这种观念。"慈母手中线,游子身上衣。临行密密缝,意恐迟迟归。谁言寸草心,报得三春晖。"唐代诗人孟郊的这首《游子吟》,生动表达了中国人深厚的家庭情结。家庭是社会的基本细胞,是人生的第一所学校。不论时代发生多大变化,不论生活格局发生多大变化,我们都要重视家庭建设,注重家庭、注重家教、注重家风,紧密结合培育和弘扬社会主义核心价值观,发扬光大中华民族传统家庭美德,促进家庭和睦,促进亲人相亲相爱,促进下一代健康成长,促进老年人老有所养,使千千万万个家庭成为国家发展、民族进步、社会和谐的重要基点。(习近平总书记在2015年春节团拜会上的讲话摘录)

习近平总书记指出家庭对于国家发展、社会和谐具有重要影响,而且在个人成长和民族进步过程中具有重要作用。现代理论解释,家庭是以婚姻、血缘和收养关系为基础的一种社会生活组织形式[1]。家庭是社会的细胞,是社会生活的基础,是组成社会的基本单位。家庭具有自然属性和社会属性:家庭的自然属性在于它是以两性结合和血缘联系为自然条件的。家庭的社会属性在于一定的家庭形态总是同社会发展的一定阶段相适应,只有透过一定的社会历史发展阶段,才能科学地认识家庭制度的本质和发展规律。社会性是人类的根本属性,家庭的性质和特点主要由人类社会的属性决定。

二、家庭的基本结构

5月15日是国际家庭日。在山东青岛工作的陈家旭像往常一样早早起床,在为熟睡的妻子和襁褓中的儿子准备早餐之中开始新的一天。陈家旭并不是土生土长的青岛人,大学毕业后,他留在了距离老家辽宁沈阳千里之外的青岛,并在3年之后组建家庭,在青岛"落地生根"。"如果住在老家,做早餐这样的'杂事'根本不用我操心,父母都会帮我做好,早晨至少可以多睡半个小时。"陈家旭说。与此同时,远在千里之外的父母也正在饱受思念儿子之苦。

---

[1] 彭立荣.婚姻家庭大辞典[M].上海:上海社会科学院出版社,1998:152.

在如今的中国,像陈家旭一样的家庭很多。在深圳工作的江西南昌女孩许皓说,正是因为远离父母,她早早地学会了如何处理交水电费、维修家用电器等生活琐事,几乎什么事情都独立处理。而远在江西南昌的父母,平时也只能通过电话联系,每年见面次数屈指可数。

随着社会发展,越来越多的中国人像陈家旭和许皓这样,选择到故乡以外的城市工作和生活。数据显示,目前中国共有2.3亿流动人口,其中跨省流动人口占比达67.2%。随着人口的流动,家庭结构也在发生着变化,传统的"三世同堂""四世同堂"的家庭越来越少。卫计委2014年5月14日发布的首个《中国家庭发展报告》显示,中国家庭户平均人数已由20世纪50年代前的5.3人降至2012年的3.02人,中国已是平均家庭规模较小的国家。(新华网:从"大家庭"变为"小家庭")

所谓家庭结构,是指家庭成员之间不同层次及血缘关系的不同组合状态。家庭结构主要包括家庭的人口数量、家庭成员之间的辈分关系等因素,因此家庭结构的分类并不是单一存在的。

(一) 家庭成员之间的代际关系

家庭的结构按照家庭成员之间的代际关系来看主要分为:核心家庭、主干家庭、联合家庭及一些其他家庭。

(1) 核心家庭:即夫妻与未婚子女组成的家庭(也包括只有夫妻两人的家庭,夫或者妻与未婚子女组成的家庭),因为这种类型的家庭只有一个中心(一对夫妻),因此称为核心家庭。

(2) 主干家庭:即夫妻与一对已婚子女组成的家庭,换句话说就是祖父母与父母、子女组成的家庭,也就是我们通常说的三世同堂。主干家庭的代际关系相对复杂、家庭成员数量较多、规模较大。其特点在于这种类型的家庭结构中有两对处在两代人位置的夫妻,家庭中存在两个中心、三代人。

(3) 联合家庭:即夫妻与多对子女组成的家庭,相对于主干家庭来说,联合家庭的代际关系更为复杂、家庭成员数量更多、规模更大。其主要特点是家庭中有多对夫妻,而且有同辈夫妻存在,甚至会有直系或旁系亲属,因此这种家庭也存在多个中心。

(4) 其他家庭:即除了核心家庭、主干家庭、联合家庭以外的家庭结构。如:隔代家庭(由老年人和未成年的孙辈亲属组成的家庭)、单身家庭(只有单独一人组成的家庭)、残缺家庭(只有兄弟姐妹组成的家庭、只有兄弟姐妹和其他有血缘或者无血缘的人组成的家庭)等。

(二) 家庭结构的稳定性

从家庭结构的稳定性来看,把家庭分为:健全型家庭和残破型家庭(也称作不健全型家庭,包括单亲家庭和无双亲家庭),其中健全型家庭是最理想的家庭结构模式。

(1) 健全型家庭:所谓健全,是指父、母、子女三全的家庭,在这种家庭中,家庭成员关系融洽,成员之间相互关爱,父母之间感情深厚且有时间去照看和养育自己的子女,使其能够健康成长。

(2) 残破型家庭(不健全型家庭)：主要包括单亲家庭和无双亲家庭。前者是指"只有生亲或养亲父母一方和未成年子女组成的家庭"，包括未婚式、分居式、离婚式、丧偶式；后者是指"没有生亲或养亲父母与未成年子女共同生活的家庭"，包括父母双亡和父母离婚后子女被抛弃的家庭、父母长期在外打工而形成的"留守儿童"式家庭。

2015年6月9日晚11时，听到"咚"的一声闷响，贵州省毕节市七星关区田坎乡茨竹村村民张启付打着手电筒，沿着声响的方向走去。在距离自家新房30米远的一幢三层小楼前，他看到一个男孩儿躺在地上，一动不动。

张启付和同村人都知道，这栋楼里住着4兄妹，年纪最大的哥哥13岁，三个妹妹分别为9岁、8岁和5岁，这4个孩子无人照料，相依为命。

大约20分钟后，当地政府工作人员和120急救人员赶到现场，哥哥已经生命垂危，在三楼房间里发现的3个妹妹随后在医院抢救无效死亡。(新浪教育：贵州四名留守儿童死亡)

留守儿童问题是近年来一个突出的社会问题。留守的少年儿童正处于成长发育的关键时期，他们无法享受到父母在思想认识及价值观念上的引导和帮助，成长中缺少了父母情感上的关注和呵护，极易产生认识、价值上的偏离和个性、心理发展的异常。在贵州发生的这场悲剧，其很大程度上是由于兄妹四人家庭贫困，长期没有父母陪伴造成的。

三、家庭的基本功能

家庭是人一出生接触的第一个生活环境，是人接触的第一个教育场所，也是人生活时间最为长久的环境，家庭的地位和作用对于每一个个体来说都极为重要，其对个体的身心发展也会产生极为深刻和长久的影响。因此，了解家庭的功能也显得尤为必要。

(一) 家庭的生育和遗传功能

布拉德菲尔德家族本是一个普通的美国家庭，但是，自从这个家族的老祖母戈尔·布拉德菲尔德于1960年死于胃癌后，死亡的阴影就一直笼罩着她的子孙们。原来，自从老太太戈尔死于胃癌后，这个家族的后代有多名成员都死于同样的疾病。戈尔有7个子女，其中6人在他们四五十岁时相继因癌症去世。在布拉德菲尔德家族的18个孙子(女)和外孙(女)中，戴维·艾伦已于2003年死于这种家族遗传病。她的家族就像是遭了"胃癌魔咒"，共有10人因胃癌或者疑似胃癌先后去世。

此后不久，这个家族余下的17人都接受了基因检测，结果表明，他们中有11人携带一种家族遗传性胃癌的突变基因。据科研人员介绍，携带这一突变基因的后代将有70%概率患上胃癌。迫不得已，布拉德菲尔德家族的11名堂兄妹选择了在自己还未发病的时候就将胃完全切除。(搜狐健康：一个家族的"癌症魔咒")

上面这个案例告诉我们家庭不仅具有种族繁衍的生育功能，在这个功能的实现过程中，还会伴随着负面的遗传功能。

(二) 家庭的情感交往功能

丘丘刚三个月大，父母对他的哭闹不烦不乱，而是跟他说话，逗他玩。同样三个月大的小小的爸爸很少在家陪她,而小小只要一哭,她的妈妈就把她抱在怀里走来走去,有时候妈妈还会因为小小哭闹不止而生气。很快,丘丘和小小都满一岁了。这时的丘丘已经可以在离父母不远的地方自己玩乐,而小小依然经常哭闹,常常要求妈妈抱着自己不能松手。(网易教育:四种依恋关系,养出四种孩子)

为什么丘丘更加自信独立,而小小却哭闹更多,更黏妈妈?分析案例可见,丘丘的父母更加有效地处理和满足了他的需求,因此丘丘的安全感建立得很好,能自在地进行探索活动,也越来越独立。而小小没有习得这样的能力,她不能容忍与父母的分离,易产生焦虑或恐惧心理,也阻碍了其独立性的发展。孩子早期的家庭环境对孩子一生具有极其重要的意义。孩子早期与主要抚养人之间依恋关系的建立,是孩子与主要抚养人情感建立的基础。因此,由于这种血缘或亲缘关系,让家庭成员之间的情感密不可分。家庭成员之间的情感交往是最纯真、最持久、最真实的,它对于个体性格及其品质养成都具有重要的意义。

(三)家庭的教育功能

孩子从父母那里得到的遗传素质,只是给孩子提供的发展的可能性,他要成为一个社会人,还是要经过后天的学习和训练。在纷繁复杂的社会环境中,对个体影响最直接、深刻、持久的就是家庭环境。马卡连柯曾经说过:"家庭是最重要的地方,在家庭里,人逐渐向社会生活迈进。"人在刚出生的时候,是最无助和脆弱的时候,这时候最需要成人无微不至的关怀和照顾,就像是一张白纸,在后来的教育和生活中不断添加色彩。

(四)家庭的抚养和赡养功能

八旬的李建唐、丁慧良是一对失独老人。提起12年前那场夺去独生女儿生命的车祸,他们往往老泪纵横。老两口用了多年的时间,才从痛苦中慢慢走出。李建唐说,女儿车祸那年,自己68岁,和老伴的身体还很好。"现在身体不行了,想进养老院养老,但是住养老院需要有子女签字、有人担保。像我们这样的失独老人,养老院根本不收。"

虽然老人入住养老院并无门槛,但由于无子女的老人没有监护人,在实际操作中,养老院一般不接收高龄无子女者。据估算,北京市无子女老人家庭大约有5万个,其中大约有1万名丧子或子女残疾的老人欲入住养老院而不能。如果加上空巢老人家庭,相应的数字会更为庞大。(新华网:空巢老人住院 "代理儿女"签字)

人到了老年,由于劳动能力的丧失,需要子女的赡养。但是有些家庭由于子女工作繁忙或者老人不愿意给子女增添负担,更有甚者不愿意承担赡养老人的义务,使得很多老年人尤其是失去伴侣的老年人成了所谓的"空巢老人",随着社会服务及保障制度的不断完善,国家虽然承担了一部分的赡养工作,但是家庭对于老人的赡养功能依旧是任何机构替代不了的。

(五)家庭的休息与娱乐功能

2005年北京市高考理科状元——东直门中学的田禾就是一个学得好、玩得也好的人。在各种体育项目中,她最喜欢的就是网球。每到周日,不管刮风还是下雨,她都要妈妈带她去打网球,一打就是一上午。如果妈妈没时间,她就约同学去。快到高考了,同学的家长看到田禾还这样的疯玩,就告诫自己家的孩子:"快要高考了,还不好好复习功课,有什么好玩?"结果,没人再敢和田禾去打网球了。田禾感到很失望,尽管如此,她还是一个人来到网球场,对着墙壁练习击球的基本动作。

在2005年的高考中,田禾以707分的总成绩摘得了北京市高考理科的第一名,考入北京大学理科实验班。在得知这一成绩后,同学们都感到有些惊讶,这个平日里玩玩闹闹,似乎对学习并不是那么上心的女孩儿,怎么就考了全市第一呢?

田禾认为:学习与体育锻炼、娱乐活动相互交替,是大脑休息的最佳方法。如果总是坐在书桌前面看书,时间一长就会注意力下降、记忆力衰退,欲速则不达。所以,把自己的学习时间和休息锻炼的时间交替安排,就可以做到劳逸结合,达到最佳的学习效果。(百度贴吧:王宏芙:"高考状元会学也会玩")

从案例中可以看出,田禾的父母为她提供了一个轻松、愉快的家庭氛围,非常理解和支持她的业余爱好,使得她在紧张的高三生活中可以劳逸结合,从而取得最佳的学习效果。家庭是人的娱乐场所之一,家庭娱乐对于儿童来说尤为重要,儿童在家庭游戏中获得知识。随着人们生活条件的改善,人们的休息和娱乐逐渐从单一型向多项型发展,日益丰富,家庭在这方面的功能也日益增强。

第二节 家庭教育概述

俗话说:"父母是孩子的镜子,孩子是父母的影子",父母是孩子的第一任老师,父母的言行、处事方式等对孩子都有着潜移默化的影响,如孩子的人格养成、价值观的形成、社会化等都会受到家庭教育的影响。那么,什么是家庭教育?家庭教育有什么特点?家庭教育有哪些基本功能?

一、家庭教育的含义

狭义的家庭教育是指在家庭生活中,由家长即由家庭中的长者(其中只要是父母)对子女及其他年幼者实施的教育和影响。广义的家庭教育是指家庭成员之间相互实施的一种教育。

二、家庭教育的性质

(一)家庭教育是一种私人性质的教育

家庭教育是在家庭内由家长实施的个体行为,有很强的独立性和自主性。在家庭中,希望把子女培养成什么样的人,对子女采用什么样的教育方式,父母有很大的自主权。虽然家庭教育是一种私人性质的教育,但是并不是说家庭教育完全独立于社会之外。相反,家庭是社会的基本单位,社会经济、文化会通过各种途径渗透到家庭生活中,影响家庭教育的实施。

（二）家庭教育是一种非正规教育

正规教育是指由教育部门认可的教育机构所提供的有目的、有组织、有计划、由专职人员承担的,通常在教室环境中进行,使用规定的教学大纲、教材。家庭不是专门的教育机构,家庭教育不是有组织、有领导的教育,没有固定的模式、固定的时间和地点,一般是在家庭生活中,长者对子女实施的潜移默化的影响。因此,家庭教育是一种非正规教育。

（三）家庭教育是持续终生的教育

针对教育过程实施的持续时间长短,家庭教育与学校教育和社会教育相比是持续终生的教育。在正常情况下,家长是不变的,家庭相对于其他社会组织具有很强的稳定性和持久性。在一个人的成长过程中,每天与父母朝夕相处,接受父母或其他长辈的教育和影响。因此,家庭教育伴随着人的一生,具有典型的连续性和永久性。

三、家庭教育的特点

家庭教育是一种区别于其他教育形式的一种特殊教育形式,家庭除了有血缘关系外,还是一种社会关系。就家庭教育的特点而言,它既有优势也有劣势,因此,只有充分认识到这一点,才能正确地把握家庭教育的规律及特点。

（一）家庭教育的优势

就家庭教育的优势来看,具有以下几个特点。

1. 家庭教育的启蒙性

我国教育家蔡元培先生也说:"家庭者,人生最初之学校也。一生之品性,所谓万变不离其宗旨,大抵胚胎于家庭之中。……习惯故能成性,朋友亦能染之,然较之家庭,则其感化之力远不及也。社会、国家之事也繁矣,而成此事业之人物,孰非起于呱呱之小儿乎？虽伟人杰出,震惊一世之意见及行为,其托始于家庭中幼年所受之思想者,盖必不鲜。是以为有为之士,非出于善良家庭者,世不多有。"（蔡元培：蔡元培讲中国伦理学）

婴儿出生首先接触的就是家庭生活,家长则成了孩子的第一任老师。早期的家庭教育,对于孩子习惯的培养、性格的培养、价值观的形成及智力的发展会产生极为深刻的影响,而家庭教育的失败和不足,将会给人的一生带来无法弥补的缺陷。

2. 家庭教育的权威性

豆豆4岁时,父母由于工作原因要把豆豆留在老家与奶奶待几天,豆豆之前没有离开过父母,一听要把她留在奶奶家,不愿意,任凭父母把道理给她讲了一遍又一遍,就是不干。奶奶私下建议爸爸妈妈偷偷走,认为孩子过几天就没事了,但是豆豆的爸妈不忍心,不愿意那样做。小两口商量后,决定改变策略给孩子做思想工作。

临走前一天,豆豆爸故意在孩子面前做出愁眉苦脸的样子,引起豆豆的注意。豆豆爸像对一个大人说话一样,郑重其事地对豆豆说:"爸爸妈妈遇到一件困难的事情,不知道该怎么办。"豆豆问怎么了,爸爸说:"我和妈妈明天要回单位去上班,不过,现在看来我们不能去上班了,因为我们要接送你去幼儿园。这样我们就不能按时完成工作了,老板肯定要批评我们,工资也要被扣掉很多。哎,这可怎么办啊?"

豆豆似乎有些同情地看着爸爸妈妈,也在帮助爸妈想主意。片刻后,豆豆爸说:"爸爸想了一个主意,不知道你同不同意?"豆豆一听,催促爸爸快点说。豆豆爸说:"要不你先在奶奶家待几天?等爸爸忙完手上的工作,再来接你过去,好吗?这样我和妈妈就能按时完成工作,不担心被公司开除了,我们的困难就解决了。"豆豆看着爸爸,现在爸爸妈妈征求她的意见,豆豆点点头说:"好。"妈妈愉快地说:"豆豆真懂事,能跟我们一起想办法了。"(尹建莉:最美的教育最简单)

在案例中,最初孩子处于被动的位置,是被说服的对象,后来豆豆从被动角色成为一个可以做出选择的主动者,同时成为一个可以实施决定的践行者,孩子自然变得懂事,问题也好解决了。

这里所说的权威并不完全等同于强制,而是建立在父母对子女的尊重、子女对父母的尊敬和信赖的基础上,也只有这样,家长的权威性才能产生积极的影响。要树立家长的权威性,首先家长要做到夫妻之间的相互尊重,家庭氛围的和谐,家长的教育方式一致,能够对自己的子女做到充分的尊重。

3. 家庭教育的随机性

壮壮8岁了,他有一个坏习惯,从小不爱喝水也不爱吃水果,只喝瓶装饮料。暑假壮壮去小姨家玩儿,小姨想乘机改一改他的坏毛病。

暑假这几天的天气非常热,小姨借故把家里的空调关上了,壮壮觉得口渴,去冰箱里拿饮料喝,但是发现没有了,小姨装作刚知道饮料喝完了,表示内疚。壮壮想喝水,发现凉水壶是空的。小姨抱歉地说:哦,忘了晾凉水了,现在去给你烧。

这时小姨从冰箱里取出冰镇西瓜,招呼壮壮来吃,壮壮摇头表示拒绝。小姨和小姨夫自顾自地开始吃,边吃边感叹:这西瓜真好吃,又凉又甜。水开后,小姨倒了一杯,热气腾腾,壮壮看着热水一脸愁容、焦渴难耐。小姨漫不经心地说:水一时半会儿凉不了,西瓜挺好吃的,要不你先吃块西瓜?说完就走开了。终于壮壮拿起了叉子吃了一块,然后又一块,又一块。过了一会儿又把杯子里的水也喝光了。(尹建莉:最美的教育最简单)

从案例中可以看出,壮壮的小姨并不是简单地说教,而是在生活中利用合适的机会运用恰当的教育方法,改变壮壮不爱喝水、不吃水果的不良饮食习惯,在潜移默化中,让壮壮慢慢尝试接受水果。家庭教育不需要遵循一定的程序,不需要明确的时间、地点和条件,而是随机而教,利用一切可以利用的条件或者没有条件创造条件,实施因人而异的个性化教育。苏联教育家马卡连柯认为"不要以为只有你们同儿童谈话、教训他、命令他时,才是进行教育,你们是在生活的每时每刻,甚至你们不在场的时候,也在教育着儿童。你们怎样穿戴,怎样同别人谈话,怎样谈论别人,怎样欢乐或发愁,怎样对待朋友和敌人,怎样笑,怎样读报——这一切对儿童都有重要的意义。"[1]

---

[1] 安·谢·马卡连柯. 马卡连柯全集(第3卷)[M]. 北京:人民教育出版社,1956:400.

(二)家庭教育的劣势

有位家长,听人说孩子有毛病一定要扼杀在摇篮中,所以她从女儿一岁多,就对孩子进行严格的管教。如果孩子不好好吃饭,她就把碗中的饭全都倒掉;如果孩子不好好刷牙,她就把牙刷一折两半;如果孩子不好好背古诗,她就打手心……在她的严厉教育下,孩子确实被训练得很听话,按时吃饭,认真刷牙,会背很多古诗。但是孩子刚刚三岁,她发现孩子一方面胆小怕事,去外面不敢跟其他小朋友玩儿;另一方面在家脾气非常大。(尹建莉:最美的教育最简单)

在案例中儿童天性都是温柔善良的,如果说一个孩子表现出冷酷和暴躁,她一定在生活中体会了太多的冷酷无情。经常被批评的孩子,很容易变得自卑,严厉教育本身也是一种示范,如果家长对孩子经常批评、大骂,怎能培养出孩子的友善和平和呢?

家庭教育的优势是显而易见的,但同时我们也应该看到家庭教育的局限性,这样才能真正地发挥家庭教育的作用。

1. 家庭教育的易情绪化

家长在面对子女教育问题的时候,往往容易受感情的影响而缺乏理智,使得家庭教育的方向出现偏差,这往往也是家庭教育中最难以攻破的地方。这种方向的偏差主要表现在以下两个方面。

(1)娇惯溺爱。有不少家长在面对当孩子的有些行为时,往往明知是不对的,需要管教时,却往往怕委屈孩子,怕孩子受苦受累,便出现了事事都包办代替或者迁就放任,甚至把孩子的错误归咎于他人。父母对于孩子的慈爱是不用怀疑的,但是爱而不教,则会使孩子的身心发展受到消极的影响,如孩子胆小怯懦、以自我为中心、是非不分、善恶不辨等等,这些都可能是溺爱的恶果。

(2)简单粗暴。"望子成龙,望女成凤"几乎是每个家长对孩子高期望的写照,但是这种高期望往往会带来一种情绪,那就是"恨铁不成钢"。当家长看到孩子的表现有悖于家长的期望时,有部分家长就会因此而失去耐心,因此,在这种情绪的支配下,就容易出现第二种——态度粗暴,方法简单。例如:有一位对自己孩子有着高期望的家长,在面对孩子厌学的情况时,便将孩子捆绑在家,不给孩子吃喝,导致自己9岁的孩子由于严重营养不良而失去了年幼的生命。当然这只是一个较为极端的案例,但是在日常生活中,打骂孩子的现象几乎司空见惯的事情,这往往就是孩子与父母情绪对立而导致家庭教育失败的重要原因。因此,家庭教育中的易感情用事,往往会让家长走上极端,为了避免这种极端现象的发生,家长首先要提高自己的素养,了解孩子的心理发展过程,教育孩子时克制自己不良情绪,保持清醒的头脑。

2. 家庭教育的封闭性

家庭教育是区别于学校教育和社会教育的一种特殊教育形式,主要是父母对子女,长者对年少者在家庭生活中进行的教育。有不少家长认为教育孩子是自己家的事,怎么教?教什么?主要取决于家长自身的素养、教育能力、兴趣及爱好等,然而,每个家庭的生活方式、家庭教育方式、父母的素质能力等,总是会存在局限性。这种局限性主要表现在:很多家长认为,对于子女的教育,只要做到父母满意,那么家庭教育就可称得上是成功的,较少考虑社会的需要;受家庭传统观念的影响,家长对于孩子品德及思想观念等的培养上,总是本着"要听话、要守本分、要学会知足、要少管闲事"等,这显然不符合当今社会的需要。

就此而言,家庭教育要跟得上时代的步伐,适应社会发展的需要。家长既要教给孩子中华民族优秀的传统美德,更要让家庭教育走向开放性,教育孩子树立新的观念,注重孩子创造力的发展,让孩子具备未来社会所需要的个性品质和道德观念。

四、家庭教育的基本功能

一个孩子某天早上突然不想上学了,妈妈让他讲出两个理由。这个孩子说:"第一,所有的同学都恨我;第二,所有的老师都恨我。"妈妈听了以后,没有责备他,只是恳切地对他说:"不过我觉得,你还是应该去学校。"儿子的顽皮劲儿来了:"能讲讲去学校的理由吗?"妈妈笑着说:"第一,你已经52岁了;第二,你是学校的校长。"接下来的事,会怎么样呢?这个"大孩子"以一个校长的心情和身份,神气地走进了那所他不愿意去的学校。(幼儿学习网:孩子更利于接受的教育方式)

这个幽默小故事启发我们,对孩子进行教育时,很多时候可以去掉那些让人不快的"要求、命令、必须"等词汇,而通过"启发、暗示、商量"等形式来进行,这样孩子会更乐于接受。家庭教育对儿童及青少年身心健康发展的影响是直接而深刻的,家庭教育作为一种终身教育,不论是从个体发展来看,还是从社会发展而言,家庭教育都有着举足轻重的作用。

(一)家庭教育与个体发展

1. 家庭教育与子女基本生活技能的形成

婴儿的呱呱坠地都是从一个弱小的生命开始,他们需要来自于父母和主要抚养人的精心照顾和贴心的关爱,以获取生存和安全感。随着年龄的增长,他们仍需要父母或主要抚养人的帮助,(如获取衣、食、住、行的基本生活技能),以便适应以后的生活,即使到了青年早期,由于缺乏社会经验,他们还是需要父母等人的照顾和指导。因此,家庭在子女基本生活技能教导上的作用是不可忽视,也是不可取代的一部分。

2. 家庭教育与子女社会规范的形成

子女的道德规范并不是在自然状态中形成的,而是个体在与社会环境不断地接触中萌生的。家庭作为子女接受教育的最初场所,父母对子女社会规范形成的过程起着极为重要的决定性作用,因为孩子最初都会以父母作为榜样对象,并在不断模仿和同化的过程中将其所看、所学的行为内化为自己的行为方式和道德准则。

3. 家庭教育与子女性格的形成

家庭教育是终身教育的一种形式,家庭成员的素质、志趣、行为模式、言谈举止等都会以一种潜移默化的方式有意或无意地影响孩子的成长,而孩子的个性特征、行为方式、兴趣爱好、道德品质等,在家庭生活中会很真实而自然地表现出来,作为家长,更能及时地关注和敏感地察觉孩子的表现和成长过程中的变化,并在孩子性格形成过程中给予相应且恰当的教导和指引,以便以后更好地适应社会环境。

4. 家庭教育与子女生活目标、理想、志趣的形成

随着社会的不断发展,社会竞争力的不断提高,父母对子女所倾注的希望也越来越大。家庭教育除了具有对于子女生活基本技能的教导、促进子女性格和社会规范形成等功能外,在家庭成员相互影响的过程中,父母总是会用自己丰富的生活经验,发展子女的兴趣爱好,帮助并鼓励子女建立积极的生活目标、远大的理想和志趣,为子女在以后的社会生活中正确地做出价值判断奠定基础。

(二) 从家庭教育与社会发展来看

1. 家庭教育与人才的培养

2012年经济合作与发展组织发布《为21世纪培育教师提高学校领导力:来自世界的经验》的研究报告,该报告指出21世纪学生必须掌握以下四方面的核心技能。

(1) 思维方式,即创造性、批判性思维、问题解决、决策和学习能力。

(2) 工作方式,即沟通和合作能力。

(3) 工作工具,即信息技术和信息处理能力。

(4) 生活技能,即公民、变化的生活和职业,以及个人和社会责任。

其中,掌握无定式的复杂思维方式和工作方式最为重要,这些能力都是计算机无法轻易替代的。

人才是指具有一定专业知识或专门技能,进行创造性劳动,并对社会做出贡献的人,是人力资源中能力和素质较高的劳动者。21世纪人才的培养与良好的家庭教育紧密相连,家庭教育是一切教育的基础,是孩子的第一个课堂。如何使孩子具备良好的沟通与合作能力、学习能力等核心技能都应从家庭教育着手,增强家长的教育意识,树立正确的家庭教育理念,使用科学的教育方法。因此,良好的家庭教育是人才培养的重要条件。(邓佐君:家庭教育学)

2. 家庭教育与社会文明的传递

家庭作为社会的一个基本单位,是传递和保护社会文化和信仰的重要场所。社会的和谐发展其实质是人的和谐发展,家庭教育作为家庭履行社会职责的主要载体,其变化和发展都与社会的发展有着密切的联系,在人的培养过程中有着不可取代的作用。随着我国关于家庭的法律法规不断健全,使得妇女、儿童以及老人的权益得到了应有的保护,也为家庭的和谐、人的和谐发展提供了基本的保障。社会的和谐发展有赖于家庭教育的职能是否得到了充分的发挥,因此,人们越来越清楚地认识到,家庭文明与社会文明之间的密切联系。

3. 家庭教育与人口素质的提高

人口文化素质是衡量人口素质最重要的标志之一,人口文化素质与社会经济发展之间存在着相辅相成的辩证关系,在人口文化素质较高的地区,经济与社会发展也较快,反之亦然。

同全国第五次全国人口普查相比,我国第六次全国人口普查显示:每10万人中具有大学文化程度的由3611人上升为8930人;具有高中文化程度的由11 146人上升为

14 032人;具有初中文化程度的由33 961人上升为38 788人;具有小学文化程度的由35 701人下降为26 779人。内地31个省、自治区、直辖市和现役军人的人口中,文盲人口(15岁及以上不识字的人)为54 656 573人,同2000年第五次全国人口普查相比,文盲人口减少30 413 094人,文盲率由6.72%下降为4.08%,下降2.64个百分点。

尽管几十年来我国人口文化素质有了很大程度的提高,但是,总的来看,我国人口文化素质仍然偏低且城乡之间存在着巨大差异,农村人口素质低下正成为制约农村社会和经济发展的制约因素。(百度文库:我国人口素质问题研究)

人口素质是人口在质的方面的规定性,又称人口质量。它包含思想素质、文化素质、身体素质等,通常称为"德、智、体"。我们每一个人都来自一个家庭,家庭是一个人接受教育最早的地方,因此人口素质的提高与家庭教育紧密相关。家庭教育的理念、教养方式等直接影响到孩子的素质,良好的家庭教育是提高人口素质的基础,因此,充分发挥家庭教育的作用,对于提高我国人口素质具有重要的意义和价值。

第三节 家庭教育学概述

每一门学科都有它独立的研究对象,家庭教育学亦是如此。我们就家庭教育学的学科特点、研究范围、学科性质、研究方法等来对这门学科有一个较为全面的认识。

一、家庭教育学的学科性质

准确把握家庭教育学的学科性质,是我们正确理解家庭教育的基本理论和更好地进行实践的基础。

(一)家庭教育学的教育学和社会学性质

首先,家庭教育学从研究内容和方法来看,属于教育学和社会学的分支学科。家庭教育所研究的内容与学校教育、社会教育不同,它所研究的是在家庭范围内,家庭成员之间(亲缘关系)最亲密的人际关系,这就要求研究者能恰当地运用社会学理论与方法。其次,家庭教育学的研究必定会涉及家庭成员之间教与学关系,也就是长者与少者,尤其是父母与子女之间的教与学关系,这就需要教育学的相关理论为指导。

(二)家庭教育学的综合性

随着科学技术与社会需要的发展和不断变化,原有的一些传统学科已经不能适应社会的需要,因此,不论是哪种学科体系,都呈现出了一种新的发展趋势,即新学科的不断增加,主要表现为交叉学科、边缘学科等跨学科的综合性学科的出现。家庭教育学是由很多家庭教育中存在的和急需解决的问题综合而成的,是由婚姻家庭社会学和教育学综合而产生的一门跨学科、综合性的交叉学科,因此,家庭教育学既有区别于其他学科的学科特点,又综合了心理学、教育学、婚姻家庭社会学等学科的一些特点。

（三）家庭教育学的理论性和适用性

家庭教育学是家庭教育中出现的和亟待解决的问题的综合，因此，它属于理论与实践相结合的应用型学科。当前，我国的家庭教育面临着很多新的问题，如离异家庭子女的教育、农村留守儿童的教育、空巢老人等。就此来说，家庭教育学必须在理论上有所创建和创新，给家庭教育工作者提供科学的理论依据，并指导实践，这样，家庭教育的价值才能有所体现。

二、家庭教育学的研究范围

家庭教育学的研究范围，就其概念及其功能来看，可以分为以下三个方面。

（1）就家庭教育的历史演变来看，当代的家庭教育需要继承和发展不同年代的家庭教育的经验和精华。中国是一个拥有五千年历史的文明古国，家庭教育的理论和实践也源远流长，给我们历代都留下了丰富而宝贵的财富，因此，批判性的对这些宝贵遗产的继承，取其精华，去其糟粕，与时代的发展与时俱进，推陈出新。

（2）显示家庭教育与其他类型教育的独特之处，充分发挥家庭教育的优势，正确认识家庭教育的不足。家庭教育是人健康成长和终身幸福的保障，在个体成长和发展过程中，起着不可替代的作用，当然家庭教育的成功，必然受教育方法的影响。因此，家庭教育必须明确家庭教育的目标、明晰家庭教育的内容和任务，掌握家庭教育的方法，做到因材施教，是我们顺利完成家庭教育任务的基本保障。

（3）明确家庭教育的影响因素，根据家庭成员不同年龄阶段的心理特点，因材施教。影响家庭教育的因素有很多，包括家长的教育观念、家长教育素质、家长教育能力、家庭关系、家长教养方式、社区环境及学校环境等。总之，家庭教育是一个相当复杂的过程，受到多种相关因素的影响和制约，只有明确有哪些因素在起作用，起什么样的作用，如何发挥的作用。只有了解这些情况，我们才能更好地加强家庭教育方面的工作。

三、家庭教育学的研究方法

家庭教育学是一门交叉学科，就其内容、学科特点、研究对象等而言，家庭教育学的研究方法主要有以下几种。

（一）文献研究

文献研究法是指通过查找、阅读及分析文献，对家庭教育中某一研究课题的基本情况和发展趋势等进行研究的方法。文献研究法通常不会与研究对象进行直接的接触，而主要是通过文献对研究对象进行间接的研究。文献是知识的载体，包括文字资料（图书、报刊、会议资料、研究报告、经验总结等）和音像资料（磁盘、光盘及各种音像视听资料、胶片等）。

（二）调查研究

调查研究法简称调查，是指研究者对于家庭教育中已有的事实进行调查，通过对已有事实的考察来了解家庭教育的现状,从而发现和探究家庭教育过程中诸多因素之间的联系。调查研究往往是在自然状态下进行,而不用刻意控制环境,包括对于现状的研究、相关性研究及因果关系的研究等。

(三)质的研究

质的研究方法也称"质性研究""质化研究"等,是社会科学研究的一种方法,是指研究者本人作为研究工具,在自然的情景中进行系统的观察和记录,通过归纳法对所获资料进行分析并形成理论,并通过与研究对象的互动,将结果予以叙述和解释的一种研究方法。质的研究特别强调研究者的亲自体验、资料搜集的多样化、发现问题之间的关联性及不同个体对自己行为的解释和认定。

(四)行动研究

行动研究法是以解决问题为目的的一种科学研究方法,是指在自然、真实的教育情境中,针对家庭教育中出现的问题进行研究,以谋求解决之道的研究方法。行动研究的研究程序为:①寻找研究起点。寻找起点的过程实际就是一个发现问题的过程。②资料的收集与分析。在行动研究之前,深入真实的行动环境中,运用观察、访谈、视频影像、作品分析等方法收集真实材料,对已发现问题进行深入分析。③拟定行动计划。在发现问题、分析问题的基础上,可根据自己或他人所有的经验,依据相应的家庭教育理论,设计可能促使问题解决的行动方案。④实施行动计划。⑤行动策略检验。

四、家庭教育学的任务

家庭教育处于教育体系中的基础位置,对于提高全民素质、促进社会的稳定和谐发展以及人的和谐发展都具有极为重要的意义和作用。家庭教育学的任务主要表现在以下几方面。

(一)家庭教育中的经验总结

以史为镜,可以明是非;以他人为镜,可以识长短、知不足。古往今来,人们在历史的长河中,积累了丰富的家庭教育的经验,并在实践的检验中不断地变化和发展,进而形成了各个国家和民族独具特色的家庭教育理念和学说。因此,对于古今中外的家庭教育经验和理论的研究,不但有利于建立符合我国国情、促进我国家庭教育事业的理论体系,并且有利于发现在家庭教育过程中存在的优势和不足,以取长补短,促进家庭教育实践水平。

(二)家庭教育理论体系的建立和健全

就当前我国家庭教育的发展来看,不论是理论体系的建设,还是教育实践的适用性,都还不是十分的健全和完善,主要表现在家庭教育的方法欠科学、对家庭教育的问题缺乏关注及引导不力,导致不少家庭中教育效果的不理想,甚至事与愿违,因此,家庭教育理论体系的建立健全会直接影响家庭教育的实践和成败。就此而言,对于家庭教育学的科学研究和解读,就可以弥补我国在家庭教育理论建设方面的不足,促进我国家庭教育理论体系的不断健全和完善。

(三) 家庭教育职能的最大限度发挥

对子女的教育是家庭教育的职责之一,家庭教育这一职能的发挥直接关系到子女的健康成长、家庭成员的幸福和社会的和谐发展等。就对子女教育而言,并不是只怀有一颗爱心和望子成龙的决心就足够的,还需要教育者明确家庭教育的目的和原则、科学地选择教养方式、建立良好的家庭环境、形成与家庭成员之间的良好互动等。只要较为成熟而科学的家庭教育理论为指导,才能使得家庭教育者,尤其是父母认识到家庭教育的重要所在,掌握科学的家庭教育原则和方法、选择有利于子女健康成长的家庭教养方式、营造和谐的家庭氛围等,进而较大程度的发挥家庭教育的职能。

(四) 人才的培养及社会主义现代化的建设

人才的培养需要家庭教育、学校教育和社会教育三者之间的有效配合,最基础的还是要改善和加强家庭教育的作用。科学的家庭教育可以通过科学的指导进行胎教,进而为我国的优生优育提供了保障,提高我国人口素质,为优秀人才的培养奠定基础,同时,科学的家庭教育能为子女在每个阶段的成长提供恰当的教育,让家庭成为培育子女的良好场所。当然,家庭教育的最终目标和宗旨,是要为我国社会主义现代化建设服务,家庭教育是教育的基础,同时又是国民素质全面提高的重要保障,因此,科学地实施家庭教育,能让下一代在优良的家庭环境中健康茁壮地成长,从而稳定社会秩序,促进社会的和谐发展,把家庭文明作为社会文明的基础。

✦ 能力训练

活动一:相信孩子拥有解决问题的能力

在家庭教育中,如果父母相信孩子从小就拥有解决自己问题的能力,进而帮助他们发展这样的能力,随着孩子渐渐长大,不但孩子处理问题的能力会增加,父母也可以渐渐卸下重担。

当孩子有困扰时,请试试下面的做法,并记录下孩子的反馈。

(1) 先给孩子一个拥抱或是拍拍他的肩膀!

孩子的反应:

(2) 问他怎么了,发生了什么事?

孩子的回答:

(3) 仔细聆听孩子说的话,做一位好听众,不评论也不打断。

孩子的反应:

(4) 问孩子是怎么想(思考)这件事的?

孩子的回答:

(5) 问孩子他现在想怎么做?
孩子的回答:
(6) 视状况说出自己的想法或建议。
你的想法或建议:

总结:在孩子遇到问题时,父母只是引导者,协助孩子做到他们能力许可的事情,让孩子成为解决自己问题的专家,拥有解决问题的能力和资源。相信孩子具备解决自己问题的能力,引导孩子探索如何面对问题并解决问题,运用反问等方式,用问题来回答问题本身,引导孩子去思考,寻找解决问题的方法。

活动二:鼓励孩子自立

父母培养孩子的一个最重要的目标,就是让孩子与我们保持独立,帮助他们成为一个独立的个体,有一天当他们离开我们的时候,能自己独当一面。那么,如何帮助孩子成为一个自立的人?让他们自己做自己的事情,让他们亲自经历各种问题带来的挣扎,让他们在自己的错误中得到成长。

下面是鼓励孩子自立的六个技巧。
(1) 让孩子自己做选择。
(2) 尊重孩子的努力。
(3) 不问太多问题。
(4) 别急着告诉答案。
(5) 鼓励孩子善用外部资源。
(6) 别毁掉孩子的希望。

下面的练习,可以看到六种家长常用的方式。请用一种鼓励孩子自立的方法来修正。
(1) 家长原话:现在就去洗澡。
【修正】让孩子自己做选择:
(2) 家长原话:系鞋带有那么难吗?我来帮你系。
【修正】尊重孩子的努力:
(3) 家长原话:今天学校组织的春游好玩吗?都玩什么了?哪个老师带你们去的?给你带的吃的够吃吗?
【修正】不问太多问题:
(4) 孩子:为什么爸爸每天都要工作?
爸爸:因为爸爸去工作,咱们才有房子,才能给你买好吃的……
【修正】不急于给孩子答案:
(5) 孩子:我现在太胖了,妈妈你帮我减肥吧。你说我晚上吃点什么呢?
妈妈:我以前就告诉过你,少吃点糖和点心,多吃水果和蔬菜。
【修正】鼓励孩子善用外部资源:
(6) 爸爸:别抱什么指望了,毕业以后都找不到什么工作。
【修正】别毁掉孩子的希望:

总结:上面这六个技巧并不是唯一鼓励孩子学会自立的方法,上面这些技巧都是要帮助孩子看到自己是个独立的、有责任感、有能力的人。我们倾听他们的感受、分享我们的感受、邀请孩子和我们一起解决问题,所有这些都是在鼓励孩子能自立。

思考与练习

1. 联系实际说明家庭教育与学校教育的区别。
2. 举例说明家庭教育的优势,你认为我国家庭教育较好发挥了哪些优势?
3. 在教育子女的实践中,你认为如何克服家庭教育的局限性?
4. 家庭教育学是怎样的一门科学?请你构想一下家庭教育学的理论体系。
5. 结合自己成长的过程,谈谈家庭教育在个体成长过程中的作用。
6. 家庭教育与社会发展的关系表现在哪里?

第二章
我国家庭教育的演变

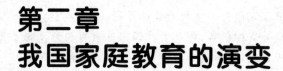

　　李晟(727—793年),唐德宗时期著名的大将,其虽为武将却从未忽视对子女的教育。李晟的女儿许配给吏部尚书崔枢为妻。一次李晟做寿,其女也从婆家赶来为父亲庆贺。酒宴中,一个侍女来到女儿身旁耳语了几句,女儿听后似乎极不耐烦,但依旧与客人们推杯换盏,谈笑自若。后来在侍女的再三催促下,女儿才被迫退席。可是很快,女儿就又回到了宴席上。
　　这一幕被李晟看到了,他觉得其中必有缘故,便招来女儿问个明白。女儿答道:"刚才侍女来报,昨晚我婆婆得了一场小病,我看也没有什么大不了的,便派人回婆家代我去看望婆婆了。"李晟听罢大怒,对女儿说道:"你真是个没有教养、不懂礼仪的女儿啊!你的婆婆病了,你作为媳妇,就应该在婆家侍奉左右,要像对待自己父母一样孝敬公婆,这才是我李家知书达理的女儿啊。"于是,女儿听从了父亲的训教,急忙赶回婆家照料婆婆去了。而李晟也在宴会结束后,亲自来到崔家看望亲家,同时对自己疏于对女儿的管教表达了深深的歉意。
　　李晟教女的故事在当时传为美谈,由于李晟曾被封为西平郡王,因此李家的家法也被时人称为"西平礼法",成为一时的表率。(腾讯儒学:古人教女儿如何孝敬公婆:"西平礼法")
　　案例中父亲教育女儿要孝敬婆婆的故事对现代社会也非常具有启示,我国古代非常重视家庭教育,具有优良的传统,如言传身教、以身作则;恩威并施、严慈相济;重视道德品质的培养和行为规范的训练等。
　　本章在对我国家庭教育进行回顾的基础上,总结了我国家庭教育的传统特色,希望能够汲取古代家庭教育的精华,以古鉴今,作为加强和改善今天和未来家庭教育的借鉴。

第一节 我国家庭教育的回顾

中国的家庭教育思想源远流长,有文献记载,在殷周时期统治者就已经开始实施胎儿教育,回顾历史,可以将我国的家庭教育发展史划分为三个时期:古代、近代和现代。

一、中国古代的家庭教育

(一)原始社会——家庭教育的源头

原始社会的生产水平很低,只能维持最低限度的生活,人们的生产资料是公有制的,婚姻制度相应的是适应于原始人类的群居和低级物质生活条件的原始群婚制度。由群婚制所形成的家庭经济公社和氏族公社,适应于当时社会的共同生产、共同分配的原始共产制的经济基础和劳动社会化、生活集体化的条件。在这种原始公有制的社会中,社会就是家庭,家庭就是社会。所有的社会成员属于氏族公社大家庭,在所属的氏族大家庭中,每个长辈都是子女的老师,每个子女都是长辈的学生,不需要进入社会和专门的教育机构,并且终身接受长辈的教育。因此,在原始社会氏族公社大家庭中,每个人都享有平等受教育的权利,每个人都有义务教育大家庭中的子女,所以原始社会的教育特点表现为教育的社会性和教育的终身性与彻底性。

原始氏族公社大家庭的教育内容和方法比较简单。在原始社会初期,教育的内容主要是为生产服务的,教育的方法也是经验式的传授:由年长的向年轻的传授他们在生产劳动中的经验和技术,同时也有团结、勇敢、互助和社会习惯等的教育。随着社会的发展,到了原始社会的后期,部落之间经常出现冲突,出现了新的教育内容,即年长者向年轻一代传授战争的经验和技术。

(二)奴隶社会的家庭教育

随着"一夫一妻制"家庭的出现,原始社会的公有制逐渐被私有制代替,形成了剥削与被剥削的两大对立阶级,家庭教育也有了阶级的划分。在奴隶社会,主要有奴隶主、奴隶和自由民三类人群,他们的家庭教育内容和方式各有不同。

奴隶主阶级对家庭教育非常重视。他们的孩子尚在襁褓中就设有保、傅、师负责教育子女:保,负责身体保育工作;傅,负责道德培养工作;师,负责知识和经验的教导[1]。在教育的过程中,不同年龄的儿童要进行不同的教育。奴隶主家庭教育为奴隶主阶级的政治、经济、思想、文化服务,主要的目的是培养能够镇压统治奴隶的人才。此外,奴隶主也对家庭中的奴隶进行教育,但是教育的内容围绕着如何使奴隶成为更熟练的劳动者,维护奴隶主的利益。奴隶社会自由民家庭也很重视子女的家庭教育。对于这部分的儿童来说,他们

---

[1] 李燕,吴维屏.家庭教育学[M].杭州:浙江教育出版社,2009:1.

接受的只有家庭教育,目的是为了让他们更好地掌握自己的职业经验,所以不同职业的家庭教育内容也有所不同。他们的家庭教育过程,就是家庭生活和职业经验的结合。

(三) 封建社会的家庭教育

随着社会的进步,奴隶社会逐渐瓦解,出现了封建社会。中国的封建社会是典型的家族社会,家族中通常是父系家长领导,家长具有很高的权威性,家庭的规模一般很大。家长普遍重视子女的早期教育,教子是父亲的重要职责,故而有"子不教,父之过",但是在教育的实施过程中,男女儿童的教育是不同的,家长更注重对男孩各个方面的教育,所以男孩接受家庭教育到一定的年龄就要被送出去拜师学艺,然而女孩则继续在家学习家务、礼节和规矩,女孩的教育更偏向于如何做"贤妻良母"。

在封建社会中,家庭教育已有很大发展,家庭教育不仅仅是局限在家中,还会把孩子送到家族为子女设立的私塾或书馆,让他们进入更加扩大化的家庭中进行教育。教育的内容丰富多样,范围也较为宽广,主要包括生活常规、道德伦理、识字读书、生产技能等。但是,在此时期,家庭教育具有浓厚的封建色彩:强调"三纲五常",家庭教育培养的人是"忠君"的"顺民";家庭中的子女要绝对服从家长的意志,家长可随意处置和体罚子女;提倡"男尊女卑",对男孩和女孩有不同的教育方式和理念。

在我国封建社会持续的两千多年中,关于家庭教育的论著有很多,对封建社会家庭教育的发展起着巨大的作用,使我国封建社会的家庭教育的功能发挥到了顶峰。

二、我国近代的家庭教育

我国近代主要是指从1840年到1919年的历史时期。鸦片战争后,家庭教育思想进入演变与转折的历史时期。一系列不平等条约的签订使中国逐渐丧失了独立国的地位,为了改变落后现状,争取国家富强,无数仁人志士开始了艰苦地探索。"师夷长技以制夷"开启了近代中国人学习西方知识的大门,"中学为体、西学为用"的口号掀开洋务派学习西方先进科学技术的序幕。甲午战争后,以康有为、梁启超为代表的维新派吸收国外先进的思想文化与教育,积极改革封建政治体制,从而将学习运动推到最高层次,传统思想观念和教育体系受到猛烈冲击,新文化与新式学堂迅速崛起,逐渐占领文教阵地。

家庭教育作为教育的一个组成部分,也在这种大环境的影响下开始了转折与变革的历程,科学的知识开始出现在家庭教育的内容中,中国古代的教育思想开始和西方的教育思想表现出融合的态势。有许多教育学家、社会学家开始运用现代的教育学、心理学、社会学、伦理学等理论研究家庭教育,出现了一系列的家庭教育著作。

省长亲撰的家庭教育专著——朱庆澜的《家庭教育》

古今中外,著书立说指导家庭教育的,一般都是文人学者,可在我国民国初年,有一部名为《家庭教育》的专著,却是出自当时一位省长之手,那就是广东省原省长朱庆澜先生。

朱庆澜是行伍出身,肩负一省之行政重任,为什么要亲自撰写家庭教育著作呢?他在该书的前言中说:"中国本是极大极强的国,因何变成这样全无出色的地位?并非国不好,实在是人不好。天生人人都是好的,所以不好的缘故,都由于自小未曾受过好的教育。照此看来,要把中国变强,非把中国的小孩好好教育起来,中国永无翻身的日子。我做广东的省长,就是广东一家的家长,家家的小孩,做省长都应该帮着教育。只是地方太大,功夫来不及。因此,编写了一本家庭教育的白话(文),由我捐廉印刷出来,分与大众。大众看了这本书,就同对着省长说家常话一样。人人能照这本书教育子弟,能替国家养成好人民,是国家的大福气,能在家里教成好儿子,就是各家的大福气了。"这就是朱庆澜撰写、出版该书的初衷。(百度文库)

朱庆澜撰写的《家庭教育》,是我国第一部白话文的家庭教育著作,它系统地论述了家庭教育的重要性、原则、内容与家庭教育特别需要注意的一些问题。

三、我国现代的家庭教育

五四新文化运动以后,国人逐渐把西方儿童教育和儿童心理学成果引进中国,家庭教育不再局限于家庭伦理、个人道德修养、家庭管理和以"成人为中心"的家庭教育思想,而是逐渐转向以"儿童为中心"的模式,逐渐开始以儿童心理发展阶段和特性为理论基础的科学化的家庭教育活动。

陈鹤琴的家庭教育是我国现代家庭教育的代表,陈鹤琴以中国儿童为研究对象,结合一般研究和个案研究,探讨了3岁前儿童的心理发展规律,对父母教育方面提出了独到的见解。他认为要做合格的父母,在确保孩子身体正常养护的前提下,不仅要对儿童的生理进行研究,更要对孩子心理进行研究,要了解孩子心理发展的规律和特点,只有这样家庭教育才会有效果。

陈鹤琴的家庭教育理论是在结合自身家庭教育实践中形成的,他基于儿童心理学理论提出了一系列方法和原则,然后再举例说明,将家庭教育的原则方法生活化,给大家提供了具体可操作的原则建议,便于儿童接受。所以他的这些方法和原则成为以后家庭教育著述、文章竞相参阅的对象,成为当时家庭教育方法和原则的标杆,也代表了当时的学界对家庭教育思想的主流看法,具有很强的代表性。除了陈鹤琴先生,我国现代家庭教育的代表还有刘禹锡、陶行知等。

新中国成立以后,由于不同时期的国家政策、经济水平和家庭结构等因素不同,我国家庭教育呈现不同的特点:20世纪50年代到70年代,由于家庭中子女比较多,文明礼貌和艰苦朴素是家庭教育的主要内容;80年代以后,由于独生子女越来越多,家庭教育的内容体现在创造教育和情感教育。同样,在经济发达地区和经济落后地区的家庭教育也呈现出不同的特点。

第二节 我国家庭教育的传统特色

我国家庭教育在数千年的历史中,积累了丰富多彩的家庭教育实践经验和日趋成熟的家庭教育理念,构成了家庭教育的宝贵文化遗产。但是,我们也要承认在历史的河流中，两千多年的封建社会文化对我国古代家庭教育不可避免地产生了一些消极影响，而且有的至今还禁锢着人们的头脑。为了形成与发展具有中国特色的家庭教育理论体系，我们必须充分认识并继承家庭教育中的精华部分，剔除中间的消极因素。

一、我国家庭教育传统的精华

（一）重视家庭教育

与许多西方国家不同，我国素有重视家庭教育的传统。在传统的观念中，父辈为子女提供生活资料、抚养其成长是天经地义的事情，教育子女成才是家长不可推卸的责任。在《三字经》中的"养不教，父之过"，《老学究语》中的"不怕饥寒，怕无家教，惟有教儿，最关紧要"和"有儿不教，不如无儿"都说明了家长对孩子教育的重视性。

我国古代社会非常重视家庭教育，其原因主要有以下两方面。

首先，家庭教育对实现家族的兴旺和发达具有特殊的意义。传统的中国，是以自然经济为主的农业社会。从文化生态学的角度来看，以农业为主的经济生活和社会生活，需要以家族为主要运作单位，家族成为人们赖以生存的群体，形成了家族利益至上的现象。再加上封建社会严格的等级、门第决定了子女是否出人头地和"光宗耀祖"，对全家的命运至关重要，在这种强烈的家族主义影响下，父辈对子辈的品行、才学、前途格外重视，因而导致格外重视家庭教育。而且，经过人们反复的家庭教育实践证明，发现家庭成员关系亲密，家长在子女心中有威望，他们所说的话更有分量，更容易使人理解和接受。著名的家庭教育论著《颜氏家训》中提出：同样的话，人们总是相信关系亲近的人所说的；同样的指令，人们总是听从自己敬佩的人发出的。禁止儿童的放肆行为，老师或朋友的良言相劝不如家庭教师或保姆的话更有效；对于好打架斗殴的人，用尧舜的天理之道还不如自己的妻子劝解有效果。

其次，家庭教育对维护国家稳定和促进社会发展具有重大作用。《大学》中明确提出："欲治其国者，先齐其家"，"家齐而后治国"。所以在很多人看来，没有人连家里人都教育不好，却能教育好其他的人。在我国，上至帝王将相，下至平民百姓，都重视家庭教育，国家是放大的家庭，家庭是缩小的国家，家庭的发展对维护国家稳定和促进社会的发展具有重大的作用。

（二）家庭教育的内容——修身为本

重视以修身为本的伦理道德教育，是中国传统的家庭教育的显著特点之一。在家庭教育中，主张思想道德教育与文化知识教育同时进行，而且学习知识是为了修养品德。如孔子曾说："弟子入则孝，出则悌，谨而信，泛爱众而亲仁，行有余力，则以学文。"高攀龙在《高子遗书家训》中指出："吾人立身天地间，只思量做得一个人，是第一要义，余事都没要紧。"又如郑板桥："读书中举中进士做官，此是小事，第一要明理做个好人。"而且，孙奇峰更是认为读书是为了更好地做人，他认为读书是"为端人，为正士，在家则重家，在国则重国，所谓添一个丧元气进士，不如添一个守本分平民"，这些都说明教会子弟做人是家庭教育的重要内容。注重教子做人，读书是为了更好的成为一个人，是中国传统家庭教育的精华,主要体现在以下几个方面。

1. 立志教育

精忠报国——岳母刺字的故事

岳飞十五六岁时,北方的金人南侵,宋朝当权者腐败无能,节节败退,国家处在生死存亡的关头。一天,岳母把岳飞叫到跟前,说:"现在国难当头,你有什么打算?"

"到前线杀敌,精忠报国!"

岳母听了儿子的回答,十分满意,"精忠报国"正是母亲对儿子的希望。她决定把这四个字刺在儿子的背上,让他永远记着这一誓言。岳飞解开上衣,请母亲下针。岳母问:"你怕痛吗?"岳飞说:"小小钢针算不了什么,如果连针都怕,怎么去前线打仗!"岳母先在岳飞背上写了字,然后用绣花针刺了起来。刺完之后,岳母又涂上醋墨。从此,"精忠报国"四个字就永不褪色地留在了岳飞的后背上。后来,岳飞以"精忠报国"为座右铭,奔赴前线,英勇杀敌,立下赫赫战功,成为一名抗金名将。

案例中的岳飞,在父母的教子思想的影响下,早早立下志向,时刻用这个志向激励自己,约束自己的行为,最终成为中国历史上著名的大英雄,受到人们的尊重和敬仰。

立志是修身的基础,一个人只有确立了志向,才会明确努力的方向,才会克服各种艰难险阻向着目标前行。在我国传统的家庭教育中,要求子女所立的志向要是圣贤之志,要立报国之志,所以教子立大志,重爱国之情,重民族之节,小家与大家相连,个人与民族一体,是我国古代家庭教育的优良传统。

2. 德行教育

唐太宗为了对子女进行德行教育,于贞观七年命大臣魏征"录古来帝王子弟成败事,名为《自古诸侯王善恶录》",分赐给子女,让他们把此书"置于座右,用为立身之本"。在这一方面,他的妻子长孙皇后也非常重视。太子李承乾的乳母劝她出面讲情,请唐太宗恩准东宫添置器物,长孙皇后坚决予以反对,并不因是自己的爱子就网开一面,她说:"身为储君,来日方长,所患者德不立而名不扬,何患器物之短缺与用度不足啊。"就这样,太子宫中的费用十分紧张,一直寒酸到长孙皇后去世。(彭佳娴:唐朝长孙皇后之治国治家思想)

从这个故事可以看出,在唐太宗和长孙皇后心里,他们的子女已经有了荣华富贵,如果仍然追求富贵和物质享受,就很难成大业。所以,他们处处严格要求自己的子女,重视他们的德行教育。

中国历来重视对子女的德行教育。而且这种教育理念受到了后人的推崇。陈鹤琴先生在他的《家庭教育》一书中,特别强调对孩子品德的教育,从培养儿童的基本素质出发,提出品德教育的九个方面:教孩子心中有他人、教孩子富有同情心、使孩子养成收藏玩物的习惯、教育孩子对人有礼貌、教育孩子尊重别人和别人的劳动、教育孩子要诚实、教育孩子不可强横霸道、教育孩子适当参加家务劳动、教育孩子爱父母和他人。这九个方面是对教子立德的高度概括。

3. 自立教育

康熙年间，贵州巡抚刘荫枢告老回乡后，想用一生的积蓄为家乡建一座桥。但是子女却反对他："您当了一辈子高官，我们却没沾到一点光，好容易盼到您回家，你却如此不顾我们。"刘荫枢很伤心，他觉得自己虽然一身清白，但忽视了对子女的教育。于是，他用尽积蓄，历时五年，修成大桥，取名"毓秀桥"。桥修好后，他对子女说："我之所以用全部积蓄修桥，就是想用事实告诉你们，自己的路自己走，自己的生活自己创，靠天、靠地不如靠自己。"为了彻底消除孩子们依赖父母的心理，他以十五两白银的价钱把桥卖给了官府。（小故事网：贵州巡抚刘荫枢）

以上案例里，刘荫枢用自己的实际行动告诉子女，不能依靠祖辈的财富和地位，而是要通过自己的努力争取社会地位和前途，后来他的子女都成为国家的栋梁之材，证明他当初的选择是对子女最好的帮助。

颜之推在《颜氏家训》第 4 则中说明，父亲兄弟是不能够长久依靠的，家乡也不是可以常保安定而不遭战乱的，如果将来有一天，漂流离散，就没有人来保护你了，这时就要求助于自己。《温氏母训》说："岂有子孙专靠祖父过活之理，自有一人衣禄，若肯立志，大小自成结果；若只逸乐自娱，唯恐前人遗产不充裕者，吾恐虽得前人百万家资，必有坐困之日矣。"故有谚语说："积财千万，不如薄技在身。"

中国历史上还流传着许多有名望、有地位的人诫子自立的生动事例。北宋时期的宰相王旦，就注重教子自立。他平生不置田宅，并发出这样的言论：子孙应该明白自立，何必买田买屋，这样只会让他们争夺财产做出不义的事情来。王旦清楚地意识到，教育子孙自重、自立才是爱子之道。

4. 待人教育

在我国民间，黄香扇衾温被的故事几乎家喻户晓，广为流传。据说，黄香 9 岁时，母亲不幸去世，家里非常贫寒，他对母亲十分怀念。安葬母亲后，黄香在母亲坟前盖一草庐。他白天帮父亲劳作，夜晚在墓庐里一边守墓，一边挑灯夜读。这一守就是三年。不仅如此，他还对父亲格外孝敬。夏日炎炎时，他为父亲摇扇驱蚊解暑，直到父亲入睡，方才回墓庐学习；严寒冬日，黄香总是先用自己的体温把被子焐热后，再请父亲入睡，唯恐父亲受凉。（华夏经纬网：汉孝子黄香）

黄香虽小，可是已经知道如何孝敬父母。而在中国古代，"孝"是封建道德的重要标志，也是家庭教育的基本要求。

如何待人及与人相处是中国的古代家庭教育中极为重要的内容。在待人教育中主要有两个方面：一方面是教育子女如何对待父母、兄弟和配偶；另一方面是教育子女如何对待他人。

在对待自己的家人这方面，中国古代家庭教育有一套家族宗法等级道德规范，在此等级规范的要求下，在父母与子女的关系上，要求父母"慈"，子女"孝"，在"慈"与"孝"的关系上，更强调的是"孝"。"孝"是中国传统伦理道德的核心，是一切道德出发点，孝顺父母既要"养"还要"孝"。赡养父母在古代被视为是儿女的道德责任，父母对子女有抚养的义务，当子女成人后，子女应报答父母的养育之恩。为人子女，不仅要负责父母的物质赡养，还应该以父母的疾病为忧，精心照料。子女孝敬父母，要求他们从内心发出对父母的真诚尊敬之情，以使父母祖辈获得精神的欣慰；在夫妻关系上，要求"夫义妻顺"，更强调的是"妻顺"。"在家从父，出嫁从夫"，这是古代对女子的要求。古代的女子一般是依附于丈夫的，丈夫就是妻子的"天"；在兄弟姊妹关系上，要求"兄友弟恭"：即兄要对弟友善，弟要对兄悌恭。但由于中国古代社会实行的是长子继承制，所以在"兄友弟恭"上权利向兄长倾斜。

在教育子女对待他人方面，古人重视谦让待人，与人为善，和睦相处。《周易》中："积善之家，必有余庆；积不善之家，必有余殃。"

清代康熙年间的宰相、文华殿大学士、礼部尚书张英，世居桐城，其府第与吴宅为邻，中有一属张家隙地，向来作过往通道，后吴氏建房子想越界占用，吴氏想占用两家之间的公共隙地建房，势必影响了张英家人的正常出行，张家仆人不服，双方发生纠纷，告到县衙，因两家都是显贵望族，县官左右为难，迟迟不能判决。张英家人见有理难争，便寄书京城，告诉张英之此事。张英阅罢，在家书上批诗四句："一纸书来只为墙，让他三尺又何妨。万里长城今犹在，不见当年秦始皇。"家中得到张英寄回的信，家人细读回书后，豁然开朗，遂退让三尺。吴家见状，觉得当朝权臣如此宽宏大量，权重却不恃权、位高却能谦和礼让，深受感动，也效仿张家向后退让三尺。于是张、吴两家之间就形成了一条百米来长、六尺宽的巷子，被称为"六尺巷"。巷道南侧原为清朝名臣张英的私宅，北边原为吴氏私宅。据说，就这么一条普通的百米巷道，每日慕名前往参观的人络绎不绝。（网易博客）

张英身为一朝宰辅，却不恃权压邻，待人宽厚。同时还教育家人谦让求和，其言其行彰显了儒家修身、齐家、仁者爱人的博大内涵。传承了中华民族"里仁为美、礼让睦邻"的美德。张英不但以身作则、谦逊礼让，还教育家人及其他身边人员，激励后人大度做人、秉礼处世。家学渊源，善益子孙，据《桐城县志》载，张英次子张廷玉为康熙当朝进士，居官五十多年，历康、雍、乾三朝，官至保和殿大学士兼吏部尚书、军机大臣，乾隆朝晋三等伯、加太保。张廷玉长子和次子亦官至内阁学士，四子官拜兵部尚书、赠太子太保。张家一门数代高官厚禄，应说是得益于清廉的家风，得益于"六尺巷"。

5. 勤学教育

孙敬是汉朝信都（今冀州市）人。他年少好学，博闻强记，而且视书如命。晚上看书学习常常通宵达旦。邻里们都称他为"闭户先生"。孙敬读书时，随时记笔记，常常一直看到后半夜，时间长了，有时不免打起瞌睡来，一觉醒来又懊悔不已。有一天，他抬头苦思的时候，目光停留在房梁上，顿时眼睛一亮。随即找来一根绳子，绳子的一头拴在房梁上，下边这头就跟自己的头发拴在一起。这样，每当他累了困了想打瞌睡时，只要头一低，绳子就会猛地拽一下他的头发，一疼就会惊醒而赶走睡意。从这以后，他每天晚上读书时，都用这种办法，发奋苦读。

年复一年地刻苦学习使孙敬饱读诗书，博学多才，成为一名通晓古今的大学问家，在当时江淮以北颇有名气，常有不远千里的学子负笈担书来向他求学解疑、讨论学问。

战国时期，有一个人叫苏秦，也是出名的政治家。在年轻时，由于学问不深，曾到好多地方做事，都不受重视。苏秦回家后，家人对他也很冷淡，瞧不起他。这对他的刺激很大，所以，他决心要发奋读书。他常常读书到深夜，想睡觉时，就拿一把锥子，一打瞌睡，用锥子往大腿上刺一下。这样，猛然间感到疼痛，使自己醒来，再坚持读书。（百度文库）

古人认为学习不仅能够增长知识,而且可以使人明白事理,提高人的道德修养和改变人的精神气质。然而学习必须从点滴学起,逐渐积累而成,必须经历一个由量到质,由感性到理性的艰难过程。为了早日成才,学习必须强调一个勤字。勤奋好学是获得成就的重要原因。即使是迟钝的人,只要勤学不倦,也能达到精通和熟练的程度,因此古人在家庭教育方面特别重视对子女的勤学教育。著名的"头悬梁锥刺股"的故事也是对后人进行勤奋好学教育的写照。

6. 勤俭教育

中国古代几乎所有有关家教的文献中,都特别强调对子女的节俭教育。颜之推在《颜氏家训》中要求晚辈在生活上做到"施而不奢,俭而不吝"。李世民虽身为帝王,仍在帝范中告诫儿子李治:"奢俭由人,安危在己。"陆游告诫家人"天下之事,常成于困约,而败于奢靡"(《放翁家训》)。为什么要强调节俭呢?下面的小故事会对"俭"的本质分析得淋漓尽致:

张知白做宰相时,过日子还像做地方官时一样。和他亲近的人规劝他:您的俸禄不少了,但您的日子过得这样节俭,虽说能获得清廉简约的好名声,但外人对你常有讥讽。当年汉朝丞相公孙弘不做丝锦被,做布被,大臣汲黯说:公孙弘俸禄多而盖布被,这是一种欺诈行为。现在有的人也是这样讥讽你啊!你能不能从众,跟大家一样过过奢华生活?张知白叹口气说:我今日的俸禄,虽说可以让全家过锦衣玉食的生活,但看看人之常情,由节俭到奢侈很容易,可由奢侈到节俭就很难了。我今日之俸禄,怎么能常有啊?我这个人怎能常活在世上?一旦日子不同于今天了,家人们奢侈习惯已久,不能突然节俭,一定会进到流离失所的地步,所以我居位去位、身存身亡,都应一样节俭啊。

历史上有很多名人都崇尚勤俭,认为教育子女勤俭是家庭教育中必不可少的内容。如司马光虽位极人臣,完全可以享受奢靡的生活,但他却对当时奢靡的社会风气担忧,在《训俭示康》中联系自己的生平事迹和前人的风范,告诫子孙要崇尚节俭,这是难能可贵的。他总结古今节俭和奢侈两种生活方式所导致的必然结果:"俭,德之共也;侈,恶之大也。"明代姚舜臣在《药言》中说道:"居家切要在勤俭二字,……人须俭约自持,不可恃产浪费。"还有宋代叶梦得认为节俭有利于子女的成长,他在《石林家训》中指出:"夫俭者,守家第一法也。……且奢侈之人,神气必耗,欲念炽而意气自满,贫穷至廉耻不顾。俭之不可忽也若是夫。"

7. 行为习惯教育

在唐宋八大家里,苏家独占三席,可以称得上是文坛奇观。在苏家,苏轼无疑是代表人物,在唐宋八大家中有实力争夺第一,而苏洵、苏辙在其中则不太出众。不过论对苏家团队崛起的贡献,苏洵是最大的。传说中苏轼、苏辙小时候都非常调皮,不喜欢读书。苏洵用了许多办法,都不见效。后来他终于想出一条妙计,当两个儿子玩耍时,他就躲在一个他们看得见的角落看书。两兄弟好奇,跑过来看老爸偷偷摸摸在干什么。苏洵每每故意慌慌张张地把书藏起来,于是苏轼兄弟更好奇了,想方设法偷爸爸的书看。由于本身天资聪慧,他们渐渐都迷上了读书。

行为习惯的养成对孩子具有重大的意义,幼儿阶段的行为习惯能影响孩子今后的发展,故而有"三岁看大,七岁看老"的说法。

朱熹著的《童蒙须知》中从五个方面制定了一个具体的儿童行为准则：童蒙之学始于衣服冠履，"大抵为人，先要身体端整。自冠巾衣服鞋袜，皆须收拾爱护，常令洁净整齐"；次及言语步趋，"凡为人子弟，须要常低声下气，言语详缓，不可高声喧哄，浮言嬉笑"；次及洒扫涓洁，"凡为人子弟，当洒扫居处之地，拂拭几案，常令洁净"；次及读书写字，"儿读书，须整顿几案，令洁净端正"，"凡写字，未问写得工拙如何，且要一笔一书，严正分明，不可潦草"；及杂细事宜。

从上述案例可以看出，古人对儿童的举止、言谈、饮食、起居等很多方面都提出了详细的要求。在中国古代的家庭教育中，人们认为，人的一言一行都包容在礼的规范之中，道德修养在很大程度上体现为行为规范的训练，因而非常重视对子女行为习惯的培养。

（三）丰富多样的教育原则

1. 重视早期教育

《三字经训诂》在提到胎教时告诫人们："孕妇目不视恶色，耳不听淫声，不出乱言，不食邪味，尝行忠孝友爱慈良之事，往往生子聪明，才智贤德过人。"

南北朝教育家颜之推指出："古者圣王有胎教之法，怀子三月，出居别宫，目不斜视，耳不妄听，音声滋味，以礼节之。"

从上述材料可以看出，我国传统家庭教育特别重视早期教育，甚至从先秦时期起，中国就有了实行胎教的记载。早在公元前1世纪，刘向在《胎教论》中便认识到，胎儿会感应到母体内外的一些刺激，指出产前孕妇身心卫生对胎儿的发育有着十分重要的生理影响。这说明中国古代已经充分认识到胎教的重要性。

在早期教育方面，不仅重视胎教，还特别强调后天对孩子的早期教育和培养。古人重视早期教育，是根据儿童的智力发展规律提出来的。《颜氏家训勉学》指出："人生小幼，精神专利，长成之后，思虑散逸，固颁早教，勿失机也"，即幼年时期受外界干扰少，精神专注，记忆力旺盛，能保持长久的记忆。而成年人思想复杂，精神不易集中，记忆力逐渐衰退，故而需要早教，不要耽误了时机。这句话明确说明早期教育的重要性。人在年少时具有很强的可塑性，且记忆力较好，有利于接受知识形成良好的习惯。

2. 重视环境的作用

"人在少年，神情未定，所与类狎，熏陶染，言笑举动，无心于学，潜移暗化，自然似之，何况操履艺能，较明易习者也？是以与善人居，如入芝兰之室，久而自香也；与恶人居，如入鲍鱼之肆，久而自臭也。"（《颜氏家训·慕贤》）这段话的意思是，人在少年时代品性还没有形成、固定，和别人玩耍时受到别人的熏陶，说话、喜笑、举动，虽然无意学习别人，但是潜移默化，自然而然地就像别人了；更何况那些要明确学习的技能呢？因此，与好人一块居住，就像进入培育芝兰的房子，时间长了自己也芳香了；与坏人一块居住，就像进入屠宰鲍鱼的店铺，时间长了自己也臭了。

颜之推认为，家庭环境可以影响孩子的成长，所以他非常重视孩子的教育环节。他认为儿童的习惯，多半是受了左右近习之人的影响而形成。清朝人蒋伊告诫家人"不可与奸佞之人相与，少年心性把握不定，或落赌局，或游狎邪，渐入下流矣"（蒋伊：蒋氏家训）。古人认为青少年的可塑性大，必须要为他们创造一个良好的家庭环境，以利于他们健康成长。这一观点在今天仍具有十分重要的现实意义,值得我们每一位做父母的深思。

3. 主张严慈相济

在我国传统的教育中,历来主张对子女的教育要从严、从早,认为娇惯和溺爱会对孩子的成长极为不利。古人提出要爱教结合,反对只爱不教,认为爱子重在严教,重在引导和约束孩子的行为,溺爱有百害而无一利。同时,还特别强调家长对待子女要一视同仁,反对偏爱子女。认为对子女施爱不均,必然会导致家庭不和睦,既害子女,又害家庭。

对于如何教育孩子,颜之推则明确把"严"与"慈"结合起来,他认为家庭教育应当从严入手,严与慈相结合,不能因为儿童幼小而一味溺爱和放任,父母在子女面前要严肃庄重,有一定威信。他说:"父母威严而有慈,则子女畏惧而生孝矣。"他认为善于教育子女的父母,能把对子女的爱护和教育结合起来,便会收到良好的效果。相反,如果没有处理好两者关系,"无教而有爱",让孩子任性放纵,必将铸成大错。

4. 强调循序渐进

循序渐进是根据子女不同时期发展的特点进行教育。我国在很早就发现儿童在不同阶段具有不同的发展特点,而且古人已经认识到要根据这些发展特点进行不同的教育。古人云:"学者观书,并在只要向前,不肯退步,看愈向前,愈看得不分晓,不若退步,却看得审。"就是说,学习、读书要扎扎实实,由浅入深,循序渐进,有时还要频频回顾,以暂时的退步求得扎实的学问。学习正如上台阶和吃板一样,一步跨十个台阶和一口吃成胖子都是做不到的。我们只有根据知识的内在逻辑程序,由浅入深、循序渐进地学习,才能真正学到知识。

5. 强调长辈的榜样示范

汉代杨震为官清廉,有一次途经昌邑,县令王密为报答他的知遇之恩,夜里特地带了十斤黄金去送给杨震,杨震见了,很生气地责问:"故人知君,君不知故人,何也?"密曰:"暮夜无知者。"震曰:"天知,神知,我知,子知,何谓无知。"密愧而出。杨震因不受私谒,生活清苦,子孙常吃蔬菜,出门则步行,当时有一些故旧长者常劝杨震为子孙置办产业,杨震回答说:"使后世称为清白吏子孙,以此遗之,不亦厚乎。"(搜狐母婴:从家训看我国古代家庭教育传统和方法)

"杨震拒贿"的故事告诉我们,为人父母者要以身则、廉洁声誉胜过丰厚家产。古代教育认为"身教重于言教"。父母和子女长期生活在一起,父母的言行举止对子女起着直接的影响作用。子女幼时,多从父母的言行影响中逐渐形成自己的行为习惯及道德观念,所以作为教育者的父母长辈,首先必须修身正己,为子女后代做出楷模。父母是子女的楷模,他们的一言一行对子女都有深刻的影响。明朝吕德胜《小儿语》中说:"老子终日浮水,儿子作了溺鬼;老子偷瓜盗果,儿子杀人放火。"说明父母对子女影响之大。

二、我国传统家庭教育中的消极因素

我国传统家庭教育中大多数内容是值得我们后人借鉴学习的,但不可否认的是,在我国两千多年封建社会的思想文化下,其保守性和专制性在家庭教育中也得到了相应的反映,为了能更好地发展家庭教育,我们必须要对我国传统家庭教育中的消极因素进行分析。我国传统家庭教育中的消极因素主要体现在以下几个方面。

(一) 愚忠教育

"君为臣纲,父为子纲,夫为妻纲",这样的教育思想明显带有封建的色彩。封建私有制决定了国家是帝王的私有财产,帝王是国家的代表和象征,王法就是国法。忠于君王就是忠于国家,报效君王就是报效国家,为君王献身就等同于为国家献身。在这个帝王就是国家,国家是在帝王的价值观支配下所形成的伦理道德,对帝王的忠诚与否是检验一个人的根本标准。作为臣子,不能违逆帝王的意愿,故而有"君叫臣死,臣不得不死",如果臣子不愿意,则被定为不忠,是大逆不道的。

(二) 愚孝教育

一天,鲁国人曾参有了过失——锄草时误伤了苗,他的父亲曾晳就拿着棍子打他。曾参没有逃走,站着挨打,结果被打休克了,过了一会儿才渐渐苏醒过来。曾参刚醒过来,就问父亲:"您受伤了没有?"鲁国人都赞扬曾参是个孝子。孔子知道了这件事以后告诉守门的弟子:"曾参来,不要让他进门!"曾参自以为没有做错什么事,就让别人问孔子是什么原因。孔子说:"你难道没有听说过舜的事吗?舜做儿子时,父亲用小棒打他,他就站着不动;父亲用大棒打他,他就逃走。父亲要找他干活时,他总在父亲身边;父亲想杀他时,无论如何也找不到他。现在曾参在父亲盛怒的时候,也不逃走,任父亲用大棒打,这就不是王者的人民。使王者的人民被杀害,难道还不是罪过吗?"

从此案例中可以看出,古代人子女对父母的孝顺已经到了让人费解的地步,被父亲打休克后,不是想着怎样解决问题,避免下次受到伤害,而是询问父亲是否安好,再者,其他人还认为这种行为是"孝"的表现。

"父为子纲"是中国封建社会亲子关系的道德规范。家庭中一般由最高辈分的男子作为"家长",拥有全家的经济生活大权,居于支配地位,掌握全家人的命运。因而传统的家庭教育就是长辈,特别是"家长"对晚辈的教育,"家长"是教育者,晚辈是受教育者,形成"家长"专制的家庭教育制度。这种家庭教育制度,非常强调子女向父母应尽"孝",父母特别是"家长"在家庭中具有绝对权威,子女必须绝对服从,没有任何思想自由,否则就是不孝之子,孩子成为家长的私有财产。与封建强权政治密切联系的专制家庭教育制度,使家庭教育成为"家长"意志的教育,出现"家长"本位的教育模式。这种教育,将严重制约子女身心的发展,扼杀他们的创造精神和健全个性,不可能造就民主的家庭氛围,与现代社会的发展趋势相违背,对于家庭中培养现代化建设人才和创设和谐幸福的家庭生活极为不利。

(三) 读书为做官的名利教育

古代家庭教育的主要目的是让子女中举做官、衣锦还乡、光宗耀祖、名利双收,推崇的是"两耳不闻窗外事,一心只读圣贤书",并把"洞房花烛夜和金榜题名时"作为人生两大"乐事"。

第三节　我国家庭教育的现状及发展趋势

重视家庭教育是我国的优良传统。但是，自从学校作为专门的教育机构产生以后，家庭教育的作用逐渐淡化。然而，改革开放以来，市场经济的竞争性、开放性、创造性要求未来人才素质的全面发展，家庭教育也在人才培养中显示出重要的作用。与时代同步，家长的教养观念发生了变化，家庭教育在整体教育中所占的比例越来越大，家长大多强调科学教养观念，然而在子女教育问题上还是多了几分急功近利的浮躁，加之传统观念仍根深蒂固地影响着广大家长，致使当前家长教养观念充满了理性与非理性的、功利与理想的冲突与选择，在家庭教育实践中反映出一些共同倾向性的问题，阻碍了家庭教育的成效。家庭是人生的第一课堂，在家庭中受到的影响可以让人一生都有磨灭不掉的深刻印迹。家庭教育比学校教育更能塑造孩子的个性、人格和价值观，家庭教育的互动化、全面化、开放化、科学化和整体化，保障科学的家庭教育的发展。

一、我国家庭教育的现状

家庭教育与学校教育和社会教育密切配合，共同促进未成年人身心健康成长的重要途径，在未成年人成长发展中有重要的作用。重视和发展家庭教育是促进人才培养，建设社会主义和谐社会的必然要求。然而，当前我国的家庭教育现状如何，取得了哪些成绩，存在着哪些问题或教育误区，我们将在这一部分一一阐述。

（一）我国家庭教育取得的成绩

1. 家长重视家庭教育，注重孩子的全面发展

在2007年全国妇联对全国未成年人家庭教育的调查中发现，98%的家长认为家庭教育对儿童的成长非常重要，80%以上的家长重视孩子的全面发展，把孩子的"德、智、体、美全面发展"、身心健康和实现社会价值作为家庭教育的重要目的。

2. 家长的文化素质提高，促使家庭教育质量的提高

父母的文化程度是影响子女教养方式的主要因素。著名教育家福禄贝尔曾说过："父母是孩子的第一任老师，家庭是孩子成长的第一环境。"因此，家长的文化素养提高，能在孩子面前发挥表率作用。家长注意规范自己的行为，以身作则，以良好的榜样影响儿童。遗传为孩子的发展提供了物质基础，环境对孩子的发展有着极其重要的影响，家庭教育离不开文化，家长的文化素质对孩子的教育有着重要的影响。父母在孩子的成长中，不仅仅是凭着自己积累的经验教育孩子，而是不断学习，不断吸收新的观念和方法，以便获得科学的家庭教育知识。

3. 家庭教育知识来源多元化且丰富化

家长非常重视获得科学的家庭教育知识，不仅有自己积累的经验，而且逐渐从家教书籍、学校教师、自己的父母、家长学校和媒体等渠道学习家庭教育的方法。家庭教育的内容丰富且不断扩展,注重加强孩子理想道德的教育,并注意将保护环境和公民意识教育纳入家庭教育中;既有儿童营养、睡眠时间、娱乐锻炼等身体健康教育和安全教育,又有健全儿童心理健康的教育;既重视文化课和技能的学习,又关注儿童对网络、电脑和数码等现代新技术的掌握。

4. 家长有较充分的时间、资金和精力来教育孩子

由于独生子女政策的实施,每个家庭的孩子很少,家长有足够的时间和精力来培养子女,而且优裕的家庭经济条件为家庭教育提供了保障,提供于教育的资金也越来越充足。父母希望把最好的都能给予子女,在对子女的家庭教育方面,无论是精力、时间还是金钱投入都较多。

(二) 我国家庭教育中存在的问题

1. 注重家庭教育,但方法不恰当

随着物质生活水平的提高,很多家长把大量的财力和精力放在教育孩子上,但是教育的效果却没有让家长满意。在对家长教育方式的研究中,发现父母教养方式对子女的心理健康、焦虑、抑郁、自尊、社会化、人格发展、问题行为的产生以及道德行为等方面产生了重要的影响,这种影响在个体的各个成长阶段都会有所体现。而在存在不良家庭教育方式的教育中,家长可分为以下几类。

(1) 过分保护型

父母什么都代劳,帮孩子解决一切问题,不愿意让孩子接触到他们认为会伤害孩子的事情。这使孩子失去了正常的、积极的、自由发展的个性,培养出的孩子容易依赖他人,没有独立的人格。这种个性心理特征限制了孩子的自由创造,孩子往往会变得柔弱、害羞、恐惧,不敢面对新事物,不敢主动与人交往,失去很多学习和锻炼的机会,孩子变成了处处需要保护和帮助的"无助小孩",遇到问题不能自己寻求解决的方法,无法施展他们的能力,更甚者还会影响孩子的学习、使用和处理问题与培养责任心的契机,不利于孩子自信心的建立,对自己形成一种是"无能"的自我评价,导致自卑。

(2) 过分干涉型

朋友的儿子5岁,那天不好好学习,被朋友修理了。他儿子自言自语地说:"这世上有几种笨鸟,一种是先飞,一种是不飞,还有一种是下个蛋,把希望寄托在下一代。"然后他儿子的头上就多了一个包。(猴岛论坛)

这则故事虽说是个笑话,但折射出很多现在家庭教育中的问题:父母过于干涉孩子,希望孩子去完成自己没有完成的事情,孩子更像是父母的附属品,而不是一个独立的个体。

过分干涉就是限制孩子的言行,为孩子的行为画框框、定调调,要求孩子按父母的意愿和认识去活动,不能违背父母的指令,久而久之,导致孩子缺乏批判性思维,做事没主见,不敢提出新观点,思维僵化。

(3) 严厉惩罚型

小章的父母都是工厂的工人。小章长相好,脑子接受能力也不错,常常让初次接触他的人喜欢上。然而时间接触长了之后,你会发现每当打上课铃后,他常常是头发湿漉漉地进教室,不是水,全是汗。起先以为是男孩子调皮,就多次劝告,然而收效不大。随着年级的升高,他活动时的危险动作也就越来越多。有一次,他突然在楼梯上将另一名男同学推倒,导致那位同学后脑有淤血。当我到他家家访时发现,他家住厂公房(平房),很小。与家长和邻居的交谈中知道,这是一个在家非常听话的孩子,不高声说话,甚至说话还有些结巴。与他奶奶的交谈中得知,孩子的父母对生活现状不太满意,巴望孩子能通过学习改变一切,于是孩子到家后学习完不可以出门玩,不可以看电视。孩子的妈妈性格急躁,孩子一旦出现不能符合父母要求的行为就会遭到训斥和打骂,有时暴躁的母亲甚至手边有什么,就抄起什么家伙向孩子扔去,也不管那扔去的东西是否带来危险后果,一旦出现不能符合父母要求的行为就会遭到训斥和打骂,所以孩子在家很文静,很乖巧。(好搜问答)

案例分析:小章的严厉惩罚型的父母常以强制性的方式,较多地限制孩子的行为,使得孩子在家没有心理放松的时间。到了学校,逃离了父母的监管,他觉得自己自由了,可以痛痛快快地放松自己了,玩得满头大汗可以说是他的一种心理宣泄。因为父母对孩子不计后果的打骂,使得孩子觉得这是一种正常的事情。因此,当他推楼梯上的同学时也一定不会考虑到什么后果。

严厉惩罚型的家长教育孩子态度强硬,对子女缺乏感情,言语粗鲁,方法简单粗暴,容易使孩子产生逆反、自卑的心理。对孩子要求严格是应该的,但是一定要把握度,传统教育理念中的"严师出高徒""棍棒底下出孝子",在随着世界的变化中,也要进行相应的变化。

2. 父亲在家庭教育中的参与不够

15岁的小松是一所国际贵族学校的学生,成绩不好,不喜欢学校,但是父亲坚决让他读这所学校。每次他旷课逃学后,都会被父亲派管家和司机将他强行绑回学校。

其实小松喜欢结朋交友,喜欢玩,可在家时,他却喜欢玩网络游戏。他不喜欢妈妈的唠叨,爷爷奶奶的啰唆,尤其是爸爸的漠视和粗暴。

小松的爸爸是一家上市公司的老板,生意做到国外,所以常年国内国外来回跑。小松从小与妈妈、爷爷、奶奶一起生活,爸爸对他来说似乎仅仅是一个名词。虽然物质上差不多得到了无尽的满足,但小松一点都不觉得快乐。在小松的印象里,爸爸从没去学校开过家长会,他的朋友爸爸一个都没见过,生日时爸爸也总是出现不了,周末更不可能全家一起去逛街看电影什么的,为此还曾有老师和同学误会他是单亲家庭的孩子。

在学校里,压力越来越大,朋友越来越少,成绩越来越差,无聊时只好上网玩游戏打发时间,在游戏中寻找成就感与快感。家人如果说多了,小松动辄以离家出走威胁家人。

小松逃学越来越频繁,被妈妈告到爸爸那里后,父亲说了几句,小松就顶了几句,于是,小松得到一顿暴打。生平第一次被父亲狠狠地揍了后,小松一直不能释怀,见到父亲就扭头去同学家,或者把自己关进房间。(新浪新闻快讯:在家庭教育中父亲的作用)

小松的父亲忽视了对孩子精神上的关注,在小松成长的过程中,他扮演的父亲角色缺失,没有及时给予孩子正确的引导和力量的支持。当孩子到青春期出现叛逆时,仅仅使用简单粗暴的教育方式,不但不能起到教育的效果,反而让孩子更加叛逆。最终导致孩子在成长过程中遭遇很多问题,影响他的身心发展。

由于受到"男主外,女主内"的思想影响,父亲更倾向于在外挣钱养家,母亲则更多地承担教育孩子的责任。专家认为,在家庭教育中,父亲的作用是不能代替的,父亲对孩子的性别意识、性格形成、智慧培养和能力形成等方面影响很大。

父亲在培养孩子做人方面起着什么作用呢？这可以分两个时期来看。

第一个时期，是孩子3～6岁。俗话说"三岁看大，七岁看老"是有着一定的道理的。这一时期父亲起到的作用有几点。

首先，让孩子形成性别认同。对男孩而言，这一时期喜欢模仿父亲的一些言行，从对父亲的认同获得自己性别的认同，也通过父亲的言传身教习得男性化的性格特质。这时，父亲的教育与鼓励会影响孩子长大后的毅力、意志力、抗挫力、人际交往能力、判断力，以及果断、勇敢、拼搏等一些特质。对女孩而言，父亲是生命里第一个亲密的男人，她会从父亲对母亲的爱来认同和接纳自己的女性身份。父亲身上的一些特质与习惯，以及她与父亲的关系，对其以后与异性的交往和寻找人生伴侣有着潜移默化的影响。其次，这一时期的父亲是帮助孩子建立规则感与边界感的时期。父亲，在孩子的意识里代表着社会规则与潜规。孩子会从对父亲的认同，来认同社会。这时期的孩子对社会充满好奇，他会试探人生的第一次，小心翼翼地试探底线试探边界。这时，父亲必须来告诉他什么该做什么不该做，尤其是孩子犯错后，要立即指出来，以孩子比较好接受的方式适当地给予相应的惩罚，这会让孩子在成长中树立起边界感与规则感，这有利于他在学校遵守校规，进入社会后遵守法律。

第二个时期，则是孩子6～18岁的青春期。以纽特思特帮助的近千案例来看，基本可以总结出一个规律：父亲的缺位，让孩子不管是行为上还是心理上更叛逆。

青春期是人生的第二次自主期，也是童年向成年的过渡期，其实，此时，孩子适当的叛逆是正常的，是值得肯定的。他会通过跟父母不一致的行为和做法来摆脱父母，不再依赖父母，以获得人格的独立。因为他们想告别童年，想长大，不希望父母仍然当自己是小孩子来对待。所以，他们的争取独立在父母眼里是叛逆。而事实上，因未成年心智不成熟，有些叛逆难免把握不了尺度，这就需要父亲的陪伴、引导、支持与鼓励。

父亲在青春期的孩子身旁，就犹如定海神针，会让孩子得到支持与力量。父亲在能理解、认同、鼓励孩子里让孩子认同"我已长大，我要承担更多的责任"。青春期的孩子也会试探或违反一些规则与边界，父亲同样要正确地引导与教育，给他建立更为具体的更为细化的规则感与边界感，让孩子不至于成为脱缰野马，不知走向何处，能及时使孩子走上正道，为孩子的成长起到保驾护航的作用。（新浪新闻快讯）

3. 两代父母易产生冲突

人的一生都在不断接受社会化，而早期接受的社会化是以后继续社会化的基础。家庭中第一代父母和第二代父母由于出生的时代不一样。决定了他们各自早起社会化的起点不一样。而一般来讲，这又导致了两代人生活观念、生活态度、生活方式、价值观念、生活目标等方面的差异。而第二代父母大多出生在改革开放时代，普遍比较年轻，他们接受的一些社会观念相对自己的父母要开放、超前。

因为第一代父母早期生活在物质比较匮乏的时代，自己年轻的时候可能吃了不少苦，所以为了弥补自己曾经的遗憾，他们在抚养子女的时候，大多希望子女能吃得饱、穿得暖，物质上尽量过得好。也有的老人骨子里延续香火的观念比较浓，即使子女长大成人且有了孩子，他们仍旧会把孙辈当作自己人生的一部分，自己血脉的一部分。在抚养孙辈的时候,难以接受让孩子吃苦、受委屈、受欺负。第二代父母在教育孩子的时候,与他们的父母的最大区别就是:第一代父母是从社会发展的需求的角度来培养孩子,并非从生活上弥补,将他们成长中一些得不到实现的社会价值在孩子身上实现。第二代父母一方面会满足孩子的基本需求;另一方面对孩子特别"严",对孩子在教育、个人特长等方面舍得投资。

现在社会发展很快,观念更新也快,而老人在有了基本的社会认识之后较难改变原有的观念,因此相比年轻父母,接受新观念可能要慢些,但这并非表示老人的教育方法就一定是"老方法""老古董"而遭到年轻父母的否定。其实很多老人对孙辈倾注了很多心血,很多时候,他们也很为难,对孩子管得严点又担心子女责怪,对孩子宽容点又怕对孩子成长不利。于是,在第一代父母和第二代父母在教育孩子问题上出现分歧时,双方不能及时沟通,平等讨论,未使教育观念得到交流,合理的成分也就难以得到双方相互吸收。

4. 家庭教育内容欠合理

一位小学校长讲,学校正开展"诚实守信,关爱他人,学会相处"的思想教育,可是三年级某班的两个孩子,因为一点小事,吵了起来,其中一个被另一个划了一下,脸上有一点血迹。有着20多年教学经验的班主任老师,对两个孩子进行了批评教育后,让孩子们握手言和,重归于好。谁料到,放学时妈妈发现孩子被划花了脸,这下可不得了啦。气势汹汹的她拉着孩子,先是找到班主任,责骂老师处理不公。第二天,自己又在校门口揪住了吵架的另一个孩子,要让他也"尝尝脸被划花的滋味"。于是,不依不饶的双方家长吵了起来,并当着孩子的面"大打出手",吓得两个孩子抱住老师放声大哭。

案例分析:案例中的妈妈忽略了自己的行为会对孩子产生的影响,她站在自己的角度去理解孩子间的问题,结果使事情进一步恶化,在孩子的成长道路上留下阴影。案例中的父母忽视了家庭教育中德育的教育。

在家庭教育中确定目标时,许多家长从自身出发,以自己的兴趣和经验作为依据,而很少考虑孩子的实际能力及社会需求等,往往出现目标定位过高,结果弄巧成拙。这种缺乏理性的家庭教育目标,导致在家庭教育内容的不合理。家长把家庭教育狭义的认为是智育教育,使得家庭教育的功能大大缩小,尤其是家庭教育中的德育逐渐弱化,被智育或其他功利性较强的教育职能所代替,出现家庭道德教育空白的现象,导致孩子人格的缺失。

5. 家庭教育学校化

学校教育、社会教育和家庭教育三者各有自己的职能,但是近年来,家庭教育却出现了"学校化"倾向。许多家长过度关注孩子的学业,整天围着孩子的学习成绩,认为"只要孩子的成绩好,其他事情不重要",使家庭教育丧失了原有的职能,变成学校教育的"承办机构"。学校和家庭给孩子双重的学习负担,学生在每天紧张的学校生活外,还要花大量的时间完成学校或家长布置的课外补习作业、上学业补习班和兴趣特长班等。学业压力的沉重使孩子娱乐、游戏和睡眠的时间减少,更没有大量的时间与父母沟通,造成部分孩子的负面心理情绪。

对于家庭教育学校化,主要表现在:重视孩子的身体素质,忽视心理素质;注重孩子的智力开发,轻视孩子非智力因素(如情绪、社会性发展、人格的形成等)的培养;重知识灌输,轻品德培养;重视专长的训练,忽略了孩子需要平衡发展。

二、我国家庭教育发展趋势

(一)家庭教育的含义从单一的教育发展到双向互动的教育

在传统的家庭教育观念中,家庭教育一般是指在家庭范围内,父母及长辈对孩子的教育。随着社会的发展,家庭教育的内涵扩大为在家庭范围内,对家庭所有成员进行教育,包括父母与子女、祖父母与孙辈、夫妻之间、兄弟姐妹之间的相互教育影响。在这里,就涉及不仅仅是长辈或父母对孩子的教育,更有孩子对父母和长辈的影响教育。在家庭教育过程中,家长的教育观、教养方式和教育行为影响着孩子的身心发展、对事物的认识、对事物的态度和行为,同时,孩子对家长的教育行为有一种反馈,这种反馈也影响着家长对自己家庭教育行为的思考。而且,在快速发展的现代社会,孩子的学习能力比大人强,有时候对某些知识的接受方面孩子要比家长快,会出现家长向孩子请教的现象。

总之,在现代社会中,家长与子女是一种相互教育、相互学习和取长补短的关系。

(二)家庭教育的内容从片面教育走向全面教育

20世纪末,中国教育界发生了一场由"应试教育"到"素质教育"的变革。素质教育的大讨论及各级各类学校的素质教育实践活动,必然会波及家庭教育,一些家长已经自觉地在家庭教育实践中由"应试教育"向"素质教育"转变。进入新世纪后,随着社会对人才素质的要求和学校教育中素质教育的力度增大,素质教育走向家庭的趋势越来越明显化。在家庭教育中,除了教给孩子知识外,培养孩子的能力、激发孩子的积极情感、养成孩子良好的道德品质、赋予孩子健康的体魄等理念逐渐被家长所接受。

(三)家庭教育的形式从封闭走向开放

1. 家庭教育的封闭性

(1)家庭对同龄人的封闭:独门独户,家庭不对同龄的其他孩子开放。

(2)家庭对社会的封闭:家长忙于工作,很少带孩子出门,孩子很少能真正地体验社会生活。

(3)家长对孩子的封闭:亲子之间的沟通较少,家长的主要关注点在学习和生活。

(4)家庭生活对孩子的封闭:家长包办代替,孩子对家庭的概念薄弱,在家庭中孩子无事可干,甚至是无权参与。[1]

2. 家庭教育正逐渐开放

(1)空间上的开放。在对家庭方面,让孩子参与到家庭活动中,孩子有权参与家庭的决策和为创造和谐家庭尽自己的一份力量;家长注重与孩子的心灵沟通,家长要经常学习,孩子在成长过程中遇到问题时,家长能清晰地知道孩子的哪些问题是该年龄阶段会出现的问题,用平等的态度对待孩子。鼓励孩子多参与到社会活动中,多与同龄人交往。

---

[1] 李燕,吴维屏.家庭教育学[M].杭州:浙江教育出版社,2009:36.

(2)时间上的开放。时间上的开放主要指的是家庭教育的可持续发展和终身化。现代家庭教育必须实行可持续发展的教育,要"教孩子一时一事,想孩子一生一世"。家庭教育应该是一种终身教育,应该贯穿孩子的一生;家长在教育的过程中,也应该"活到老,学到老",与孩子一起成长。

(四)家庭教育的方法从经验化走向科学化

家庭教育的科学化将呈现如下发展趋势。

1. 家庭教育理论科学化

以马克思恩格斯教育学说、毛泽东教育思想、邓小平中国特色社会主义理论、"三个代表"重要思想和"构建社会主义和谐社会"的科学发展观为教育理论基础;以党的全面发展教育方针、"三个面向"纲领和素质教育为指导思想;同时,不断吸收心理学、教育学、社会学、管理学、伦理学、生命科学等许多学科的最新研究成果,批判地继承我国优秀家庭教育传统,使我国家庭教育由经验育人向科学育人转变。

2. 家庭教育内容科学化

以真正科学的社会知识、人文知识、自然知识,以及在这些知识基础上形成的意识倾向、态度、情感、意志、性格和世界观、人生观、价值观等为教育内容,使子女正确地认识社会、认识自然、认识人生,学习在改造自然、改造社会的过程中发展自己的精神世界,培养孩子坚持真理、坚持真、善、美的个性,培养孩子辨别是非的能力,使孩子真正、科学地学习和生活,身心全面健康的发展。

3. 家庭教育方法科学化

随着社会的发展、时代的进步,家长的文化程度不断提高。因此,家庭教育的方法也在不断地向科学化的方向发展。为教育子女成才,培养出高素质的孩子,不少家长开始阅读、研究家庭教育方面的书籍和理论,注意运用教育学和心理学等方面的家庭教育知识。使用符合孩子成长成才规律的、科学的家庭教育方法和手段使家庭教育更有效果;由于不断学习,家长对孩子的教育由过去的打骂型、唠叨型、溺爱型、放任型逐渐转向引导型、陶冶型、明理型和民主型。

(五)家庭教育的功能发挥从单一作用走向立体整合

进入21世纪,我国教育从全局来看,必须是面向现代化、面向世界、面向未来的教育;从教育系统来看,必须是家庭教育、学校教育和社会教育的紧密结合,形成一体化的教育。以家庭教育为基础,学校教育为主导,社会教育为依托,彼此既是独立的又是相互联系的,构成一个完整的、统一的现代化教育体系。这必然会成为现代教育的趋势。

✦ 能力训练

活动一:6个步骤让孩子做事分轻重缓急

在孩子身上,父母常常会发现这样的问题。

快考试了,孩子也不知道早点开始复习,非要等到临考前几天才开始着急,每天熬夜到一两点。早点入手,不就用不着这样了吗?

我的孩子太没主见,别人让他干吗他就去干吗。总是忙活了半天,自己的事还一点没干呢!

孩子整天忙忙碌碌,日程表排得也是满满的,看起来非常用功,非常辛苦,但成绩就是上不去。

让我的孩子开始学习太难了,准备工作他就得做上半天,比如收拾书桌、削铅笔等,看着真让人着急!好不容易开始学习了,他一会儿又要打个电话,一会儿又想起来第二天要用的蜡笔,专心学习的时间实在太少了!

孩子的这些问题都有一个共同点,那就是做事不分轻重缓急,不分主次,从而导致做事效率不高。事实上,按照每件事情的轻重缓急来安排事情的先后顺序,是在制定日程表时必须考虑的一个重要因素。我们之所以把它作为一个单独的习惯来谈,正是为了突出它在时间管理中的重要性。

分享:父母可以教给孩子以下6个步骤,让孩子分清轻重缓急。

(1)列出事务清单,在前一天晚上,列出第二天的事务清单。

(2)判断事务的重要性。

(3)判定事务的紧迫性,孩子根据自己的判断对事务紧迫性打分。

(4)把事务与打分结果汇总起来:汇总成表格。

(5)给事务排序。

(6)分类处理,可以根据时间顺序开始处理事务。

阅读完这部分内容,请家长根据上述6个步骤,与孩子一起为第二天将要完成的事情进行合理的规划。

活动二:孩子特别爱发脾气怎么办?

小伟上小学三年级,他有一个毛病,在学校里为点小事就生气,生气了就和同学打架。父母和老师批评过他很多次,但他说生起气来就克制不住自己,所以才和同学打架的。现在小伟在家里发脾气的情况倒是不多,也可能因为他是家里最小的孩子,无论是大人,还是他的表兄表姐,凡事都能让着他,有了要求尽量满足他。但是在学校没有人让着他了,经常与同学发生冲突。

分享:

(1)你的孩子遇到不开心的事情时,能够很好地调节自己的情绪吗?

(2)孩子生气时,你会怎么做?

(3)如果你是小伟的父母,你会怎么做?为什么?

总结:

当孩子不能很好地控制自己的情绪,经常发脾气时,首先,父母要引导孩子学习其他有效解决问题的策略,开拓他的思路。

其次,家庭中还需要改变原有的亲子互动模式。对孩子的某些任性做法置之不理是最有效的方法。当孩子发现发脾气没有什么用处时,他的不良行为就会逐渐减少。

最后,当孩子有了进步要及时鼓励。

活动三:培养孩子的专注力

一切智力活动甚至一切心理活动都必须通过注意力才能发生、发展和形成,孩子注意力的发展在心理发展中具有非常重要的意义。因此,培养孩子形成良好的注意力是发展聪明才智的必要条件。

培养孩子的专注力可以从以下几个方面入手。

1. 充分利用孩子的好奇心

许多实例证明,强烈、新奇、富于运动变化的物体最能吸引孩子的注意。会唱歌的生日蛋糕,会跳的小青蛙,会自己走路的小娃娃等玩具调动了孩子们的好奇心,让孩子集中注意力去观察、摆弄。

2. 将培养孩子的专注力与兴趣结合起来

兴趣是产生和保持专注力的主要条件。孩子对事物的兴趣越浓,越稳定、专注力越容易形成。所以父母应注意培养孩子广泛的兴趣,并以此为媒介来培养孩子的专注力。

3. 在游戏中训练孩子的专注力

苏联心理学家曾做过这样一个实验:让幼儿在游戏和单纯完成任务两种不同的活动方式下,将各种颜色的纸分装在与之同色的盒子里,观察孩子注意力集中的时间。实验结果表明,孩子在游戏活动中,其注意力集中程度和稳定性较强。

4. 让孩子明确活动目的,自觉集中注意力

孩子对活动的目的意义理解得越深刻,完成任务的愿望就越强烈,在活动过程中,注意力就越集中,注意力维持的时间也就越长。

分享:

(1) 请反思自己孩子的日常表现,你认为他(她)的专注力好吗?

(2) 请运用上述方法,在日常生活中有意识地培养孩子的专注力。

总结: 培养儿童专注力的方法有很多,其具体实施方法也不尽相同。家长可根据孩子专注力发展的特点,采取适当的方法,有计划、有目的地训练和培养孩子的专注力。只要你采取科学的方法和态度,努力去做,一定会取得成功的。

思考与练习

1. 你是怎样理解我国家庭教育的传统特色的?
2. 结合实际,谈谈封建家庭教育的思想观念对现今的家庭教育的影响。
3. 结合自己的理解,试论述我国家庭教育的发展趋势。
4. 结合自己的成长经历,说明家庭教育在一个人的成长过程中有什么重要的作用。

第三章
影响家庭教育的主要因素

下面是三位家长面对同一件事情的不同态度,请用心体会此时孩子的感受。

贾涛的故事:

我上五年级,喜欢放学后和同学们在操场上玩儿。我知道应该5:30回家,但有时候我玩得起劲就忘了。昨天和前天我回家晚了。我妈妈特别生气,我不想让我妈妈再对我大吼大叫了。今天我问同学几点了,他告诉我6:00。我马上不玩了,跑回家,想跟我妈妈解释:"我真的是问时间了。但是已经晚了,我是用最快的速度跑回家的。"

第一位家长的反应:

"我已经听够你的借口了!再也不相信你了。这次你要接受惩罚。从下周开始,每天放学就回家,不能出去。也不能看电视。我不在的时候,我会让你姐看着你。回你自己房间去,晚饭已经没有了。"

第二位家长的反应:

"哦,宝贝儿,你都跑出汗了,快拿块毛巾擦擦,向我保证别迟到了。"

"你真让我担心,过来洗洗手,晚饭要凉了……要不妈妈再给你热热?"

第三位家长的反应:

"你说你在尽力往家赶,但我还是不高兴。我不想再看到你那么急急忙忙的。我希望你说好5:45到家就能做到。"

"我们已经吃过晚饭了。厨房也不剩什么吃的了,你要愿意就自己做个三明治。"

分析以上三位家长的态度,我们可以看出第一位家长太注重惩罚了;第二位家长有些溺爱孩子;第三位家长做得"正合适",这位家长没有惩罚孩子,但又表明了自己的立场。家庭中每天都可能出现类似的情景,家长的教养态度转化为教育行为,直接对孩子产生影响。家庭教育的质量不仅受到家长教养态度的影响,同时也受到家长素质、家庭关系和社会环境等多种因素的影响。本章将从以上几个方面入手对家庭教育的影响因素进行深入阐述。

第一节　家长的教育素养与家庭教育

俗话说,父母是孩子的第一任老师。在家庭教育当中,家长是教育的执行者,是实施教育的主体。家长对子女的教育往往通过潜移默化与主动教育来实现。卢梭曾在《爱弥儿》中说过:"你要记住,在敢于担当培养一个人的任务以前,自己就必须是一个值得推崇的模范。"一个孩子从呱呱坠地的婴儿成长成为独立的成人,这过程正是在与家长的朝夕相处中不断地耳濡目染,渐渐形成了自己个性,树立了自己的志向。家长对子女的影响是全方位的、无处不在的,渗透于家长的一言一行当中。因此,父母良好的品行、积极的人生态度,完善的人格等将会对孩子的一生产生非常深远的影响。苏联教育家苏霍姆林斯基说过,"不关心家长的教育素养,任何教学和教育任务,都不可能解决。"家长的教育素养如何,直接影响着家庭教育的质量,也决定了家庭教育的成败。家长的教育素养包含的范围很广,本节将重点讨论三个方面:家长的教育观念、教育知识与教育能力。

一、家长的教育观念

有一对父母非常注重培养女儿的学习态度,从女儿上小学一年级开始,就对女儿的作业质量提出了严格的要求,必须工整、正确。父母每天认认真真地检查女儿的作业,做错的必须重做,写得不整齐的地方必须重写。为了让孩子认真完成作业,母亲制定孩子每天犯错的规定数,父亲还为此动手打过孩子。在父母的严厉管理下,孩子的作业不但整齐而且一点错误都没有,满篇的红色对钩。为了按要求完成作业,孩子在写作业时非常认真,写得很慢,一个小时的作业能写两个小时,使得孩子没有时间玩耍和阅读。

孩子上初中后,作业量增加、难度增大,但孩子已经习惯了只关注作业是否整洁,而不习惯多动脑思考,所以当面对一些较复杂的作业时,孩子不知所措没有应对能力。孩子做作业经常到晚上十二点之后,心理上越来越焦虑,只要发现作业有错,孩子就难以接受,甚至表现出恐慌。最后,到初三时,功课压力太大,女儿彻底崩溃了,无法再回到学校。(改编自尹建莉:最美的教育最简单)

分析案例可以看出,这对父母的教育观念出现了偏差,过于注重自己热衷的目标——培养孩子在学习上认真的好习惯,而毫不在意其所使用的方法是否正确,忽视了孩子的痛苦和承受能力。同时,这对父母没有尊重孩子的意愿,只是一味地强迫孩子按照自己的要求书写作业,虽然其出发点是希望孩子养成认真学习、工整书写的好习惯,但本质上体现了其父母不正确的儿童观和亲子观,没有把孩子看成一个独立的、不成熟的个体,没有尊重孩子的身心发展规律,因此在学习上对孩子的要求过于严格且急于求成,反而事与愿违、功亏一篑。所以,案例中的孩子虽然取得了一个短暂的、表面看来令人满意的效果,却永久地损害了孩子的心理健康。

家长的教育观念通常是指家长在培养子女的过程中,在孩子发展、教育等方面所持有的观点,是家长教育行为的先导。家长的教育观念不但制约着家长对教育知识、能力的运用,也直接影响家长对子女的教育内容和教育方式,以及家长对子女教育的时间、精力与物质经济的投入等。针对当前儿童青少年的身心发展特点,结合国内诸多学者的研究,家长的教育观念的核心要素为:儿童观、人才观、亲子观。

1. 儿童观

儿童观主要是指家长对儿童身心发展规律的认识。家长的儿童观会直接影响到他们对儿童的教育方式和行为,也直接关系到儿童能否健康成长。家长怎样看待儿童直接决定着他们会怎样教育自己的孩子。家长必须要树立的儿童观有以下两点。

(1) 孩子是独立的个体。孩子虽然由父母生养,可他们依然是独立的个体,拥有与父母不同的人格特征,也有与父母不同的愿望与需要。正确对待孩子的态度应当是把他看作是和自己一样平等的人,在培养孩子的过程中需要给孩子充分的尊重,并给他选择的权利。这样就能够养成儿童独立的个性,为儿童形成创造能力和开拓进取的心理品质打下良好基础。

(2) 孩子是成长中的个体。儿童是未成年人,依然处在成长过程中,其心理状态、思维方式都还不成熟,与成年人也不一样。家长要理解孩子在不同年龄阶段呈现的不同心理状态,允许孩子尝试、犯错,耐心地陪伴孩子成长,而不是急切地将自己的想法、做法强加给孩子,替代孩子的成长。

2. 人才观

人才观是指家长对人才价值的理解,它影响着家长对子女成才的价值取向和对子女的期望。进入 21 世纪后,经济发展迅速,将会出现越来越多的新兴行业,片面的人才观念已经不适合快速发展的社会需要。家长应当适应社会需求,树立更加全面、科学的人才观。

(1) 人人能成才。每个人都有巨大的潜能,都有进步的愿望和自己独特的优势,通过良好的教育和训练,每个人都可以充分发挥自己的优势,从而成功、成才。树立这样的信念,将有助于家长在教育子女的过程中树立信心,始终相信孩子,这将在孩子的成长之路上发挥不可估量的作用。

(2) 行行出状元。家长要认识到现代社会对人才的需求是多层次的,成才的途径也是多样的。孩子正在面对的世界十分丰富多彩,未来甚至有可能在家长根本想象不到的行业做出一番成就。因此,在教育孩子的过程中,家长需要清醒地认识到每个人的不同,尽可能地鼓励而不是打压孩子的天赋和优势面。只要未来他能够在自己选择的社会角色上进行创造性的劳动,就是成才。

(3) 成才需要终身学习。成长和成才并不是在离开学校的那一刻便完成了,它更需要一个人在社会实践的过程中不断地锤炼、打磨自己,不断地学习、提升自己。"一朝学习,受用终生"的观念早已过时,家长在实施教育时应及早培养孩子终身学习的意识。

3. 亲子观

亲子观是指家长对亲子关系的看法和认识,包括自己的教养动机。不同的亲子观会影响家长的教育态度和教养方式。

科学的亲子观首先应当看到孩子与自己的亲情关系。父母与孩子是通过血缘联系在一起的。父母对孩子有天然的爱护、支持和关心。同时,父母需认识到自己与孩子是教育与受教育的关系,即对未成年的子女,父母有教育、引导的义务,不能因为血缘亲情而放纵溺爱孩子。如有冲突发生,便是双方成长的契机和动力,不要演变成对抗。再者,家长需要认识到孩子的社会属性。未成年子女总有一天要长成独立的社会人,需要承担责任和义务,在某一个位置上发挥自己的能力,对社会做出贡献。家长在教养孩子的时候不能随心所欲,要遵循社会的道德和法律规范,保护未成年人权益,培养子女朝社会要求的方向发展。

二、家长的教育知识

1. 心理学知识

安慕正在读初三,父母认为他不好好学习,每天时间安排得乱七八糟,所以父母给他制订了很多计划,学习、运动、练琴……父母认为这些计划内容丰富,动静结合,非常适合安慕。安慕为了应付父母,口头向父母承诺保证完成,可是实际上却是一天都没有执行。

案例分析:安慕正处于青春期,随着身体的成长、知识的增多、经验的丰富以及独立思维和批判思维能力的发展,青春期的孩子会产生"成人心理",即他们认为自己已经长大了,不再是小孩子了,希望得到更多的独立、自主权,希望得到老师和家长更多的理解和尊重,心理学家又将其称为"心理断乳"。从案例中可以看出,安慕的父母不了解孩子的心理发展特点,还把安慕看成学习不能自理的小孩子,给孩子制订计划,这样对孩子凡事大包大揽,容易使孩子丧失积极进取的勇气,孩子的内心会产生更多的逆反情绪和无力感。同时,这样的教育期望是盲目的,对孩子起不到积极的作用,也容易让家长产生急躁情绪,丧失耐心,最终与孩子在情感上产生矛盾冲突,导致家庭教育的失败。儿童心理学是研究儿童心理发展一般规律和年龄特征的科学。父母应熟悉孩子身心发展规律,尊重孩子的身心发展特点,给予其科学的引导,以保障孩子能够健康的成长。

2. 教育学知识

教育学知识是指结合儿童的身心特点,对儿童进行全面、科学教育的知识,父母只有学习、掌握了教育学方面的知识,了解并能灵活运用教育原则和方法,才能够科学地教育孩子。

吴强小时候好动,精神无法高度集中很长时间。吴强的爸爸非常着急,通过在网上查资料,和教育行业的老师交流,去和正规的补习班老师聊天、学习,最后终于自己总结出了应对孩子问题的方法。吴强的爸爸通过积木、小游戏,去野外游玩的方法等延长小孩精力集中的时间,还带着孩子各国游,增强小孩的见识。当然不是那种上车睡觉,下车拍照的旅游,基本都是自助游,有的时候爸爸还故意不带够钱,让孩子自己思考,自己动手解决问题。(搜狐教育)

从案例中可以看出,吴强的父亲及时关注孩子的成长,当发现孩子有注意力不集中的问题时,积极地找原因、想办法,通过多种途径学习和了解增强孩子注意力方面的知识。通过游戏、旅游等孩子喜欢的事情来提高孩子的学习兴趣,培养孩子的注意力。在这个过程中,可以看出其父亲非常重视运用教育学中的方法,首先找到问题的原因,而不是盲目地指责孩子、教训孩子。其次,其父亲的教育态度非常积极,从多方面了解培养孩子集中注意力的方法,听取教师的意见。最后,这位父亲运用学习到的相关知识,有针对性地对孩子进行引导,培养孩子的注意力。

3. 优生优育知识

目前,我国新生儿畸形率为5.6%。除了部分进行性发展的心脏、中枢神经病变和微小结构畸形外,其中90%以上的严重结构畸形,其实可以由产前超声检查筛查出来。"相对于血清学检查、核磁共振等产前诊断方式,超声检查更安全、更灵活,可反复操作,因而超声检查成为整个孕期胎儿畸形筛查的主要手段。"中国医师协会超声分会产前超声指南专家组组长、南京医科大学附属苏州市立医院超声主任邓学东说。在妊娠全程280天中,超声检查可以观察胎儿大部分宫内变化过程,观察胎儿主要脏器形态结构有无异常,了解胎儿附属结构有无异常,并且还可测量胎儿大小,判断胎儿的生长状况。"要想有效预防出生缺陷,全面了解孕期胎儿的变化和生长状况,孕妇就需要在妊娠的不同阶段,选择不同的产前超声检查。"邓学东教授提醒。(浙江在线健康网)

优生优育知识是指关于如何生育一个身心健康的孩子的知识。优生优育不但可以减轻社会的经济负担,还有助于消除家长的后顾之忧。备孕是优生优育的关键前提,准备怀孕前,备孕夫妻可进行相关的孕前检查,做好身、心各方面的调节,为生一个健康的宝宝做好准备。

三、家长的教育能力

田田今年三岁半了,很爱吃糖。妈妈害怕她吃太多糖会有龋齿,也担心会发胖,所以严格控制数量,规定孩子每天只能吃两块,并把糖盒子放在高处,不让孩子够着。可是有一天,妈妈发现糖盒里的糖迅速减少,并且糖盒柜子下面多了一个小凳子,心里明白了原因。这个发现让妈妈吃了一惊,本想让孩子少吃糖,学会自我控制,可这样看来,孩子不仅没少吃糖,还多吃了,自控力没有培养出来,反而添了坏毛病。

妈妈没有批评田田,而是首先反思自己的教育行为,自己虽然本意是好的,希望孩子能少吃糖、保护牙齿,但是自己的教育方式过于简单粗暴,没有真正理解孩子,站在孩子的角度考虑问题。所以妈妈找田田谈话,真诚地向田田道歉,说:宝贝你爱吃糖,妈妈忘记主动给宝贝吃糖,宝贝天天追着问妈妈要糖,这样不好。以后宝贝自己管理糖盒,想吃了,自己去拿,好吗?田田听了妈妈的话,非常高兴。妈妈说:但是吃多了糖对牙不好,我们每天少吃点,一天最多吃两颗,好吗?田田点点头,并和妈妈一起数了糖果的数量,还有18颗,可以吃9天。过了几天,妈妈悄悄数糖盒里的糖,发现孩子一块都没有多吃。(改编自尹建莉:最美的教育最简单)

从案例中可以看出,田田妈表面上是一个方法的改变,背后却体现了家长的教育能力。家长发现问题,及时进行教育反思,从自身找问题,而不是盲目地批评、指责孩子,使得教育效果得到了改善。这样做不仅控制了孩子吃糖的数量,而且有助于培养孩子的自控能力。

教育能力是家长在一定的教育观念指导下,运用教育知识在家庭教育的实践中处理亲子关系,分析及解决家庭教育问题的能力。家长只有科学的观念和知识是远远不够的,还需要具备把这些知识与实际结合起来的能力。家长的教育能力大致可以分为以下两个方面。

（一）了解子女的能力

了解子女的能力应当说是每个家长必备的能力。如上面案例中的田田妈正是基于孩子的身心发展特点，思考如何培养孩子的自控能力，控制孩子吃糖的数量。田田的年龄是三岁半，所以自控能力较弱，还不能有效地监控自己的行为，并通过自我调节来克制吃糖的冲动。因此，妈妈让田田参与了控制吃糖计划的制订和实施，并做出承诺，使田田感受到了尊重，在完成计划时主动性会更强，最终出色地完成了任务。了解是教育的前提，在日常生活中，大多数家长都认为自己是了解子女的，但这种所谓的"了解"往往基于自己的经验，夹杂了大量的主观看法和评价，既零碎又片面。真正了解子女还是需要建立在了解孩子身心发展的客观规律与不同阶段的心理需要上，要从性格特点、兴趣爱好、人际交往等方面全面系统地去了解子女。

（二）分析解决问题的能力

妈妈和浩浩去参加小伙伴的生日聚会，忽然浩浩跑过来找正在厨房帮忙的妈妈："妈妈，彤彤刚才划伤了我的脸。"妈妈检查伤口，发现只是划伤了一点皮，温和地说："妈妈现在有点忙，妈妈相信你自己能够处理好。"浩浩"哦"了一声，走开了。回家路上，浩浩告诉妈妈："彤彤后来向我道歉了，我就原谅她了。"妈妈笑着点点头："你能宽容大度，还能关心别人的感受，学会自己处理好事情，妈妈为你感到骄傲。"（父母必读）

案例中浩浩妈知道孩子受伤这件事后，首先冷静地检查了孩子的伤口，发现并无大碍后，放手让孩子自己处理这件事情，给予孩子自我管理的机会，增强孩子的社会交往能力。在这个过程中，体现了浩浩妈在家庭教育中分析解决问题的能力，浩浩妈遇事冷静、将事情向好的方向引导，而不是过度保护、消极暗示。并且，在孩子接受小伙伴的道歉后，妈妈给予了孩子及时而具体的表扬，强化了孩子的正面行为。

父母在家庭教育中总会碰上各种各样的问题，最常见的是孩子自身的困惑和问题及亲子间的矛盾与冲突。面对孩子自身的困惑和问题，如果家长能够理智、耐心、不加主观评判地了解事情的全貌，并客观地分析问题出现的原因，则有利于理解孩子的困惑，打开孩子的心扉，也能够促进亲子关系。若家长武断急躁，处理问题简单粗暴，则容易失去孩子的信任，也会错失教育的良机，从而使后续的教育变得困难重重。亲子之间的矛盾与冲突亦如此，如果家长能够客观地对待冲突，多站在孩子的角度思考问题，便抓住了教育孩子及彼此成长的契机。

第二节　家庭关系与家庭教育

家庭关系通常是指家庭内部的人际关系，主要是指在核心家庭内父母之间及父母与子女之间的心理关系，即夫妻关系与亲子关系。家庭教育总是发生在家人的互动之中，因此家庭关系与家庭教育的效果息息相关。

一、夫妻关系与家庭教育

下面是一对夫妻之间的对话,请用心体会一下他们之间的夫妻关系。

妻子:一会儿你洗碗?

丈夫:好。

妻子:怎么还不去洗碗?

丈夫:我上班累的,让我先歇会儿行吗?你要着急,你去洗!

妻子:每次都是这样,嘴上说要洗碗,就放那儿不动,最后都是我洗的!就你上班累,我上班也累呀!我们单位最近考核,压力特别大。

丈夫:不就洗个碗嘛,废话那么多,至于嘛。

妻子:那你快去洗!

从这段对话中可以看出,夫妻之间不能相互体谅,为了一点家务活,夫妻双方斤斤计较,使得对话无法进行下去,夫妻关系比较紧张。夫妻关系是一种特殊的、微妙的人际关系。夫妻关系是家庭中最本质最核心的关系,是家庭的起点和基础。一个家庭总是先有夫妻的角色,有了孩子之后才有父母的角色,进而才有亲子关系。夫妻关系的状况决定了父母角色的扮演,进而影响了亲子关系的运行,构成了不同的家庭教育结果。

夫妻关系直接影响孩子的健康成长。首先,通过夫妻关系,孩子学习到了人与人之间互动与相处的规则。在家庭中,孩子的成长常常是对父母的模仿和学习。如果夫妻之间相互信任、体谅,孩子就会在当中体验到人与人之间美好的感情,并在自己的人际关系里效仿这样的行为。其次,夫妻关系影响亲子关系。爸爸和妈妈是孩子在世界上最亲近的两个人,孩子对父母双方都有天生的"原爱"。如果夫妻关系出了问题,亲子关系往往会遭受到严重的破坏。不良夫妻关系对孩子最大的影响是安全感、归属感的丧失,产生对家庭的恐惧,以至于影响以后的择偶与婚姻生活。最后,夫妻关系影响子女性别角色的发展。夫妻关系本质上是男性角色和女性角色的互动,孩子总是要向其中一方学习并形成性别角色观念和行为模式。

心理学家常常将良好的家庭关系用"铁三角"来形容,即夫妻在上,孩子在下,成等腰三角形(见图3-1)。我国现今的家庭教育有一些普遍存在的问题,往往不能形成很好的"铁三角",比如父亲缺席,母亲与孩子过于亲密,又比如之前提到的父母其中一方抱怨另一方,与孩子结为同盟,这些问题都会使等腰三角形倾斜,一旦关系倾斜,将会对整个家庭尤其是子女产生不可估量的负面影响。这种倾斜的源头往往是夫妻关系先出现问题,因此,要调整一个家庭的"铁三角",需要从夫妻关系的建设入手。从图3-1中也可以看出,夫妻关系永远是第一位的关系。

建立良好的夫妻关系,不仅要遵循人际关系的一般原则,更要处理好爱情、亲情、友情和社会情感的关系。良好的夫妻关系应当是平等互助、分工合

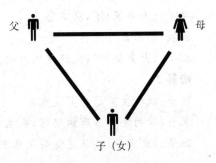

图 3-1 良好的家庭关系("铁三角")

作、共同成长,具有建设性的。

二、亲子关系与家庭教育

亲子关系是指以血缘与共同生活为基础,家庭中父母与子女的互相影响和相互作用所构成的人际关系。它具有三层意义:①生物学意义,即血缘关系;②社会学意义,主要是法律、制度、地位等关系,即亲子间的权利和义务;③心理学意义,主要解释特定的情感态度、行为方式等方面的联系,即最亲密的情感关系。有学者将亲子关系分为三种类型:"以成人为中心的家庭""以孩子为中心的家庭"和"成人指导下的家庭"。[1] "以成人为中心的家庭"由成年人管理,为成年人服务,子女需要服从父母的要求,讨大人的喜欢,不能干扰大人的生活。父母对孩子的教育目标并不明确,因此孩子对自己将来要走什么样的路,有何发展也一片迷茫。"以孩子为中心的家庭"则相反,家长会将自己的时间精力全数花在孩子身上,事事以孩子的需求为先,这样的家庭会导致溺爱,孩子太过自我而难以融入社会,最终造成适应困难或其他危害。"成人指导下的家庭"则兼顾两种,在这样的家庭里,成人制定规则,却十分尊重孩子选择的自由,亲子双方能够保持良好的沟通,冲突矛盾较少,发生矛盾亦能在安全的氛围中得以化解,是理想的亲子关系。

亲子关系的质量直接影响家庭教育的质量。首先,亲子关系决定家庭教育的顺利进行。亲子关系是良好家庭教育的基础,同时亲子关系的好坏又取决于家庭教育,两者互为因果,相互影响。亲子关系的好坏直接制约着教育的进程及其效果,对未成年人个体的发展有着深刻影响,在某些情况下甚至起决定性作用。要充分发挥家庭教育功能,必须建立良好的亲子关系。其次,亲子关系是影响未成年子女健康成长的重要因素。亲子关系对儿童未来发展的影响主要表现在三个方面:一是生理和智能方面的影响。早期亲子交往为儿童认识世界创造了条件,由此儿童开始了最初的学习。二是情绪和情感方面的影响。主要体现在父母对孩子情感发展的定向作用,由此儿童有了被称为依恋的最初情感及其发展。三是人格和品性方面的影响,主要体现在对孩子社会性心理行为的影响上。

下面是家长与孩子之间的对话,请用心体会一下孩子的感受。

情景1

孩子:我不喜欢弟弟。

家长:我知道你心里还是很喜欢他的。

孩子:(大声说)不,我不喜欢。

家长:弟弟多可爱啊。

孩子:(大声说)不,我就是不喜欢。

情景2

孩子:我的生日过得真没意思。

家长:你的生日多有意思呀,有生日蛋糕、有气球。

孩子:(大声说)我就是觉得没意思!

---

[1] 吴航. 家庭教育学基础[M]. 武汉:华中师范大学出版社,2010.

家长：那下次不给你过生日了。
孩子：(大声说)就是没意思！

情景3

孩子：新来的教练太讨厌了，我才迟到了2分钟，她就不让我参加比赛了。
家长：你们教练是对的，你就不应该迟到。
孩子：(大声说)我就是讨厌新教练！
家长：你迟到还有理了？
孩子：(大声说)讨厌新教练！

从这段对话中可以看出，家长急于否定孩子的感受，不能很好地理解孩子，进而影响亲子之间的感情，使对话无法进行下去，也没有达到教育的目的。亲子之间的感情可以说是家庭教育中最巨大的力量，它既有利于父母对子女进行正面引导，也容易使子女受到父母负面能量的影响。

第三节　家长教养方式与家庭教育

张红已经四十多岁了，她看起来是一个精明能干的人，事业干得不错，整个人收拾得也很有品位。但是她自己却觉得非常痛苦和焦虑，她认为自己的人生很失败，经常抱怨老公和儿子，对家里人不满。这些都源于童年时期她的母亲对她要求过于严苛。张红的母亲是一位医生，有洁癖，张红小时候和弟弟在家玩儿，不小心把床单弄皱一点点都会遭到妈妈的训斥，在母亲的眼里只有整洁没有孩子。张红在这种影响中长大，把这种习惯照搬到了自己的生活中，对自己要求严苛，并且一心想改变老公和儿子身上的"坏习惯"，最后发现每个人都活得又累又不幸福。(改编自尹建莉：最美的教育最简单)

分析案例可以看出，张红的母亲从小对张红要求严苛，不允许家里有一点不整洁的地方，使得张红一直处于焦虑、不快乐的状态中，并影响了张红成年以后的家庭生活。家长教养方式是指家庭生活中以亲子关系为中心的，父母在对子女进行抚养和教育的日常活动中所表现出来的一种对待孩子相对稳定的、固定的行为模式和行为倾向，是父母传达给子女的态度以及由父母的行为所表达出的情感气氛的集合体。

美国加利福尼亚大学教授、心理学家鲍姆林德曾经进行了长达10年的研究。她将家长常见的教养方式分为四种：专制型教养方式、放任型教养方式、不过问型教养方式和权威型教养方式。

一、专制型教养方式

专制型教养方式是一种限制性很强的教养方式，对孩子高要求、低接受。

专制型教养方式的父母控制欲很强，会按照自己的意图来教育孩子，因此在日常生活中会表现出对孩子的操纵、强迫和控制。大到婚恋交友、职业选择，小到穿衣戴帽，言行举止，他们无一不会表现出自己的告诫、训斥和评判。专制型的父母不尊重孩子的独立性，也不尊重孩子的个体差异，只是要求孩子必须听从自己的话。在家庭中他们说一不二，绝不允许反抗，教育中常常使用喊叫、命令、批评、指责、威胁等方式。专制型父母常常会表达"我说这样做就得这样做"的态度，他们也很少倾听孩子自己的想法，而是直接替代孩子做决定，如果孩子不听命于自己就会严厉惩罚，甚至武力相向。他们对自己的能力和权威深信不疑，认为孩子如果不按照他们说的做就会一事无成、注定失败。

专制型的父母对孩子要求非常严厉，期待也很高，常常要求孩子只许成功、不许失败，他们为孩子设定的目标也要求孩子必须照办，而与实现目标没什么关系的事情都应该排除在外。因此，他们可能教育出冲动有敌意的孩子，遇到挫折容易产生敌对的反应，会出现强烈的愤怒和反抗，也可能教育出胆小顺从的孩子，遇事依赖、没主见，容易被困难和挫折打倒，在人际交往中被动自卑，即使别人侵犯自己利益也不敢反抗。对孩子产生的另一方面影响是追求高成就动机以及过分追求完美，孩子会为自己制定远远超过自己能力的标准，因为根本无法达到，所以会导致其持续地陷入强烈的自我谴责和无休止的自我反省，甚至诱发各种神经症。

二、放任型教养方式

放任型教养方式又叫作溺爱型教养方式，对孩子低要求、高接受。

放任型教养方式的父母养育孩子时过分溺爱放纵，对孩子疼爱有加，却对其行为不加控制与引导，也几乎不提任何要求。孩子成长的过程中需要家长通过建立规则、规范，让孩子意识到任何事情都是有边界的，行为不可以随心所欲，也让孩子能为一生幸福打下良好习惯的基础，可放任型的父母对孩子的教育没有任何的限制，比如孩子可以在任何时候吃饭、看电视、玩游戏、上床睡觉，也不用学会礼貌待人和做家务。他们这样做的原因有几种：有的父母对怎样管教孩子缺乏自信也缺乏技巧，或者是被五花八门的教育方法和理念迷花了眼睛，在内心深处对教育孩子没有一套自己的信念、认识和方法，因此干脆放手让孩子自己管教自己；有些父母是因为长期在外忙碌，很少有大把的时间和孩子交流沟通，陪孩子玩耍，或者从小因为别的理由将孩子寄养在外而导致的内疚感和亏欠感，因此对孩子百般宠爱，以示弥补；还有些父母误解了"做孩子的好朋友"，认为自己和孩子之间需要完全的"平等""尊重"，因此放弃了对孩子适当的约束、管教和引导，有些家长甚至展现出讨好的一面。

无论何种原因，放任型父母对孩子所呈现出来的溺爱和放纵都会影响孩子的心理健康和发展，使孩子从小约束感少、行为随心所欲、不关心他人的感受，不能体谅别人。且这些孩子很少顺从，表现为任性、冲动、幼稚，很难适应规则和集体，也难有良好的人际关系。同时放任型父母养育出的孩子对成人有过度的要求和依赖，没有恒心，不能吃苦，难以坚持完成一个任务，我们也常常看到溺爱的父母养育出的男孩，缺少高的成就动机，很难去主动奋斗，追求成功。

三、不过问型教养方式

不过问型教养方式又叫作忽视型教养方式，对孩子低要求、低接受。

不过问型教养方式的父母常常因为夫妻感情不和,或自己被生活压力完全压垮,或者过于关注自己的事情而对孩子投入极少的时间和精力。他们沉浸在自己的需要中,对孩子的成长漠不关心。忽视型父母对孩子几乎不提任何要求和行为标准,感情冷漠,和孩子很少或没有互动,对孩子的决定和需求不闻不问、不理不睬,缺乏教育和爱。

忽视从某种程度来说是对儿童的一种虐待,对孩子越早的忽视,越会阻碍孩子几乎全方面发展,包括依恋、认知、情感、社交技能等。即使忽视的程度不严重,也依然会导致孩子出现很多问题,比如易怒、反叛,自我控制力差,对一切都采取消极的态度,在学校表现不好,甚至出现反社会行为。

四、权威型教养方式

权威型教养方式也称作民主型教养方式,可以说是最成功的养育孩子的方式。权威型的父母表现出来对孩子高度的接纳、恰当的控制和给予孩子一定的自主性。权威型父母对孩子疼爱、关注,同时对孩子的需要非常敏感。他们与孩子之间的感情联结紧密,亲子关系和谐,且对孩子提出合理适度的要求,他们给孩子期望,要求孩子表现出成熟的行为,也会向孩子解释自己的期望,让孩子明白。同时他们会根据孩子的成长和能力恰当地给予选择的自由,让孩子逐步练习自己做决定,锻炼自主性,鼓励孩子表达出自己的观点和想法。如果父母与孩子的意见不一致,可以通过商量来一起决定。

权威型教养方式养育出来的孩子表现出许多良好的人格品质和多方面的能力,比如乐观、自控、坚持、合作、高自尊、道德成熟,包括在学校会有更好的学习成绩。

第四节 社会环境与家庭教育

前面已提到,民国时期,著名教育家朱庆澜曾撰写了一本《家庭教育》的著作。对于早期教育,朱庆澜在书中有一个形象而经典的"三道染缸"的比喻。

"小孩子生下来,好似雪白的丝。家庭生活就好似第一道染缸,父母教得好,养得好,好似白丝染成红底子;到了进学堂,再得好先生,就将那红红的底子好好加上一层,自然变成了大红;到了社会上,哪怕坏朋友、坏染缸逼着,想把他变成黑色,他那大红的底子,一时总不得变。如果再遇上好朋友、好染缸,不用说,自然变成真正的朱红,头等的'好人'。"

"万一父母教的法子、养的法子不好,就好比白丝一下缸,就已经染成黑底子,进了学堂,就有好先生,想把他变成红色,那底子总难褪得去。就是勉强替他加上一层红色,仍旧是半红半黑。如果孩子再遇着不热心的先生,到了社会上,再遇着坏朋友、坏染缸,将黑底子一层一层加上黑色,自然变成永不褪色的黑青,永不回头的'坏蛋'了。"

所以,在孩子小的时候,如果父母教育得当,能够给孩子培养形成良好的生活学习习惯,孩子将来就会受用不尽。但是,许多家长却没有认识到早期教育对孩子的重要性,而让孩子在人生最初的六七年中随随便便地度过,这种做法是错误的。

朱庆澜的比喻形象地说明了社会环境与家庭教育的关系,孰轻孰重,应怎样去看待和配合，家长应做到心中有数。社会环境是指人类生存及活动范围内的社会物质、精神条件的总和。广义包括整个社会经济文化体系，狭义仅指人类生活的直接环境。对于未成年人来说，社会环境主要是指社区环境和学校环境。

一、社区环境与家庭教育

家庭虽然是社会的最小单位，是一个人社会化的起点，但人也不是孤立地生活在自己的小家庭里，家庭总是与社区相联系，而社会就是若干社区的总和。社区环境总是在影响着人的发展，尤其是选择能力较弱的青少年。

现代社区居住环境的变化也使得家长的教育观念和方式发生了变化，如居住环境由从前的开放的平房、大杂院慢慢变成单元楼、小高层等封闭的居住空间，很多人甚至做了十几年的邻居也没有相互说过几句话。这打破了传统的邻里关系，让孩子少了许多与周围人接触的机会，不利于孩子了解社会生活、认识社会现象、培养社会生活能力。同时又因为邻里的不熟悉，家长的不安全感增强，常常为了保护孩子而限制孩子外出交往的机会，转而投入大量的精力和时间给孩子创造在家玩的机会，这减少了孩子在自然状态下成长发育的机会，非常不利于孩子最终的社会化。

社区环境与家庭教育的关系给我们一些启示：第一，家长要考虑孩子的健康成长，尽量把家安在较为和谐融洽的环境中，并多创造机会让孩子能够与邻里接触；第二，关心孩子的交往对象，发挥家庭教育的正向引导作用，使得社区环境与家庭教育相互促进，彼此强化。后面的章节将具体阐述这部分内容，因此这里不再赘述。

二、学校环境与家庭教育

学校环境是指在特定的校园里围绕在学生周围的外界因素的总和，如学校教育、教师素质、学校人际关系等。学校环境在一定程度上制约着家庭教育，也会起到促进家庭教育的作用。

（一）学校教育与家庭教育

学校教育与家庭教育有着共同的目标。在现代社会，学校教育应和家庭教育密切配合已经成为当代教育理论工作者的共识。学校教育与家庭教育的共同目标是培养出合格的社会成员。学校教育与家庭教育是互补的关系。学校教育与家庭教育的侧重点不同，在实施过程中的方式方法、手段途径等方面也各不相同。二者相互补充，才能促进孩子的全面发展。

（二）教师素质与家庭教育

教师是指受过系统的专业训练，在教育（学校）中担任教育、教学工作的人。因此，比起家庭教育中从未"持证上岗"的父母，教师更了解孩子的身心发展规律，有助于对家庭教育起到正面引导的作用。

教师的教育技能也会影响到家庭教育。如我国有些省份城市的方言中会有普遍的"n"

"l"不分,或平翘舌、前后鼻音等不易区分,父母在教孩子说话的过程中就会让孩子学到错误的发音方法,而在学校如果教师的普通话发音标准,则会大大提升孩子普通话的标准程度。

教师的教育对于孩子良好习惯的培养有重要的作用。比如老师在校要求孩子"洗手打肥皂时关闭水龙头",孩子回到家看到家人一直开着水洗手便会提醒,并且孩子会坚持自己在学校学到的行为,改正之前不良的生活习惯。

教师的人格修养也会对家庭教育起到补充的作用。如果教师对学生耐心有爱,则会对家庭教育有所促进;如果教师为人刻薄、虐待孩子,则会对家庭教育产生负面影响。

(三)学校人际关系

学校人际关系更多的是同伴关系,它受家庭教育的影响,同时也是家庭教育的补充。同伴关系为儿童提供了最初的友谊,让儿童学会人际交往的技巧,学会合作,为儿童的社会化提供了非常好的帮助,也让孩子学到家庭教育中得不到的宝贵经验。父母对早期的同伴关系影响密切,如在孩子较小的时候,父母常常鼓励并创造机会让孩子与同伴一起游戏,有助于提高孩子的社会交往能力。在这过程中,父母为孩子提供指导,教孩子怎么加入其他小朋友的游戏,和小朋友发生矛盾要怎么处理等。如果孩子和父母之间的亲子互动是良性的,孩子从小就有安全和信任的心理基础,那他的同伴交往也是比较顺利的,反之则障碍重重。

✦ 能力训练

活动一:站在孩子的立场看问题

对孩子预设立场,就犹戴着有色眼镜看孩子,这样的思考方式充斥着危险。很多孩子都因为预设立场的眼光被不当地对待,甚至陷入自暴自弃中。

如果你发现孩子老是用哭或你不认同的方式来解决事情,试着运用不预设立场的方法来帮助他,并将过程记录下来。

- 了解孩子用哭泣想要达到什么目的。
- 帮助孩子思考:用哭泣的方式,每次都可以帮他达到想要的目标吗?
- 引导孩子思考除了哭泣之外的方式。
- 赞美孩子,鼓励他试试新方法。

分享:家长如何避免预设立场?

(1)察觉自己。问问自己此刻内心发生了什么。

(2)安顿自己。在发生事情的当下,以鼻吸嘴吐的方式,进行几次深呼吸,借由呼吸来平稳与安顿自己,才有可能继续与孩子从容对话。

(3)聆听孩子。带着较为平静的心情打开自己的耳朵,同时先将嘴巴闭上,学习聆听。从孩子的立场出发去了解他发生了什么?

(4)引导孩子。试着让孩子说出他想要如何解决自己的问题,以及协助孩子整理中间的利弊得失。

总结:当我们能够学会不预设立场,才能听见孩子真正的声音。这样我们培养出来的孩子才不会变成"只说父母想听的话"的孩子。

活动二：学会赞赏孩子

请参考情形一，完成下列练习，对比"评价性（无益的）"赞赏和"描述性"赞赏的区别。

情形一　孩子第一次自己穿好了衣服，站在你面前，希望引起你的注意。

无益的赞赏：<u>你真是个好孩子。</u>

通过描述所看到的和感受到的来赞赏孩子：<u>我看见你自己穿上了T恤，标签在后面，你自己拉上了裤子的拉链，两只袜子都穿好了，并且鞋子的左右脚都穿对了，你自己做了这么多事，多不容易啊！</u>

孩子可能会怎么想：<u>我好棒！这次把衣服都穿对了，下次我还要自己穿衣服。</u>

情形二　你被学校邀请参加孩子的演出。他（或她）饰演王子、公主或者巫婆（任选一个）。表演结束后，孩子跑过来问："我演得好吗？"

无益的赞赏：

通过描述所看到的和感受到的来赞赏孩子：

孩子可能会怎么想：

情形三　你发现孩子的作业最近稍有进步。他的作文得到老师好评，自己主动背英语单词。

无益的赞赏：

通过描述所看到的和感受到的来赞赏孩子：

孩子可能会怎么想：

情形四　你生病躺在床上，孩子给你画了一张画，上面画了一些气球和很多心形图案。孩子递给你，等待你的反应。

无益的赞赏：

通过描述所看到的和感受到的来赞赏孩子：

孩子可能会怎么想：

总结：父母在运用"描述性"赞赏的过程中，日复一日对孩子细微处进行的描述，孩子们也在不断地增加他们内心的力量。所有这些经历、这些具体的描述，都会储蓄在孩子的内心，都可以在孩子今后受到挫折时，给他安慰和鼓励，也会成为孩子日后成功的基石。然而，如果父母运用"评价性"赞赏，今天有人对孩子的评价可能是个"好孩子"，明天有人可能对他的评价是个"坏孩子"，这些评价对孩子来说是无益的。

思考与练习

1. 什么是教育观念？
2. 家长所需要的教育知识中，最核心的是要了解什么？
3. 家长的教育能力包括哪些方面的内容？
4. 什么是家庭关系？
5. 家庭中最本质最核心的关系是什么？
6. 什么是亲子关系？亲子关系分为几种类型？
7. 什么是家庭教养方式？常见的教养方式分为哪四种类型？

第四章
家庭教育的目的、任务和内容

有三位父亲经常到庙里为儿子祈福，天长日久感动了菩萨。有一天他们同时被菩萨请去，允许他们从众多的宝物中每人挑一样，回去送给儿子。第一位父亲挑了一只镶嵌着宝石的银碗；第二位父亲挑了一辆包满黄金的马车；第三位父亲挑了一副铁铸的弓箭。得了银碗的儿子每天热衷于吃喝；得了金马车的儿子喜欢在街市上招摇；得了弓箭的儿子整天在山野间狩猎。

多年后，三位父亲去世，爱吃喝的儿子坐吃山空，把碗上的宝石抠下来变卖完，最后不得不手端银碗讨饭吃。爱招摇的儿子失去了招摇的资本，每天从金马车上剥一小片金子，换点粮食辛苦度日；会打猎的儿子练就了一身狩猎好功夫，经常扛着猎物回来，一家人有酒有肉有吃有穿。（新浪博客：千万别让下一代"手端银碗吃饭"）

这个朴素的民间故事寓意是深刻的，作为父母，我们应该授之以渔而不是授之以鱼，如果我们留给孩子的只是一些消耗性的财富，是不可靠的，只有给孩子留下一些生产性的财富，才是真正对他们一生负责。这也反映出了三位父亲不同的教育目的，决定了三个孩子不同的人生方向。

家庭教育的目的是整个家庭教育工作的核心，是家庭教育活动的出发点和归宿。家庭教育的任务和内容取决于家庭教育的目的，是实现家庭教育目的的必要条件，为实现家庭教育目的而服务。如果没有家庭教育目的，家庭教育实践活动将是盲目的；如果没有明确的家庭教育任务和内容，家庭教育的目的将会无法实现。所以，家庭教育的目的制约着家庭教育活动的方向，明确家庭教育的目的、任务和内容，是家庭教育成功的重要因素。

第一节 家庭教育的目的

一、家庭教育目的的含义和意义

（一）家庭教育目的的含义

教育目的是指社会对教育所要造就的社会个体的质量规格的总的设想和规定。[1]人们的教育活动不是无意识的、盲目的，而是自觉的、有目的的。也就是说人们在进行教育活动之前，对于把受教育者培养成什么样的人，已经在观念上有了一定的预期结果。家庭教育活动同学校教育活动一样，也是一种教育实践活动，因此在进行家庭教育活动之前就有一定的目的。

家庭教育的目的就是通过家庭教育活动和家庭教育的全过程，把受教育者培养成什么样的人的设想和要求。父母之所以进行家庭教育活动，就是要引导孩子的身心发生预期的变化，形成他们的个性，使他们成为合乎社会需要的人。家庭教育的目的指导整个家庭教育的过程，而且直接影响其总体效果，决定着家庭教育的发展方向。虽然有时候家长对家庭教育目的性的意识可能没有学校教育那样明确，但是家长对于要把子女培养成什么样的人，使子女具有哪些品质和能力，他们的心里肯定都是有想法的。或许家长的教育目的有的正确，有的错误，有的清晰，有的模糊，但是教育的目的却是真实存在着的。

（二）家庭教育目的的意义

1. 家庭教育的目的与社会进步发展有密切关系，有利于提高全民族素质

是否有目的地进行家庭教育，关系到中华民族素质的提高，关系到社会的团结稳定和每个家庭的和谐，关系到父母们的幸福生活和子女们的快乐成长。家庭作为社会最基本的细胞，其命运与社会的发展是密切相连的。无论哪一个朝代的孩子，他所接触的第一所学校就是这个没有挂牌的"家庭学校"，这个"学校"的孩子没有毕业证，但是他们是否合格却要直接受到社会的检验。

2. 家庭教育的目的密切关系家庭幸福，有助于美满家庭的建立

父母有目的地对子女进行教育，使孩子在德、智、体、美、劳等方面全面发展，是家庭幸福的重要内容。作为父母，要把自己的发展作为首要任务，只有自己树立了高尚的道德和生活目标，才能对自己的孩子有明确的、清晰的、合理的和科学的教育目的，进而使孩子从父母身上得到正确的引导，所以家庭教育的目的性是提高家庭教育水平的重要条件，与家庭幸福关系密切。

---

[1] 王道俊，王汉澜．教育学[M]．北京：人民教育出版社，1999：93．

二、家庭教育目的的依据

家庭教育的目的是一种社会意识形态,它是社会政治、经济、文化制度的反映,也是统治阶级意志的体现。[1] 家庭教育的目的随着社会政治、经济、文化制度的变革而变革,如果家庭教育的目的与社会政治、经济相脱离,这种家庭教育很可能会失败。因此,家庭教育目的必须与当今社会的政治、经济、文化制度相适应,遵循孩子身心发展的规律。

(一)家庭教育的目的受到社会政治、经济制度的制约

家庭教育虽然是以家庭为单位,在家庭内部由父母对子女进行的教育实践活动,但其教育目的并不完全是由父母决定的,它首先以客观的社会政治、经济制度为前提,必须以社会对人的发展和教育的要求为依据。

社会政治、经济制度决定着的家庭教育目的的性质。教育上要培养什么样的人,使受教育者具有什么思想品德和政治方向,以及为实现教育目的进行什么样的政治、道德和哲学的教育内容,是由社会的政治、经济制度决定的。奴隶制国家,奴隶主阶级家庭的子女教育,其目的是培养忠于统治阶级的英勇军人。我国封建社会家庭教育的目的与学校教育的目的是一致的,都是为培养封建社会需要的统治人才服务的,因此封建社会的许多家庭在实施家庭教育的过程中,长辈们常以"学而优则仕"的思想教育子女,以日后求官进爵的知识启蒙子女。并且,家庭教育围绕着"忠""孝"而进行,所以类似于"不孝有三,无后为大""养儿防老"等观念根深蒂固,家庭教育的目的就是生儿育女、传宗接代、光宗耀祖,这样的家庭教育目的恰好与当时社会自给自足、以农为主的经济制度是相适应的。在西欧的封建社会中,宗教神学统治了教育阵地。教会学校的目的在于培养僧侣,世俗封建主的教育目的是培养骑士。僧侣和骑士都是封建统治阶级所需要的人。在资本主义社会,资产阶级为了适应资本主义发展的需要,在不同的历史阶段提出过不同的教育目的,其家庭教育目的一方面把资产阶级的子女培养成官员、企业家等人才;另一方面把劳动人民的子女训练成替资本家创造财富的奴仆。这都是为阶级利益服务的。社会发展到今天,我国家庭教育的目的是根据社会政治经济的需要,以工人阶级和全国人民为对象,在品德、智力、体质等方面全面发展,成为有社会主义觉悟的有文化的劳动者。这个教育目的不仅体现了马克思主义关于人的全面发展的思想,还体现了我国家庭教育目的的社会主义性质和方向,指出了培养社会主义建设人才的基本要求。

(二)家庭教育的目的受到社会生产力和科学技术发展水平的制约

家庭教育的目的不仅受到社会政治、经济制度的制约,还要体现这个时代生产力和科学技术发展水平的特征。家长在教育过程中,希望子女具备哪些品质和能力,把他们培养成怎样的人,这是取决于家长的意志,但是家长的这种意志,并不是家长头脑里固有的,或主观臆造的,或凭空想象的,它是受到当时社会生产力和科学技术发展水平影响和制

---

[1] 李天燕. 家庭教育学[M]. 上海:复旦大学出版社,2007:83.

约的。

在封建社会,手工业生产为主要的生产方式,由于科学技术不发达,生产力水平不高,培养有文化的统治者和愚昧的劳动者,就是家庭教育目的性上的主要时代特征。到了以机器为标志的资本主义社会后,为了顺应社会化大机器生产的趋势,人们逐渐认识到掌握科学技术是现代化生产的需要,要想在社会竞争中取得胜利,必须要有更开阔的眼界,所以家庭教育倾向于民主观念、平等观念的培养,注重子女掌握科学文化技术知识,促使子女接受最基本的基础教育和职业技术教育,家庭教育目的转向为培养能适应现代社会生活和现代社会化大生产的合格公民。如今,社会已经进入科学技术高度发达的信息化时代,家长不仅要让子女掌握现代科学文化知识,促进其智力和能力的开发,还要培养孩子的创造力、竞争力和开拓性。家长帮助孩子懂得如何在社会中生活,培养他们独立生存的能力,敢于在逆境中奋进,勇于在竞争中发展。所以家庭教育的目的受到社会生产力和科学技术发展水平的制约。

(三)家庭教育的目的受到教育对象身心发展规律的制约

家庭教育的目的是直接作用于个体的,每个个体在不同的年龄阶段有着不同的心理特征和发展需求。如婴儿期(生命体从出生到3岁)是孩子动作发展的重要时期,也是形成安全依恋的关键期,这一时期的教育目的主要是动作能力和安全感的培养。幼儿期(3～6岁)是心理活动系统的奠基时期,是个性形成的最初阶段。幼儿在这一阶段会积极获取有关自身身体和社会性的知识与基本技能,表现出很多独特的发展任务和标志。童年期(7～12岁)、青春期(12～18岁)也各有各的发展特点和家庭教育的任务。第七章将重点阐述不同年龄阶段儿童的身心发展提点及家庭教育的要点,所以此处不再赘述。

综上所述,家庭教育目的的确立,要符合不同年龄阶段孩子的发展特点。家庭教育的目的只有遵循个人的身心发展特点和个体差异,才能促进家庭成员和孩子个性的良好发展。如果家庭教育的目的不符合被教育者的身心发展规律,家庭教育的目的就无法实现。

(四)家庭教育的目的受到家庭因素的制约

家庭教育的目的不仅要受到社会的制约,而且每个家庭的教育目的,还受到家庭内部诸多因素的影响,如家庭的根本利益、家长的经历和对社会生活的体验、家长的思想文化素质、职业和家庭所处的社会环境。下面我们将结合案例对以上内容进行具体的阐述。

1. 家庭的根本利益

家庭教育的目的与家庭的根本利益有密切的联系。在原始社会末期,人们逐渐有了私有财产,为了有人继承,不至于让私有财产落入他人手中,家庭教育的目的就是让自己的子女继承自己的家产。在阶级社会,不同的家庭处于不同的阶级地位,不同阶级地位的家庭根本利益也是不同的,所以家庭教育的目的也是不一样的。例如,中国封建社会的统治阶级家庭,要求子女准备科举考试,走入仕途,以便继续保持自己家族的统治地位。而处于劳动阶级的家庭,一般比较注重培养子女有谋生的劳动能力和吃苦耐劳、勤俭持家的品质。

当今我国社会虽然没有了剥削阶级的存在,但是不同的家庭的具体教育目的不同,如有研究指出,农村家庭无论子女多少,都把考大学作为教育投资的主要动机。尤其是子女多的家庭比子女少的家庭相比更希望子女通过教育实现社会流动。[1] 还有工人、知识分子等家庭都有自己的教育目的。这些不同的家庭具体教育目的虽不同,如有的希望子女学习一门技术,有的希望子女出国留学,有的希望子女当公务员等,这些都和家庭的根本利益是一致的,一是为子女早做打算,为子女的工作、生活条件考虑。二是为家庭荣誉、家长的晚年生活作安排,也就是"老有所养、光宗耀祖"。

2. 家长的经历和对社会生活的体验

郑板桥是清代著名的书画家、诗人。他的书画书法皆享有很高的声望,被人称为"三绝"。他3岁丧母,生活贫困。50岁以前,读书、教书、卖画;乾隆七年(公元1742年)考中进士。在山东潍县、范县(今属河南)做了12年知县。勤于政事,政绩显著。后因荒年主张赈济饥民而得罪官绅,61岁辞官回到家乡,以卖画为生。

他到52岁时才有儿子,起名小宝。他对小宝十分喜欢。为了把儿子培养成有用的人才,他非常注意教育方法。郑板桥被派到山东潍县去做知县,将小宝留在家里,让妻子及弟弟郑墨照管。当郑板桥听说在家的小宝常常对孩子们夸耀:"我爹在外面做大官!"有时还欺侮佣人家的孩子。郑板桥立即写信给弟弟郑墨说:"我52岁才得一子,岂有不爱之理!然爱之必以其道。"必定要有爱子的办法。"以其道"是真爱,不"以其道"是溺爱,溺爱不是真正的爱。所以,他要弟弟和家人对小宝严加管教,注意"长其中厚之情,驱其残忍之性"。他还说:"读书中举、中进士、做官,此是小事,第一要明理做好人。"这里所说的好人,是品德修养高尚的人,是有益于社会的人。

郑板桥临终前,给儿子留下了遗言:"流自己的汗,吃自己的饭,自己的事自己干,靠天靠人靠祖宗不算好汉。"这则遗言,是对子女的嘱咐,也是他对子女教育经验的总结和概括。(中国历史故事网:郑板桥教子的故事)

从上面这个故事可以看出,郑板桥一生清正廉洁,他认为读书为官,要心地善良,同情人民。在教育儿子的过程中,他根据自己的生活体验和经历以身作则,影响着孩子的一生。

家长作为子女的教育者和领路人,对于培养子女具有哪些品质和能力,常常与自己的经历、社会生活的体验和在社会实践中形成的人生哲学是有直接关系的,无论自己的人生道路是平坦还是坎坷,也不管自己的人生是成功的还是失败,家长总是在不知不觉中把自己的人生经验或教训渗透在教育子女的活动中。所以,家长的经历和生活经验制约和影响着家庭教育的目的。

3. 家长的思想、文化素质

小辰是个聪明的孩子,头脑灵活,思维活跃而且模样长得也非常讨人喜欢。虽然刚进学校上一年级,但他的接受能力和学习能力特别强,学习成绩始终是在班里名列前茅,甚至在年级中也数一数二。照道理这么聪明又活泼的孩子老师应该非常喜欢,同学也很愿

---

[1] 刘守义,刘佳君. 农村家庭子女数量对家庭教育投资目的与期望的影响研究[J]. 河北北方学院学报, 2010, 26(1):57-59.

意跟他做朋友的,事实却恰恰相反。在校的老师无不见他直摇头,同学只要见到他就立马躲得远远的,就像老鼠见到猫似的害怕。原来,小辰有个坏毛病,喜欢欺负其他同学,因此同学们都非常害怕他。

究其原因,小辰的父亲是长途客运司机,长期在外工作,家中只剩母亲和他两人。母亲负责照顾料理他的生活以及对他学习进行辅导和督促。母亲只有初中文化水平,没有工作,因此家庭经济收入一般。由于父亲很少在家,所以小辰跟父亲的沟通和交流很少,他根本不了解父亲是怎样一个人。小辰的父亲文化程度也较低,平时只要小辰犯错误或有什么不顺心的事就会用粗暴的方式来教育孩子,把孩子打一顿来解决问题。父母亲常常因为教育孩子的问题而产生矛盾,可以说小辰生活在一个不够安定、和睦的家庭环境中。(香当网:教育的作用力与反作用力)

从案例中可以看出,小辰出现这样的问题,多半是源自对父亲行为的模仿。当孩子表现出错误的行为倾向时,家长没有去寻找孩子出现问题的原因,而是将孩子痛打一顿解决问题,这样的方式简单、粗暴,有害于孩子的身心健康。并且小辰的母亲只是注重对孩子学习方面的督促,并不重视培养孩子的社会交往能力,学会如何恰当地表达自己的情绪,与同伴友好相处,忽视了孩子德育方面的发展。

家长的思想、文化素质决定着家长对社会生活认识的深刻程度。思想、文化素质较高的家长对社会发展的规律和趋势认识的较为全面和深远,在教育孩子时,往往能够顺应社会的发展趋势,能培养未来社会需要的人才。他们以自己所取得的成就为标准要求子女、衡量子女的发展水平;而思想、文化素质较低的家长对社会发展的规律和趋势认识比较浅,忽视了社会发展的前景,意识不到教育的超前性,家庭教育的目的会与社会的需求脱节,教育的盲目性较大。父母职业差别也是影响家庭教育目的的一个客观指标。不同的职业,往往使人养成不同的职业心理、职业习惯和职业道德,形成不同的价值观念,因为有这些不同的特点,会带来不同的家庭环境、学习条件、学习气氛等,因此就会对孩子的身心发展产生不同影响,进而影响孩子拥有哪些能力和品质。

4. 家庭所处的社会环境

为供孩子上大学,一些家庭不得不放弃改善生活、放弃接受较好的医疗,甚至背上沉重的债务。"必须得这么做!再不叫我娃当农民!"

合阳,地处关中东部、黄河中游西岸,是个国家级贫困县,但合阳的教育却在全省响当当,每年要"出产"3000多名大学生。20世纪80年代供出去的大学生,很多人对家庭的回报是巨大的。他们有稳定的工作和在当时看起来不菲的收入,从而有能力扶持农村的家人改变现状。债务还清了,土坯房翻新了,幸运的父母还能被儿女接到城里转转;这些早年跳出"农门"的学子让贫困的乡亲们看到了希望,他们有的出了国,有的还在北京的大学里当教授,乡亲们教育子女以他们为榜样,"村里的学风浓得很!"一村民说。

大学学费随着城市居民的收入增加和物价的提高而增加,但同样多的学费,农民比城市居民所承担的机会成本要大得多。在城市,5000元的学费相当于一个中等收入家庭两个人一个月的工资;但在农村,一个农民家庭必须为此劳动两年,他们不得不因此放弃改善生活、放弃接受较好的医疗,甚至背上沉重的债务。

"即使这样,也必须得这么做!再不叫我娃当农民!"小郭村妇女雷金桂说,"同是一个

太阳照着,为啥我娃比人家的娃可怜?"(新浪教育)

从上面的资料中可以看出,这些生活在贫困的农村家庭的家长,他们付出所有的努力,就是为了让孩子通过上学离开农村,不再过像自己一样的苦日子。所以在家庭教育中,他们的教育目的更偏向于培养孩子"跳出农门"的素质。因此,家庭所处的社会环境,也是影响家庭教育目的的重要因素之一。如上面案例所述,农村家庭生活比较贫困,父母往往希望子女能够通过考大学离开农村;知识分子家庭,父母大多希望子女好好读书,接受良好的教育,以后能够从事脑力劳动。因此,特定的社会环境,会影响人们的价值观,让家长对人和事的判断和评价能力有所不同,所以家庭所处的社会环境对家庭教育目的有制约作用。

三、我国家庭教育的目的

(一) 家庭教育的总目的

我国家庭教育的总目的、总任务是:为国家和社会培养未来的人才。当今社会和现代化建设所需要的各种人才的基本要求是:热爱中国共产党领导下的社会主义祖国;懂得社会规范,追求社会目标,学会社会化的生活方式,会学习,会劳动,会生活;做一个有理想、有道德、有文化、有纪律的社会主义公民。[1]

(二) 家庭教育的具体目的

在家庭教育总目的的指导下,我国家庭教育的具体目的是教会子女如何做人,在家庭教育中充分发挥教育育人的功能,把子女教育成为有益于社会有益于国家的人,让子女在为社会贡献的基础上实现自我。

我国家庭教育目的具体要求表现在以下几方面。

第一,帮助子女适应社会和生活,培养孩子独立生活的能力,教育孩子正确处理个人与集体、个人与社会、个人与国家之间的关系。

第二,为子女创造良好的家庭生活环境和学习环境,开发孩子的智力和非智力因素,并注重两者的平衡,促进孩子身心健康发展。

第三,促进子女身心健康发展。在子女上学前,通过家庭教育保证他们的思想品德和身心健康发展,为接受学校教育奠定基础;子女进入小学后,家庭教育要密切配合学校教育和社会教育,让孩子在德、智、体、美、劳各方面得到全面发展;子女走入社会参加工作后,家庭教育的重点就要教育子女努力工作、艰苦奋斗,积极为社会服务,为社会做出贡献,做一名有益于社会、有益于他人、实现自我的人。

第四,使家庭成为终身受教育的场所。家庭教育要坚持为家庭每一位成员服务,不仅使孩子健康成长,还要让成人不断完善自我,不断学习和进步,更要让老年人老有所养、老有所依,正确面临死亡问题。家庭成员之间互相交流沟通,不断学习新知识,不断改进自己的思想,让所有人都能乐观的生活,让家庭成为终身受教育的场所。

---

[1] 吴航. 家庭教育学基础[M]. 武汉:华中师范大学出版社,2013.

第二节 家庭教育的任务和内容

一个人想要在社会中适应良好,需要掌握各种各样的技能和具备多方面的素质,而人的素质是通过各种教育培养形成的。无论是古代还是现代,人们都在追求人的和谐发展,追求德、智、体、美、劳和谐发展的教育。本书中将从家庭德育、家庭智育、家庭体育、家庭美育和家庭劳动教育五个方面详细阐述家庭教育的任务和内容。

一、家庭德育的任务和内容

梁启超的九个子女中,先后有七个曾到外国求学或工作,他们在国外都接受了高等教育,学贯中西,成为各行各业的专家学者,完全有条件进入西方上流社会,享受优厚的物质待遇。但是,他们中却无一人留居国外,都是学成后即刻回国,与祖国共忧患,与民族同呼吸。

梁启超从小就要求孩子们一定要艰苦朴素,在艰苦的环境中锻炼自己。他说:"生当乱世,要吃得苦,才能站得住,一个人在物质上的享用,只要能维持生命便够了,至于快乐与否,全不是物质上可以支配。能在困苦中求得快活,才真是会打算盘哩!"他教育子女们要热爱生活,适应环境。他说:"我是学问、趣味方面极多的人,我之所以不能专积有成者在此。然而我的生活内容异常丰富,能够永久保持不厌不倦的精神,亦未始不在此。我每历若干时候,趣味转过新方面,便觉得像换了新生命,如朝日升天,如新荷出水,我自觉这种生活是极可爱的,极有价值的。我虽不愿你们学我那泛滥无归的短处,但最少也想你们参采我那烂漫向荣的长处。"在他的教育影响下,孩子们个个都有一个艰苦奋斗的历史。

梁启超很重视对子女进行道德品质方面的教育。他教育孩子热爱祖国、热爱生活,养成艰苦朴素的良好品质,并以自己崇高的道德情操为子女们树立了榜样,把子女培养成了国家的栋梁。

德育是教育者按照一定社会或阶级的要求,有目的、有计划、系统地对受教育者施加思想、政治和道德的影响,通过受教育者积极地认识、体验和身体力行,以形成他们的品德和自我修养能力的教育活动。[1] 德育是家庭教育的重要组成部分,对孩子的全面发展有着重要的意义。家庭德育是指父母对子女进行品德示范教育,是塑造儿童灵魂的重要环节。家庭德育在儿童的品德发展中起着奠基的作用,父母要重视奠定子女良好品德的基础,家庭教育还是学校、社会德育教育的基础,如果没有家庭德育的支持、配合和强化,学校德育和社会德育就难以取得良好的教育效果。因此,家庭德育是家庭教育首先需要完成的任务。

目前,我国家庭德育的主要任务有:

(1) 培养子女热爱党、热爱祖国、热爱人民的道德情感和集体主义、助人为乐的精神。

---

[1] 吴航.家庭教育学基础[M].武汉:华中师范大学出版社,2013:98.

要从子女身边的小事出发,关心自己的父母、兄弟、朋友,进而扩展到热爱和关心老师、学校、家乡,逐渐到对党、对祖国、对人民产生热爱和关心之情。从小培养子女热爱集体,把祖国的利益放在首要位置,报效祖国是自己义不容辞而又神圣的义务。

(2)养成良好的道德品质和行为习惯。这是我国家庭教育的优良传统,也是如今家庭德育任务的重点。父母要为子女做好榜样,在言行中教育子女遵守公民道德、职业道德和家庭美德,培养子女爱国守法、明礼诚信、团结友善、勤俭自强、敬业奉献的道德品质和行为习惯,同时也要培养子女善于分辨和抵制不良道德品质和行为习惯,提高子女的道德行为的自我控制和自我完善能力。

(3)培养子女养成热爱劳动的习惯。家庭德育中要树立劳动光荣的思想,在日常生活中父母以身作则,尊重劳动者,爱惜他人的劳动成果;适当地让子女参与到家庭劳动中,培养他们的自理能力,鼓励子女参与学校的公益劳动,做好值日生工作。要有意识地使孩子学会一些自我服务性的活动,增强他们的社会适应能力。

为了实现这些任务,家长必须要依据社会对孩子思想品德方面的要求和孩子的年龄特点来选择恰当的教育内容。

学龄前儿童家庭德育的主要内容是培养其道德启蒙和行为习惯。主要的内容有:尊敬师长、团结友爱、助人为乐、文明礼貌、讲究卫生、不打架、不骂人、诚实勇敢、知错能改等。

进入小学后,儿童家庭德育在学龄前的基础上进一步扩展、充实和丰富。在小学阶段,孩子的生活发生了两种较大的变化:以游戏为主转入以学习为主;家庭生活时间减少,集体生活时间增加。针对小学生的年龄特征和生活学习的变化,应该主要进行学习目的、热爱集体、关心集体、爱护集体荣誉、遵守纪律、尊重社会公德、热爱社会主义、热爱共产党、热爱祖国、热爱人民、热爱劳动、尊敬老师、尊重同学等方面的教育[1]。

进入中学后,孩子的思想进一步成熟,活动范围扩大,理解能力提高,有了一定的是非观,世界观也开始形成。但是,此年龄阶段的孩子正处于青春期,他们身心发展迅速,思想动荡性较大,一方面认为自己是大人,另一方面他们的心理发展却无法跟上身体发展的速度,想法不成熟,处于人生路途中的"十字路口"。因此,思想品德教育应该成为此年龄阶段孩子家庭教育的主要任务。针对中学生的年龄特征和思想状况,应该进行热爱党、热爱社会主义、热爱祖国、共产主义理想和人生观、遵纪守法、艰苦奋斗、吃苦耐劳等方面的教育[2]。

二、家庭智育的任务和内容

家庭刚刚出现时,以传授知识为重要职责的学校还没有出现,智育的主要责任就需要家庭来承担,故而智育是家庭教育的重要任务之一。在当前社会,由于学校教育的发达,儿童家庭智育主要发生在儿童早期智力开发和社会生活的传授,在儿童入学后,家庭智育则更多的起到辅助学校教育的作用。家庭智育的任务与学校教育不同,具体表现在以下几方面。

---

[1] 吴航.家庭教育学基础[M].武汉:华中师范大学出版社,2013:99.
[2] 赵忠心.家庭教育学——教育子女的科学与艺术[M].北京:人民教育出版社,2001:182.

（1）传授有关自然、社会的基本知识，并积极引导子女将知识发展成技能技巧。一方面，家长要对子女传授有关自然、社会的基本知识，并引导他们将知识发展成为技能技巧，应用于生活中；另一方面，家长要善于接受新的知识和技能，跟上科技发展的需要，以便给子女符合时代发展的知识。

（2）开发子女的智力。在日常生活中，注重开发子女的智力，培养孩子的观察力、注意力、思维能力和想象力，这对孩子以后的学习和生活起着重大的作用；同时，还要培养孩子操作能力和独立的生活与工作能力。

（3）培养子女的非智力因素。非智力因素包括需要、兴趣、动机、情感、意志和性格等个性心理品质。主要是培养学生的意志力，道德修养，克服困难的勇气和能力及自信、自立、自强的良好心理素质等。在家庭教育过程中，非智力因素的培养和智力因素的培养同等重要，注重培养孩子的综合素质，如重视孩子的兴趣爱好、情绪的愉悦程度、对事业的热爱、受挫性和意志力、艰苦勤奋的精神、宽广的胸襟、活泼的性格、自尊心和自信心、远大的目标和理想等方面的培养，这些非智力因素的发展反过来也会促进智力的发展。充分发掘孩子的非智力因素，学会期待，学会欣赏他们潜在的价值。

（4）培养孩子探索精神，养成实事求是和严谨科学的学习习惯。对孩子进行学习习惯的培养十分重要，无论是掌握知识技能还是发展认识能力，都是靠拥有良好的学习习惯，通过自己积极的活动来实现的。让孩子认识到自己是活动和学习的主体，学会如何学习，用实事求是和严谨科学的态度来对待学习，养成对文化的热爱、追求和探索的精神，真正成为学习的主人。

家庭智育的内容也同家庭德育一样，根据孩子不同的年龄阶段内容有所不同。

学龄前儿童的家庭智育主要内容是：发展儿童各种感觉器官的能力，如视觉能力（颜色辨别和视觉敏锐度）、听觉能力和口语表达能力等；让孩子多接触社会和大自然，开阔视野，丰富孩子的感性认识，积累大量的感性材料，为孩子以后的学习奠定基础；在日常活动和游戏中，有意识地引导和培养孩子的观察力、注意力、记忆力、想象力和创造力；通过儿童喜欢的方式（如看图画、唱儿歌、听故事等）培养他们的学习兴趣和对今后学习生活的向往；在孩子快到入学的年龄时，引导孩子做好入学的思想准备和行为习惯的准备。

在孩子进入学校后，家庭智育的内容逐渐要退到辅助学校教育的位置，随着家庭智育的内容也发生了相应的变化，主要是帮助孩子明确学习目的，调动孩子的学习积极性和主动性，培养良好的学习习惯和学习能力，改进学习方法；鼓励孩子独立思考、勇于克服学习中的困难；为孩子营造良好的学习环境和学习条件，对学习有困难的孩子进行适当的辅导和帮助，用耐心和爱心包容孩子，等待孩子的成长；支持孩子参加课外兴趣活动，以便开阔孩子的知识领域。

在进行家庭智育过程中，家长一定要注意运用科学的方法，方法要因人而异，从孩子的实际和心理发展规律出发，不可强制性开发或"掠夺性开发"，以免挫伤孩子学习的兴趣和积极性，或对孩子的身心造成伤害。

三、家庭体育的任务和内容

约翰·洛克在《教育漫话》一书中指出："健康的精神寓于健全的身体。"可见，强健的身体是实施德育、智育、美育和劳动教育的先决条件。家庭体育的主要任务是：保证子女身体的正常发育和各器官技能的充分发展；培养子女科学的体育锻炼方法和自觉锻炼身体的习惯；寓美育与体育中，发展子女健美的体格和优美的姿势；根据儿童身体发育特点和周围环境特点，开展各项体育活动，促进子女的身体健康。

根据家庭体育的任务，家庭体育的主要内容有以下几点。

(1) 良好的遗传素质是孩子健康体魄的前提。

(2) 孩子出生后，根据家庭经济情况和孩子生理上的需要，加强孩子的物质营养，科学合理地安排孩子的饮食结构。

(3) 培养良好的饮食习惯，在孩子小时候让其用口腔多接触各种各样的刺激，养成不厌食、不挑食、不偏食的习惯，不暴饮暴食，饮食定时定量。

(4) 培养良好的生活习惯，生活起居有规律，早睡早起，中午休息，注意劳逸结合，避免过分疲劳。

(5) 保证孩子的安全，防止或避免发生意外伤害事故。排除可能伤害孩子身体的隐患，教给孩子自我保护的方法。

(6) 鼓励孩子积极参与户外活动。

(7) 教育孩子讲究卫生，加强疾病的预防，生病时要及时治疗。

在家庭体育教育中，家长不能只关注孩子的物质营养，还要注意孩子良好生活习惯的培养和合理的体育锻炼，这样孩子才能均衡发展。

四、家庭美育的任务和内容

美育是运用艺术美、自然美和社会生活美来培养受教育者正确的审美观点和感受美、鉴赏美、创造美的能力的教育[1]。家庭美育是以家庭为中心进行的审美教育，要求家长以艺术美、自然美和社会美为内容，借助于形象化感染等手段，丰富孩子的精神世界，陶冶孩子的道德情操，充实孩子的个性特点，净化孩子的心灵，让孩子的行为高雅优美，促进孩子的全面发展。

家庭美育的主要任务有：

(1) 培养孩子的审美感受能力。审美感受能力是孩子进行审美活动的出发点，因此，家长要从小就培养孩子美的感受能力。首先，要培养孩子对审美对象外在形象的感知能力，比如感受美丽的山水、花鸟和自然景色；其次，在感受外在形式的基础上，引导孩子领悟审美对象内在情感表现和象征的意义，如社会生活中公而忘私、舍己救人的模范人物，寻找他们身上的美。

(2) 培养孩子鉴赏美的能力。美的鉴赏是指对优美事物的鉴别和评价，不仅要求能识别事物的美丑，更要能鉴别美的种类和美的程度并加以评定[1]。在家庭美育中，要利用欣赏文学名著、电影、电视、戏剧、音乐、美术作品、舞蹈等多种渠道和活动来形成正确的审美观点和审美标准，培养和提高孩子鉴赏美的能力。

---

[1] 吴航.家庭教育学基础[M].武汉：华中师范大学出版社，2013:101-102.

(3) 培养孩子健康的审美情趣。审美情趣是指审美主体理解、评价自然界和社会生活中各种事物和现象的能力。审美主体在社会实践过程中对美与丑、喜与悲的看法来对现实的、多种多样的审美对象所具有的审美价值进行评价和选择。家庭美育应该将健康审美情趣的培养作为重要的内容,在日常生活中,要注重艺术教育,引导孩子对诸如造型艺术、声乐艺术、文学艺术、表演艺术等多姿多彩的美进行鉴赏,影响和改造孩子的灵魂;家长要引导孩子选择性地欣赏和接受美,促进健康审美情趣的养成;要针对孩子对事物有强烈的好奇心和求知欲的特点,不间断地教育孩子分辨美,使他们充分理解生活、自然界和艺术的美。

(4) 培养孩子表达美、创造美的能力。表达美的能力包括仪表美、语言美、行为美等。创造美的能力是指在感受美的基础上,通过自己的实践活动,按照美的规律,创造出美的事物的能力。家长要有意识地组织各种审美活动、艺术创造活动,让孩子参与其中,激发孩子创造美的兴趣。

根据家庭美育的任务,家庭美育的内容主要有:首先,指导孩子欣赏音乐、美术、舞蹈、文学等文艺作品的美;其次,布置优雅的家庭生活环境,陶冶孩子的情操;第三,孩子的穿着打扮朴素、大方、简洁,不给孩子穿奇装异服;第四,让孩子参加音乐、美术、舞蹈、文学创作等实践活动;最后,带着孩子接触大自然,欣赏大自然。

五、家庭劳动教育的任务和内容

根据我的经验,常干家务活的孩子智力更好,思维活跃,遇到困难点子多,组织能力也强。我教过的各个班级的学生,如果把学习成绩处于前 10 名的学生做的家务活加起来,会远远超过后 10 名学生做家务活的总量。绝大部分后进生之所以成绩低,并不是由于智力不好,而是因为懒。

当然,我不主张过早将家庭的重担压向孩子稚嫩的双肩,而是建议家长们,要求孩子们适当地做一些家务活。这样有助于培养孩子的责任感,增进跟父母的感情。在做家务活的过程中,还能使紧张学习的大脑某些部分得到休息,虽然占用了一点儿时间,但反倒培养了孩子的效率感,更加珍惜学习时间。

所以,我认为一定要从家务劳动做起,从力所能及开始,自己能做的事自己做,至少从四五岁开始,五六岁开始,幼儿园开始,整理自己的东西,整理自己的玩具,上小学整理自己的文具,整理自己的被褥,整理自己的衣服,再大一点儿,开始学习洗小东西。(魏书生:做一个优秀的家长)

魏书生老师是全国特级教师,在他当教育局局长的就职演说上,他提出了"五个一分钟",第一个一分钟就是让盘锦市学生回家都要做家务劳动。魏老师认为家务劳动可以培养孩子的责任感和吃苦耐劳的精神,一个从小就知道为父母分忧解愁的孩子,长大后会心疼更多人,会惦记集体、惦记国家、心怀天下。因此,父母通过劳动教育,让孩子参与到力所能及的家庭劳动中,有助于帮助孩子形成正确的劳动观念、劳动态度、劳动习惯和劳动技能,同时让孩子在劳动中获得并享受家庭生活的幸福感和温馨感。

家庭劳动教育的主要任务有以下六点。

（1）教孩子一些从事生活实践和社会实践的最基础的知识和技能，让子女具有基本的生存能力和必要的动手能力。

（2）在选择活动时，要让孩子手脑并用、体脑结合，使孩子左脑的逻辑思维和右脑的形象思维同时得到发展，以便于让他们充分地表现自己潜在的天赋和创造才能。

（3）家长鼓励、安排或与孩子一起参加力所能及的家务劳动和社会公益劳动，在劳动实践中逐渐让孩子体会到劳动是他们精神生活中不可缺少的部分。

（4）在劳动实践中培养孩子正确的劳动观念，热爱劳动、尊重劳动人民、爱惜劳动成果，养成孩子艰苦朴素、勤俭节约的良好品质，敢于与困难做斗争的勇气和意志。

（5）培养孩子从事家庭劳动的义务感和责任感。

（6）要及时对孩子的劳动成果进行正确的评价，以确保孩子对劳动的兴趣和热情。

在家庭劳动教育中，渗透劳动光荣的思想，切记不可以劳动作为对孩子惩罚的手段。同时，要考虑到孩子的年龄特点和实际能力，让其做力所能及的劳动，并且家长要加强劳动过程中的保护措施，避免伤害孩子的身体。

总体来说，家庭承担着多方面的教育任务，家庭教育的内容是丰富多彩的。家庭教育是孩子走向社会，由自然人变成社会人的必经之路，家长要以家庭为"课堂"，根据家庭和孩子的具体特点，结合家庭教育的理论知识，进行全面的教育。同时，注重与学校教育、社会教育相配合，为向社会输送合格的公民而发挥应有的作用。

✦ 能力训练

活动一：父母如何面对孩子的偏差行为

当孩子出现偏差行为时，我们可以先问自己："他这么做背后一定有一个重要的理由，那是什么呢？"借由这句问话，不但可以舒缓我们的心情，同时可以对孩子产生同理心，达到换位思考的目的。

练习：如果今天孩子放学回来一直玩电脑游戏，不愿意写功课，你是如何处理的，并记录下来。

（1）先告诉自己孩子这么做一定有一个重要的理由。

（2）再问孩子："你这么做一定有一个重要的理由，那是什么？"

孩子的回答：

（3）与孩子一起讨论较好的时间分配——离上床睡觉还有多长时间？在这段时间内具体需要完成几件事情？（比如：吃饭、洗澡、玩游戏、写功课等）如何分配时间？

孩子的工作及时间分配：

（4）将每件事情分配到的时间依序执行。

孩子的完成情况：

总结：父母与孩子谈话的意义在于协助孩子实现他们想要的目标，这个目标应该是孩子想要的目标，而不是父母强加于孩子的目标。父母应尊重孩子，取得孩子的信任，向孩子想要的目标前进，并提供给其最合适的帮助。

活动二：代替惩罚的方法

妈妈带着儿子逛超市，妈妈抱怨地说道："别在过道上跑来跑去的……我买东西的时候，你扶着妈妈的推车……你怎么什么都摸啊？我说过了你的手要扶着推车……把香蕉放回去！我们不买那个！家里有得是！……好了，好了，别压那个西红柿！我警告你，如果现在还不扶着推车，我们就回家。……你怎么又跑啦？想摔倒啊！……好了，咱们回家！你知不知道，刚才差点撞到那个小朋友？看来你该受惩罚了。今晚，别想吃一口我买的冰淇淋。我看你以后还听不听我的话。"

分享：

（1）妈妈为什么要惩罚儿子？是什么触发了妈妈这么做？

（2）你认为儿子受到惩罚后会有什么感受？

（3）你认为还有什么方法（不用惩罚）可以来应对案例中的孩子？

总结： 代替惩罚的六个技巧。

（1）请孩子帮忙。

惩罚："你怎么乱拿东西？等你爸爸回来再收拾你。"

请孩子帮忙："请你帮妈妈拿三个西红柿，谢谢。"

（2）明确表达强烈不同的立场（但不攻击孩子的人格）。

惩罚："你太不听话了，晚上回家不许看电视。"

明确表达强烈不同的立场："我不喜欢你乱跑，这样乱跑会撞到别人的。"

（3）提供选择。

惩罚："你再乱跑，我们就回家吧。"

提供选择："宝贝，别跑。给你个选择：你要么好好走路，要么坐在购物车里，你来决定。"

（4）表明你的期望。

惩罚："你再这样，我就叫保安叔叔把你抓走了。"

表明你的期望："别乱跑，在超市里面不能这样跑，这样做非常不礼貌，我希望你是一个懂礼貌的孩子。"

（5）告诉孩子怎样弥补自己的失误。

惩罚："再这么跑就把你腿打断。"

告诉孩子怎样弥补自己的失误："不许再跑了，快去跟那个被你撞倒的小朋友说对不起。"

（6）让孩子体验错误行为的自然后果。

假如孩子还不听话，妈妈不得不离开超市，接下来该怎么办？第二天，不用再说教，也不用长篇大论，让他经历行为不当带来的自然后果。

活动三：我们应该如何看待孩子

请用心阅读下面这首诗。

论孩子（卡里尔·纪伯伦 冰心译）

你们的孩子，都不是你们的孩子，

乃是生命为自己所渴望的儿女。

他们是借你们而来，却不是从你们而来。

他们虽和你们同在,却不属于你们。
你们可以给他们爱,却不可以给他们思想。
因为他们有自己的思想。
你们可以荫庇他们的身体,却不能荫庇他们的灵魂。
因为他们的灵魂,是住在明日的宅中,
那是你们在梦中也不能想见的。
你们可以努力去模仿他们,却不能使他们来像你们。
因为生命是不倒行的,也不与昨日一同停留。
你们是弓,你们的孩子是从弦上发出的生命的箭矢。
那射者在无穷之间看定了目标,也用神力将你们引满,
使他的箭矢迅速而遥远的射了出来。
让你们在射者手中的弯曲成为喜乐吧。
因为他爱那飞出的箭,也爱了那静止的弓。

分享:
(1) 读完这首诗,你有什么感受与想法?
(2) 你如何理解诗句"你们的孩子,都不是你们的孩子"?
(3) 为什么作者说"他们是借你们而来,却不是从你们而来"?
(4) 你认为孩子有自己的思想吗?
(5) 在日常生活中,你是否信任自己的孩子?是否会把自己的想法强加于孩子?
(6) 当与孩子发生冲突时,你是否会站在孩子的角度上换位思考?

总结: 父母的儿童观会直接影响到他们对孩子的教育方式和行为,也直接关系到孩子能否健康成长。父母怎样看待儿童直接决定着他们会怎样教育自己的孩子。因此,父母应持有正确的儿童观,把孩子视为独立的、成长中的个体。

思考与练习

1. 举例说明确定家庭教育目的的依据。
2. 你的家庭是根据什么确定教育子女的目的的?
3. 谈谈你对当前我国家庭教育的目的的理解。

第五章
家庭教育的基本原则

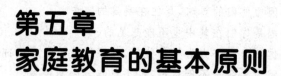

美国一位心理学家为了研究早期教育对人生的影响,在全美国选出25名成功人士和25名有犯罪记录的人,分别给他们去信,请他们谈谈母亲对他们的影响。

在后来收到的回信中,有两封给心理学家的印象最深刻,一封来自白宫的著名人士,一封来自监狱服刑的犯人,他们谈的都是同一件事情:小时候,母亲给他们分苹果。

那位来自白宫的成功人士是这样写的:

小时候,有一天妈妈拿来几个苹果,红红绿绿,大小各不相同,我和弟弟们都争着要大的,妈妈把那个最大的苹果拿在手上高高举起,对我们说:"这个苹果最大最红最好吃,谁都想要它。很好,现在让我们来做个比赛。我把门前的草坪分成三块,你们三个人一人一块,负责修剪好,谁干的最快最好,谁就有权利得到最大的苹果。"我们三人开始比赛锄草,结果我赢得了它。我非常感谢母亲,她让我明白了一个道理,那就是要想得到最好的,就必须努力争第一。

那位来自监狱的犯人在信中这样写道:

小时候,有一天妈妈拿来几个苹果,红红绿绿,大小各不相同,我一眼就看出中间的一个又红又大,十分喜欢。这时弟弟抢先说出了我想说的话,妈妈瞪了他一眼,责备地说:"好孩子要学会把好东西留给他人,不能总想着自己。"于是我灵机一动,改口说:"妈妈我想要那个最小的,把大的留给弟弟吧。"妈妈听了非常高兴,在我的脸上亲了一口,并把那个最大的苹果奖励给了我,我得到了我想要的东西。从此,我学会了说谎,学会了不择手段,学会了打架,学会了偷、抢,反正我使用一切手段去争取自己想要的东西,直到现在被送进监狱。(鸿儒文轩:中国式家庭教育误区)

故事中再平常不过的分苹果,却给两个孩子带来了两种截然相反的人生。家庭教育是一门艺术,做父母的一般都很重视子女的教育工作,然而不同家庭,培养教育的效果却大不一样。良好的家庭教育必须遵循家庭教育的原则,把握教育的情境,富有创造性地实施教育。

家庭教育的原则是指在实施家庭教育的过程中必须遵循的具有普遍指导意义的原理和要求。它是根据儿童身心发展的特点和个性、品德形成的规律，以及儿童家庭教育的目的和任务制定的，是家庭教育实践的经验总结。家庭教育的原则指导着家庭教育过程的各个方面，贯穿家庭教育的全过程，对家庭教育计划的制订、内容的选择以及方法的确定等都有重要的指导作用。[1]

第一节　主体性原则

有一个漂亮的小女孩，快两岁了还不会说话，父母非常着急。医院检查结果一切正常，为了让小女孩能早些开口说话，妈妈每天在家不厌其烦指着家里的"灯"对小女孩说："灯，这是灯。"可小女孩一直没有任何反应。有一天，妈妈抱着小女孩在外边玩，天空的白云引起了孩子的注意，小女孩专注地看着天空，妈妈下意识地用手指着天空说"天空"，小女孩抬着头，也跟着说了一个词"天空"。妈妈激动地哭了，从此，小女孩也开始讲话了。

通过上面的故事你发现了什么？体会到了什么？小女孩也许早就具有了开口说话的能力，只是对于妈妈执着教的"灯"没有兴趣，所以当妈妈的语言引导指向孩子感兴趣的"天空"时，小女孩就开口说话了。儿童的发展与成长有其内在的规律性，主体性原则就是要让儿童按照内在的规律自然的发展，蒙台梭利把它称为"精神胚胎"。儿童看上去好像很弱小，其实他内在蕴含着一种强大的精神能量和潜能，他的发展不需要成人给他增加什么新的内容，只需要给他提供发展的环境和条件。[2] 在这里，妈妈跟随孩子心理的脚步，告诉小女孩"天空"，就是我们提供给孩子的符合孩子内在需要的环境和条件，也是主体性教育原则的具体表现。

一、主体性原则的含义

主体性原则是指在家庭教育的过程中，要尊重孩子的主体地位，发挥孩子的主体作用，调动孩子的主动积极性。家庭教育中遵循主体性原则就是要尊重孩子的选择性、自主性、能动性和创造性，把每个孩子都看成是独特的、能动的、有潜能的。

主体性原则以"主体性教育培养主体性的人"为目的，认为每个孩子都是发展的主体，有着自己的尊严和价值，有着自己的想法和特点，渴望得到家长的尊重和理解。

二、主体性原则的基本要求

（一）尊重并平等地对待孩子

孩子是一个独立的个体，有自己的思想，自己的人格和尊严，他们都希望父母能够给

---

[1] 杨宝忠．大教育视野中的家庭教育[M]．北京：社会科学文献出版社，2003：273．
[2] 孙瑞雪．爱和自由[M]．北京：中国妇女出版社，2010：2．

予他们尊重和平等。尊重、平等是创造良好家庭氛围的基础。美国精神病学家威廉·哥德法勃曾经说过："教育孩子最重要的，是要把孩子当成与自己人格平等的人，给他们以无限的关爱。"在家庭中，父母应该尊重孩子的意见、兴趣和自尊心，把孩子当成家庭中的一员，鼓励孩子发表自己的见解，保持家庭成员的人格平等。

尊重并平等地对待孩子与树立家长权威并不矛盾，恰恰相反，两者是共生共存的。我们所肯定和提倡的家长权威，是建立在尊重和信赖基础上的权威，也就是说，孩子之所以服从家长的管教，听取家长的教诲，领会家长的意图，能做到令行禁止，并不是因为惧怕家长，而是出于对家长的尊重和信赖，从内心承认家长的管教是合理的、有益的。要达到这样的效果的前提就是尊重并平等地对待孩子。传统家庭教育中，父母说一不二，子女无条件服从的现象，是一种表面看来很风光，实则没有任何意义的权威，因为这种权威只能引起孩子内心的反感和对抗，即使口服，心也不服，是一种虚假的权威。

尊重并平等地对待孩子，说起来很容易，做起来却有些困难。请检视在你的生活中是否有过这样的现象。

当孩子兴奋地谈起自己理想的时候，你有没有不屑一顾？

当孩子激动地给你讲幼儿园中发生的故事的时候，你有没有认真倾听？

当孩子很认真地告诉你，他可以做很多事情时，你有没有投去"不信任"的眼神？

当孩子的想法和你不一致时，你有没有生气？

当孩子坚持己见时，你有没有斥责或体罚孩子？

在孩子成长的过程中，你有没有总是拿别人和自己的孩子进行比较？

当孩子一直表现不好，突然一天发生改变的时候，你有没有发表类似"太阳从西边出来"的言论？

……

如果你的回答是肯定的"有"，那么你没有做到尊重并平等的对待孩子，你的教育方式可以说不仅不能帮助孩子健康成长，而且会对孩子造成伤害。

有一对西方的夫妇周末要单独外出，但是要说服年幼的孩子安心在家等候是一个大难题。我们看看这个父亲是怎么做的。

他先蹲下身来，取得和孩子同样的高度（甚至有点仰视），然后，一本正经地同孩子谈判：

"先生（他称自己的孩子为先生），妈妈陪伴了你整整一周，是不是应该轻松一下？"

"是的。"孩子点点头。

"我是否也应该有这种荣幸，让她陪陪我，顺便也轻松一下呢？"

"那好吧。你什么时候还给我？"

"嗯……你上床以前，"父亲想了想说，"如果你能说服阿姨允许你晚睡的话。"

"好，你把她带走吧。但你要答应我照顾好她。"

"交给我好了。顺便说一句，宝贝儿，我为你骄傲。谢谢！"

这个孩子在与父亲的交谈中，人格得到了尊重，自尊心得到保护，他感觉到自己已经是个大人了，因此控制住自己的情绪，不让父亲失望。（林格：教育是一种大智慧）

（二）使孩子成为发展的主体

孩子是他们自己学习和发展的主体，这是一种客观存在，是不以人们的意志为转移的，换句话，孩子是教育的主体不是我们教育的结果，而是我们必须重视的客观存在。在家庭教育中，使孩子成为发展的主体，就要尊重孩子的需要和选择，让孩子拥有自由的心灵，在安全的前提下，尽量减少限制，确保孩子自由地成长。

当前家庭教育中，孩子主体性缺失的现象比较严重。表现为：儿童在思考或解决问题时，都是按父母或教师教过的一般性、常态性的思路展开，难以跳出思维的框框，刻板而且缺乏创造性；在游戏活动中，常常只会等待教师给予角色分配，而不会主动地融入游戏中去；在生活活动中，表现出消极被动状态，连饮水、小便等活动都要成人允许或提醒，交往能力和适应环境能力较差，缺乏独立性等。造成这一现象的原因和父母的教育是分不开的。平时，父母忙于自己的事业，没有时间陪伴孩子，使孩子从小就适应了"孤独"的生活……而父母却常抱怨孩子不会与人交往，实则是父母很少给孩子提供交往的机会；周末，父母不辞辛苦地陪孩子学这学那，却从不考虑孩子想学什么，想干什么；节假日里，孩子被父母安排走东家、串西家，或被安排去旅游，报一堆特长班等，所有这些都是父母的想法，美其名曰，"为了孩子好"，却很少听一听孩子的心声……所有这些，表面上看，父母真的很关心孩子，实际上，对孩子内心需求的忽视是父母意识不到的。对于孩子精神需求的忽视，使他们逐渐失去主体性，孩子学会的只是盲目的"听话"与"服从"。长此以往，孩子的天性会渐渐淡化，兴趣会越来越少，生活也将变得十分枯燥。孩子要长大成人，要走向社会，为了他们的将来，为了他们能适应未来的社会，父母应该理性地对待他们，使他们真正成为自我发展的主体。

我国著名的教育家陈鹤琴先生曾反复强调对子女应该爱护，但要讲究方式方法。"凡是儿童自己能够做的，应当让他自己做"，"凡是儿童自己能够想的，应当让他自己想"。在家庭教育中，父母应该变"他主被动"为"自觉主动"，变"包办代替"为"独立自主"，真正让孩子成为自己发展的主体。看下面这则材料，思考一下，哪位妈妈的教育更符合主体性原则？

这是一个有不同国籍孩子的早教机构，此时正值家长们来接孩子回家，幼儿们正在沙坑里玩沙，玩具有小铲、瓶子和漏斗。旁边是孩子们的母亲。通过观察和比较，我们可以发现，不同国家的成人在指导孩子玩耍的方法上有很大差异。

首先观察一个外国孩子，他正在独自玩沙，显然玩得很专心也很有耐心。他用小铲把沙装进漏斗，开始的动作比较笨拙，动作也很慢，玩了一会儿逐渐熟练了，动作也越来越快，但他发现总也装不满，疑惑地看了一阵漏斗之后明白是因为漏斗会漏沙，于是就用手指堵住漏斗底部的漏口，这样终于使漏斗装满了沙子。然后他试图把漏斗里的沙子倒进瓶子里，可是发现从手指移开到对准瓶口，沙子已漏得差不多了。这个外国孩子开始加快手移开的速度，几次之后，他突然意识到，把漏斗直接对准瓶口，沙子会一点不漏地顺利进入瓶子。于是他按照这种方法很快装满了一瓶子的沙子，同时愉快地笑起来并回头看看妈妈，而妈妈则拍手以示鼓励。

再观察一个中国孩子玩沙，他一开始也是忙着拿起漏斗向里面装沙子，也同样是发现了沙子进漏斗后都流出来,所不同的是旁边的母亲一看沙子都漏光了,就手把手地教自己的孩子把漏斗直接对准瓶口,然后再灌沙子。结果孩子没经历任何挫折,也没有体验任何失误就立刻学会了正确的玩法,但也很快就爬出了沙坑不玩沙了,因为这个玩沙的过程——被简化就没什么意思了。

当那个外国孩子还在津津有味地与沙同乐的时候,这个中国孩子已玩腻了,正缠着妈妈要抱。不难发现,外国孩子在玩沙的过程中,了解了沙子、漏斗、瓶子的各自性质和相关联系,还从失败中获得了经验,并证实了自己的能力。这是一个由探索到失败、再经多次失误直至成功的完整过程,他玩的时间长、经历的内容多、过程曲折,体验自然很丰富。相比而言,中国孩子在妈妈的指点下,没经历过程而一下子就得到了结果,他没能感受更多的乐趣,也不会有更多的体验。(节选自百度文库:教育的国际视野)

第二节　理智施爱原则

有兄弟四人,感情一直很好。有一天,小弟接到单位指令,要去非洲工作半年。小弟离婚独自带着孩子,他一走,孩子就成了问题。三位哥哥合计,每个人轮流照顾1个月,再让孩子选择一家。

最先接手的是三哥,三哥的妻子是个农民,她对孩子可好了,想要什么想吃什么,只要说得出,很快就能送到手上。接着是二哥,他的妻子是老师,对孩子期望很高,那个月她天天都要陪小孩看书,周末还要带孩子去参加钢琴和画画的培训。

最后是大哥,他的妻子是位心理医生。在她那里,小孩基本没有享受到什么高贵的待遇,衣服自己洗,想要的玩具也要自己去买,至于辅导,孩子提出喜欢书法,她就每个周末带他去学习一次。

3个月后,小孩选择了在大哥家继续待3个月。其他两个兄弟带着困惑去了大哥家,他们看到小家伙规规矩矩地起床、叠被、拖地,又给大哥一家去买早餐,便问:"你这样做,是自愿的吗?"小家伙笑着点点头,快乐地走了。(摘自《青年文摘》)

案例中三个家庭都给予了小孩他们认为最好的爱,这是三种不同类型的爱。大哥家让孩子做自己喜欢的事,并进行引导,这是一种理智的爱;二哥家把孩子当成容器,拼命地灌大人认为合理的东西,没有考虑孩子的感受,是一种强制的爱;三哥家,孩子要什么给什么,是一种溺爱。而孩子最终的选择,实际上也在一定程度上反映出什么样的爱,才是孩子最喜欢的爱,才是孩子最需要的爱。

一、理智施爱原则的含义

理智施爱原则是指在家庭教育中,父母要把对孩子的关心爱护和严格要求结合起来,既不可无严,又不可严而无度,既不可无爱,又不可爱而无限,两者必须相互配合。爱孩子是教育孩子的前提,父母只有爱孩子,才有教育孩子的积极性和主动性。孩子也只有切身感受到父母的爱,才会从感情和行动上接受父母的教育,朝着父母所期望的方向发展。但并非什么样的爱都能促进孩子的成长,父母必须理智施爱,才能使孩子健康地发展。

二、理智施爱原则的基本要求

(一) 要做到爱而不溺

孩子的成长离不开父母的关爱,但在现实生活中,不少家长把对孩子的关爱变成了溺爱。家长把孩子视为"小皇帝",一切以孩子为中心,对孩子百依百顺,对孩子的缺点包庇护短,对孩子自己的事情包办代替,这样只能坑害孩子,家长也会自食苦果。

豆豆从小就是爸爸妈妈的掌上明珠,家里从来都是他的"地盘"他做主。面对他的一些过分行为,比如霸道、不讲礼貌等,爸爸妈妈从来都这样说:"孩子还小,就这一个宝贝,我们不心疼他心疼谁呀……"因此,在家里。豆豆所有的事情,包括洗脸、穿衣服、穿鞋等,都是由爸爸妈妈代替来做。

一次,在幼儿园组织的穿衣服比赛中,就豆豆那组没有拿到小红旗,别的小朋友都说是因为豆豆穿得慢,所以他们组才失败了。面对小朋友的埋怨,豆豆很伤心,第二天早晨说什么也不肯去幼儿园,妈妈又哄又劝,但豆豆竟然爬到窗口示威:"你们再逼我去幼儿园,我就从这里跳下去……"(云晓:爸爸妈妈家庭教育心理学)

这就是溺爱的结果。如果孩子从小在溺爱的环境中长大,他将失去最基本的生存能力。那么,父母怎样做到爱而不溺呢?

1. 爱孩子要有一定的原则

作为父母,既不能无原则满足孩子各种各样的欲望和要求,对孩子过分迁就、纵容,也不能无原则地保护孩子,让孩子的羽翼永远无法丰满。父母在通过无私的爱去感化孩子的同时,也要针对孩子身心发展的特点对其进行教育,既不一味地溺爱、放纵孩子,也不过分地限制压迫孩子。只有这样有原则的爱,才是真正的爱。过分满足孩子的需求容易引发孩子过高的欲望,养成越来越贪婪的恶习,一旦父母无力满足其需要时,势必引起孩子的不满,致使难以管教。对于孩子的合理要求,家长在条件允许的情况下应尽量给予满足,若一时难以办到,可向孩子说明理由。因此,父母对于孩子的要求一定要有理性的判断,以家庭的经济状况和有利于孩子身心健康为前提,不能有求必应。

2. 爱孩子要学会放手

任何一种爱都不是占有,爱是无私的奉献和付出,但绝不是越俎代庖,包办孩子的一切事物。父母要知道,你可以代替孩子做很多事情,但有一样谁也代替不了,那就是成长。成长的路上遍布挫折,而挫折恰恰就是无价的财富。孩子只有经过无数挫折的千锤百炼之后,才会成钢。孩子终究要离开父母的保护,学会独立的面对社会中的一切。成长的过程,就是要让孩子学会独立面对、解决一切困难的过程。对于幼儿来讲,如果父母不放手,一切包办代替,那么父母在剥夺孩子动手权利的同时,也就剥夺了孩子学习、思考、成长的机会,幼儿没有动作,也就没有思考。周海宏博士曾经冷峻地分析道:许多中国父母患上了"关怀强迫症"! 这是指一个人特别需要别人依赖自己,总是爱向别人提供别人不需要的关怀。并且这种人还强迫别人接受自己的关怀,从而使别人不能独立,并使双方都进入特别累甚至痛苦的生活状态中。给爱松绑,适度放手,让孩子在父母适度的关心和爱护下自由地、快乐地成长。

(二) 要做到严而不苛

关心爱护和严格要求对于培养孩子的良好品德和习惯是对立统一的两个方面,教育孩子成才,不仅要"爱",还要"严"。家长对孩子严格要求,也要适当,不可以过度苛刻,而是从教育目标出发,根据孩子的发展水平和年龄特点,以取得良好的教育效果为前提。为此,家长应该注意以下几点。

1. 严而有理

父母提出的要求必须是合理的,倘若要求过高,孩子达不到,便会使他们由经常的自我怀疑而走向自卑。因此,千万别硬性的对孩子提出过高的期望。每一个孩子都是唯一的,他们有鲜明的个性,有自身潜在的各种能力,在他们成长的过程中,发展有快有慢、有先有后,这些都是正常的。作为父母,应该了解自己孩子的成长与发展,给他们提供适宜的教育,切忌用一把尺子衡量所有的孩子。父母也不可以有事没事地摆出一副严格的面孔,这样会使孩子产生抵触的情绪,适得其反。

2. 严而有方

有的家长认为"严"就是孩子只要不听话就打骂,赞成"不打不成才"的说法。其实,这种简单粗暴的办法,根本解决不了问题。一是孩子对事物有自己的是非观,如果要纠正某些错误的是非观,单纯的命令、禁止,不一定有显著的效果。即使孩子在你的威严下执行了你的命令,也不代表他从心里认识到这么做的意义。二是父母的有些要求超过了孩子的能力范围,孩子只知道这样做不对,至于为什么不对,怎么做才对却不知道。严格要求要讲究方式方法,不仅要通过说理、疏导等方式告诉孩子错在哪里,同时也要引导孩子认识到正确的是什么。培养孩子良好习惯不是一蹴而就的,需要一个循序渐进的过程,在这个过程中,也许还会有反复,这都是正常的,因此,父母要有足够的耐心和爱心。

1987年12月29日《人民日报》第一版,刊登了一篇使全国为之震动的报道,标题是《青海一小学生竟死于其母棍下》,副题是"只因两门课考试成绩低于90分并向家长隐瞒"。报道说:

青海省果洛藏族自治州大武镇12月21日发生一起惨痛事件,年仅9岁的小学四年级学生夏斐因期末考试两门课成绩低于90分并隐瞒了家长,竟被亲生母亲活活打死。其实这次考试难度很大,夏斐的成绩在班里仍是名列前茅的。

类似这样的案例我们并不少见,我们一方面为孩子的遭遇感到痛心,同时也为这些不懂教育的妈妈感到惋惜。这样的爱,我们孩子承受不起,这样的结果,任何一个家庭也承受不起……

关于家庭教育中如何做到"严而不苛",一位心理学家研究出了一套自己独特的理论——宽严相济。

- 对孩子综合素质的全面发展要从严,个人的兴趣爱好要从宽。
- 对孩子重复出现的失误要从严,初次出现的问题要从宽。

- 对道德品质上的、带有原则性的是非问题要从严,属于生活小事问题的可从宽。

孩子小的时候,教育要从严;孩子长大之后,教育要从宽。(云晓:爸爸妈妈家庭教育心理学)

第三节 因材施教的原则

教育家李维斯曾写过一篇著名的寓言故事《动物学校》:有一天,动物们决定设立学校,教育下一代应付未来的挑战。校方制定的课程包括飞行、跑步、游泳及爬树等本领,为方便管理,所有动物一律要修全部课程。鸭子游泳技术一流,飞行课成绩也不错,可是跑步就无计可施。为了补救,只好课余加强练习,甚至放弃游泳课来练跑。到最后磨坏了脚掌,游泳成绩也变得平庸。校方可以接受平庸的成绩,只有鸭子自己深感不值。兔子在跑步课上名列前茅,可是对游泳一筹莫展,甚至精神崩溃。松鼠爬树最拿手,可是飞行课的老师一定要它自地面起飞,不准从树顶上降落,弄得它神经紧张,肌肉抽搐。最后爬树得丙,跑步更只有丁等。老鹰是个问题儿童,必须严加管教。在爬树课上,它第一个到达树顶,可是坚持用最拿手的方式,不理会老师的要求。到学期结束时,一条怪异的鳗鱼以高超的泳技,加上勉强能飞能跑能爬的成绩,反而获得平均最高分,还代表毕业班致辞。另一方面,地鼠为抗议学校未把掘土打洞列为必修课,而集体抵制。它们先把子女交给獾作学徒,然后与土拨鼠合作另设学校。(网易博客:玫瑰花的日志)

这个寓言故事给予我们许多有益的启示,每个人各自具有不同的才能,只有用其长处,因材施教才能令其取得好的成绩。

一、因材施教原则的含义

所谓因材施教,是指家长要从孩子的实际情况、个别差异出发,有的放矢地对其进行有差别的教育,促使孩子的学习能扬长避短,获得最佳的发展。[1] 就像世界上没有两片一模一样的叶子,世界上也没有两个完全相同的人。由于先天的遗传素质、后天的生活和教育环境,孩子在生理上和心理上都具有不同的特征。家庭教育要取得好的教育效果,就必须有针对性地对孩子进行因材施教。

因材施教始于中国古代大教育家孔子。孔子擅长通过观察和谈话了解学生的特点,并有针对性地进行教育。宋朝朱熹在《四书集注》中说:"孔子教人,各因其材。"孔子在长期的教育实践中,首先看到了人的智力高低的不同,因而采取了不同的教学方法。如说:"中人以上,可以语上也;中人以下,不可以语上也。"意思是说,对于具有中等以上水平的学生,可以讲解高深的学问;而对于中等以下水平的学生,则不能讲。孔子还从学生的能力、志向、气质、性格、兴趣爱好、品德修养等方面进行具体的因材施教[2]。长期以来,因材施教已成为中国教育的优良传统和基本原则,也是家庭教育的重要原则之一。

---

[1] 蔡岳建.家庭教育导论[M].合肥:安徽教育出版社,2010:80.
[2] 邹大炎.试论孔子的教育心理思想[J].河北师范大学学报,1979(4).

二、因材施教原则的基本要求

（一）全面深入地了解自己的孩子

著名教育家乌申斯基说过："如果教育学希望从一切方面去教育人，那么就必须也从一切方面去了解人。"了解孩子是教育孩子的基础。父母要想教育好自己的孩子，首先必须了解他们。

父母对孩子的了解必须是全方位的。在时间上，了解孩子的过去和现在；在空间上，既了解孩子在家中的情况，又清楚孩子在校内、校外的表现；在内容上，既了解孩子各个阶段在德、智、体、美、劳等诸方面的发展情况，又掌握其身心健康、生理变化和智力发展、兴趣爱好的情况；既了解孩子的进步、成绩与荣誉，又深知其挫折、失败、问题和教训；既了解他的言行举止，又对其内心情绪、思想变化一目了然；既能运用观察、谈话等多种渠道对孩子进行了解，又能用爱的教育感化孩子。父母根据自己对孩子的全面了解，提出教育要求，确定教育内容，选用恰当的教育方法，实施家庭教育。

虽然父母比任何人都有条件更好地了解孩子，但要做到这一点，并不容易。请回答下列问题。

你知道孩子的兴趣和爱好吗？
你知道孩子最大的愿望是什么吗？
你知道孩子的需要是什么吗？
你清楚孩子最突出的优点与缺点吗？
你知道孩子最在意的是什么吗？
你知道孩子最害怕的是什么吗？
你知道孩子最幸福的时刻是什么吗？
你知道孩子最喜欢做的事情是什么吗？
你了解孩子的潜在优势能力吗？
你了解孩子所处年龄阶段的生理和心理发展特点吗？
……

了解自己的孩子，是每一个成为父母的人都必须面对的人生课题。

（二）根据孩子的个性特征进行教育

所谓个性，就是一个人在其生活、实践活动中表现出来的，比较稳定的带有一定倾向性的个体心理特征。个性包括个性倾向性（如需要、动机、兴趣、理想、信念、世界观等）和个性心理特征（如能力、气质和性格）两大成分。"人心不同，各如其面"，每个孩子都有其独特的个性特点，父母应该对子女的个性给予正视和尊重，不能强制他们服从自己的意愿，抹杀、压制子女的个性，遏制其健康、快乐地成长。

在构建现代和谐社会中，需要各行各业的专家和人才，各行各业对人才在个性特征上的要求是不同的。如：科学家应该具有探索精神；发明家应该具有独立思考、敢想敢干、不怕挫折的个性特点；企业家应该具有开拓进取、善于社交、忙中不乱、善于筹划经营的特质……家庭教育就是要根据孩子的个性特点,有意识地培养孩子成为某一方面的人才。在这个过程中,切忌把孩子当成实现父母未泯理想的工具,让孩子自己决定自己的人生。

根据孩子的个性特征进行因材施教,重点要关注孩子的兴趣或特长。孩子的学习是一件快乐的事情,还是一种负担,虽然和教育的方式方法等多种因素有关,但关键在于孩子所学是否和孩子的兴趣和特长一致。父母有意识地培养孩子的特长没有错,但不能完全凭借家长的主观愿望和意志把家长的兴趣爱好强加给孩子,也不要受社会上某种风气所左右。根据孩子的兴趣和特长进行因材施教,就要从孩子年幼时起,大力支持孩子参加各种兴趣活动,使他们的兴趣得到充分的发展。等孩子的兴趣稳定下来以后,再将孩子的特长发展方向确定下来。在这个过程中,父母要充分地尊重和信任自己的孩子,为他们提供充分表现和发展特长的条件和机会。

英国博物学家、进化论的奠基人达尔文,其父是一位医生、著名的科学家,当然希望子承父业当医生,并送他到爱丁堡大学读医科。可达尔文从小喜欢植物学和动物学,不喜欢医学,在学医时还潜心钻研生物学。父亲看他"不务正业",又强迫他入神学院,指望他成为一名牧师。可达尔文还是坚持要学生物学,最后,父亲无奈,只能同意。达尔文按照自己的心愿,最后终于成为著名的生物学家。

尊重孩子的兴趣,在兴趣的基础上发展特长,在这个过程中,父母成就的不仅仅是孩子,还有自己。看下面的资料。

何谓天才,就是放对地方的人才。

反过来说,你眼中的蠢材,很可能也只是放错地方的人才。

比如,你和一位土著被困在非洲丛林,既无食物,也无水喝,那么你将把这位土著当作天才,因为他懂得各种求生的技巧。相反地,如果把他带到办公室,要他使用电脑,那么情况将会完全不同,你可能会认为他是白痴。

的确,天生我材必有用。

有些科学家连音阶都抓不准;有些画家连一封信都写不好。

可是他们把自己放对了地方,所以成就非凡。

如美味的汤汁,滴到衬衫上即变肮脏,原本含在口中的食物,只要吐出来就变得恶心,把它吞下去反而有营养。即便是肮脏污秽的垃圾,只要放对地方(埋在土里),也能滋养大地,开出美丽的花朵,长出能够带给我们健康的食物。

这世上没有任何一个人或一件东西,是没用或卑贱的。

任何人或物,只要放对了地方,都会成为有用的可造之才。

生命的最高境界,即是选对舞台,走出自己的路,然后尽情地发挥独特的才华与能力。

(新浪博客)

天生我材必有用,父母一定要相信每个孩子都可以成材,家庭教育就是要尽一切可能为孩子提供属于他的舞台。正如苏霍姆林斯基所言,这个世界上没有才能的人是没有的,问题在于怎么去发现孩子的禀赋、兴趣、爱好和特征,并针对其特点加以正确引导,提高家庭教育的效果。

第四节　言传身教原则

曾子,名参,孔子的得意门生。曾子杀猪取信于子的教子故事,在我国广为流传。有一天,曾参的妻子要到集市上去,儿子哭闹着要跟去。曾妻戏哄儿子说:"好乖乖,你别哭,你在家里等着,妈妈回来杀猪炒肉给你吃。"儿子听说有肉吃,便不跟随母亲去了。

曾参的妻子从街上回来,只见曾参拿着绳子在捆猪,旁边还放着一把雪亮的尖刀,正准备杀猪呢!曾参的妻子一见慌了,赶快制止曾参说:"我刚才同孩子说着玩的,并不是真的要杀猪呀!你看你怎么当真了?"曾参语重心长地对妻子说:"你要知道孩子是欺骗不得的。孩子小,什么都不懂,只学会父母的样子听父母的教训。今天你要是这样欺骗孩子,就等于教他说假话和欺骗别人。再说,今天你要这样欺骗孩子,孩子觉得母亲的话不可靠,以后你再讲什么话,他就不会相信了,对孩子进行教育也就难了。你说这猪该不该杀呀?"曾妻听了丈夫的一席话,后悔自己不该和孩子开那个玩笑,更不该欺骗孩子。既然答应杀猪给孩子吃肉,就说到做到,取信于孩子。于是丈夫和妻子一起动手杀猪,为孩子烧了一锅香喷喷的猪肉。儿子一边吃肉,一边向父母投去了信任和感激的目光。

父母的言行直接感染了孩子。一天晚上,曾子的小儿子刚睡下又突然起来了,从枕头下拿起一把竹简向外跑。曾子问他去干什么?孩子说,这是我从朋友那么借来的书简,说好了,今天还的,再晚也要还人家,不能言而无信啊!曾子笑着把儿子送出了门。

曾子用自己的行动教育孩子要言而有信,诚实待人,这种教育方法是可取的。曾子的这种行为说明,成人的言行对孩子影响很大。父母是孩子的榜样,是孩子模仿学习的对象。父母做事情的态度和方法将直接影响成长中的孩子。我国著名幼儿教育家陈鹤琴曾经说过,幼儿心理发展的重要特点之一就是好模仿,强调父母应根据这一特点为幼儿提供良好的教育。家庭教育中言传身教原则之所以重要也在于此。

一、言传身教原则的含义

言传身教原则就是指在家庭教育中,不仅要善于说理,同时也要以自己的行为给孩子做出榜样。既要注意言传,又要注意身教,把二者有机结合起来。常言道:父母是孩子的镜子,孩子是父母的影子。在孩子的心目中,父母是最可信赖的人,父母的一言一行、一举一动都会成为孩子的行为准则和楷模。大教育家马卡连柯说过:"不要以为只有你们同儿童谈话或教导儿童、吩咐儿童的时候,才是教育儿童。在你们生活的每一瞬间,甚至当你们不在家里的时候,都在教育着儿童。你们怎样穿戴,怎样同别人谈话,怎样谈论别人,怎样表示欢欣和不快,怎样对待朋友和仇敌,怎样笑,怎样……所有这些,对儿童都有很大的意义。"[1]我国古代大教育家孔子也说过:"其身正,不令而行;其身不正,虽令不从。""不能正其身,如正人何?"[2]所有这些都在告诉我们,在家庭教育中,父母的言教和身教同样重要。

---

[1] 马卡连柯全集.第四卷[M].北京:人民教育出版社,1957:400.
[2] 陈戍国,校.四书五经[M].长沙:岳麓书社,2014:42-43.

言传身教原则作用的机制是孩子的模仿行为，父母的言谈举止、为人处世，透过孩子的模仿行为，从而对孩子的成长起作用。模仿是人类特有的天性，特别是学龄前的孩子尤其具有爱模仿、易受暗示、可塑性大的特点。

因此，父母要率先垂范，以身作则，严以律己，做合格的父母。这样，才会给孩子以好的榜样作用，才能有效地实施家庭教育。

美国心理学家班杜拉在研究儿童的攻击行为时做了一个实验。参加这个实验的孩子被分成了2组，观看一个成年人玩一个金属玩具和一个塑料娃娃；其中，一组接触攻击性榜样，另一组接触非攻击性榜样。第一组的孩子被带入房间，房间里的成人先玩金属玩具，随后拿起塑料娃娃，对其拳打脚踢，把它抛向空中，还用木槌敲它，同时大喊："打倒它！打倒它！"这样持续了9分钟。而第二组的孩子被带入房间后看到的是成人安静地摆弄金属玩具，并和气地抚摸塑料娃娃；接着班杜拉给每个孩子一些玩具，让他们单独玩，玩具中包括成人玩的塑料娃娃。观察显示，这些孩子都倾向于模仿成年人的许多动作。第一组孩子对塑料娃娃的攻击性行为比第二组孩子要强很多，他们对娃娃拳打脚踢，并且伴有攻击性语言；而第二组孩子则主要是安静地玩金属玩具和娃娃。

在这个实验中，成人的一言一行都成了孩子模仿的对象。而在实验过程中，实验者并没有让孩子刻意模仿成人的行为，模仿仍然发生了。可见，模仿是在潜移默化过程中起作用的。

二、言传身教原则的基本要求

（一）以身作则

前面我们谈过，模仿是孩子的天性，父母的言行无论好坏，孩子都会毫无取舍地去效法。所以，要提高教育的效果，父母要严于律己，以身作则是最为要紧的事。马卡连柯认为："父母对自己的要求，父母对自己家庭的尊敬，父母对自己一举一动的规范：这是首要的最基本的教育方法。"因此在家庭教育中，要求孩子言行端正、品德优良，父母必须先从自己做起。你想把孩子培养成什么样的人，自己首先就要做什么样的人。有些父母感慨地说："我这辈子算是没指望了，就看孩子的了。"当父母失去生活斗志和奋斗目标、得过且过的时候，还指望孩子好好学习，努力进取，这是不可能的。孩子从父母上看到的是对生活的无能为力，是没有办法，孩子从哪里去寻找自己进步的动力呢？父母的严于律己表现在行为习惯上，自觉遵守社会伦理道德和社会生活规范，不随便吐痰、不横穿马路、不说脏话等；表现在人格特征上，应有广博的兴趣爱好，孜孜不倦的求知，健康、乐观的情绪，强烈的责任感、事业心，恪守做人的要求，等等。

（二）善于说理

家庭教育中只有父母的身教，没有言语的指导也是不行的。晋朝有个太尉叫刘子真，他自小家境贫寒，勤劳刻苦，养成了良好的品德，做了大官，仍保持这种艰苦的作风。但他儿子却品行不好，竟屡次因贪污受贿而受到制裁，刘子真也因此受牵连而被罢官。乡人问他："你高行一世，而你儿子却如此，为什么不好好教育他，使他知道自己的过错而自觉改正呢?"刘子真听后无可奈何地感叹说:"我的行为,他已亲眼看见,却不能学习继承,既然如此,跟他讲道理又有什么用呢?"

由于儿童生活经验和社会知识的缺乏,生活中常会出现问题,时刻需要父母的指点。家长给孩子讲清道理,让孩子明确应该做什么,不应该做什么,是非常必要的。给孩子讲道理要考虑孩子的年龄特点,讲究方式方法。首先,和孩子讲道理要从具体的事情入手,只有这样,孩子才能借助实际的情况,对家长的话有所体会;其次,给孩子讲道理要注意自己的态度,多些理解、多些耐心,切忌急躁,让孩子产生逆反心理;再次,给孩子讲道理要运用孩子能够听懂的语言,要考虑到孩子的接受能力;最后,在给孩子讲道理讲不通的时候,可以灵活运用角色扮演、讲故事等多种方法,切忌发火。

女儿3岁的时候,有一次在幼儿园写作业写得很好,老师表扬她说:"牛,真厉害!这么难的问题你都会!"回到家里女儿困惑地和我说:"妈妈,今天老师表扬我说'牛,厉害',可是我不是牛,也不厉害,因为我从来不欺负同学。"了解了事情经过的我知道,以女儿年龄,只能理解"牛"和"厉害"这两个词的本义,而对于其在情景中的引申义,对于3岁的她是不明白的。所以老师的表扬不但没有让孩子开心,反而让她很困惑。

因此,给孩子说理的时候,一定要考虑孩子的年龄特点。

(三) 身教和言教相结合

父母在实施家庭教育过程中,要根据儿童年龄特点和接受程度,将身教和言教相结合,循循善诱,从而可以由无意识地模仿到有意识地模仿。无身教的言教是没有力度的,是不具体的;无言教的身教是不充分的。在日常生活中,父母应该表里如一,言行一致,绝不说一套、做一套,在外一套、在家一套,当面一套、背后一套。孩子是祖国的未来,他们具有很强的可塑性,父母是孩子的第一任老师,孩子的许多习惯都是从父母那里学习来的。作为父母一定要规范自己的言行,用爱心培育孩子,用耐心包容孩子,用细心照顾孩子,将言教和身教有机地结合起来。

第五节 正确导向原则

"妈妈,我再也不和他们一起玩了!"那天,6岁的布里奇特跑回家时,扑到母亲安娜的怀里哭诉着,"乔治说,像我这么矮的人,他用两根手指就能捏扁!""珍妮故意把玩具放到最高的凳子上,我踮起脚也拿不到,她们就一起嘲笑我!"

静静地听完女儿的哭诉,安娜轻轻擦去她的泪水。然后从桌子上的水果盘里,选出一大一小两个苹果,分别把它们切开了,让布里奇特品尝。她先是咬了一口大苹果,哽咽着说:"甜!"又咬了一口小的苹果,惊讶地说:"好像更甜!"

安娜点点头说:"孩子,你说得没错!同样的苹果树,结出的果子却不一样,有的大,有的小。从外表上看,大的苹果可能更惹人喜爱。但只有用心品尝过的人才会发现,小苹果因为生长周期缓慢,反而贮存了更多的糖分,口感比大苹果更甜!上帝其实偏爱更小的苹果呢!"

妈妈意味深长的讲述,让小布里奇特茅塞顿开。因为患有先天性发育不良侏儒症,她的身体很早就停止了发育,69厘米的身高,一度让她无比自卑。可是既然连上帝都偏爱小苹果,她为什么不能做一个袖珍版的快乐天使呢?

从此以后,布里奇特彻底走出了自卑的阴影,在母亲安娜的指引下,她的爱好一天比一天广泛,从幼儿园到大学,她渐渐喜欢上了唱歌、跳舞、体操、篮球和魔术表演。她会骑着特制的电动滑板车,呼啸着穿过人群。她会在学校的集会上发言,劝诫学生不管遇到什么困难都不要灰心。她会突然出现在电视广告中,成为某个品牌产品的代言人。她会在学校举办的跳舞比赛中大出风头,因为她是最疯狂的啦啦队队长……(乐读网)

当孩子遇到困难或问题的时候,父母正确的导向是孩子黑暗中的一束阳光,为孩子送去光明与力量。苏联著名作家奥斯特洛夫斯基曾坦言:"人的生命似洪水在奔流,不遇到岛屿、暗礁,难以激起美丽的浪花。"就像案例中的妈妈,在孩子因身高而苦恼的时候,妈妈的正确引导,为孩子形成良好的心态打了坚实的基础,也促成了孩子健康的成长。

一、正确导向原则的含义

正确导向原则是指在家庭教育中,父母应坚持以正确的价值观对子女的身心发展施加教育影响,使他们在正确价值观的引导下,朝着社会与家庭期望的目标成长。

父母的教育行为受多方面因素的影响,如社会地位、人生哲学、个人性格、榜样示范等。其中,父母对人生的看法,决定着教育子女的主要方面。每个家长都是按照个人理解的人生幸福与成功教育子女的。但由于父母自身能力和眼界所限,父母所进行的的教育导向却未必是正确的。

二、正确导向原则的基本要求

(一)父母以正确的人生价值观为孩子的成长奠基

人生价值观是人们对人生的基本看法和基本观点,它包括人为什么活着,应该怎样活着,什么样的人生才是有意义的问题。一个人的人生价值观是否正确,不是他自己说了算的,主要看这个观点能否与社会相适应。个人的价值观不是与生俱来的,它是随着个体认知能力的发展而发展,并在家庭、学校、社会的影响下逐步形成的。兴趣、动机、情绪、意志、理想、信念都是人生价值观的重要指标。父母的人生价值观对子女人生价值观的形成起着示范导向作用,因此,父母必须确定正确的人生价值观,帮助孩子抵制和克服消极因素,引导他们向正确的方向成长。父母可以尝试从以下几个方面入手[1]。

(1)帮助孩子给人生确立一个积极的意义。著名心理学家毕淑敏曾说,人生是没有任何意义的,但是你得为之确立一个意义。每个人都应该为自己的人生确立一个意义,为自由而活、为追求知识而活、为人类生活得更加美好而活,这些都是人生积极的意义。

(2)利用榜样的力量。古今中外很多成功人士都拥有为社会做贡献的积极人生观,父母可以多给孩子讲述些名人和成功人士的人生观,激励孩子向他们学习,让他们结合自己的知识水平和生活经验,形成适应这个时代的正确人生价值观。

---

[1] 成墨初. 为孩子的情绪解套[M]. 北京:九州出版社,2009.

（3）培养孩子的社会责任感。正确的人生价值观需要承担一定的社会责任。没有社会作为支撑，任何人的一生都毫无意义，只是一个生死的过程而已。

（4）培养孩子乐观积极的人生态度。孩子在生活中遇到困难时，父母应该指导他们用乐观、积极的态度来面对，不能消极厌世。

正确的人生价值观就像孩子前进路上的灯塔，当孩子遇到风雨险阻时给孩子希望并指引方向，让他们能够勇敢地克服困难，到达成功的彼岸，收获一个愉快而有意义的人生。

（二）以民主型的教育态度和方式对待孩子

父母的教育态度和方式是家庭教育价值导向的具体体现。民主型的家庭教育重视子女潜能的发挥，尊重子女的人格，与子女平等相处，关心他们的进步，注重情感交流，具有和谐、融洽的亲子关系。这种教育类型的父母爱孩子，但是从不骄纵孩子；对孩子严格要求，但是不会强迫孩子做他不愿意做的事；督促孩子，但是有事会和孩子商量，不会自作主张一意孤行；自己做不到的事情，也绝不会要求孩子去做；答应孩子的事情尽可能实现。这种教育类型的父母会用自己健康文明的思想行为来影响孩子，引导孩子走向正确的道路。在这样的教育方式下长大的孩子会形成自信乐观、诚实善良、独立性强等良好的性格。这种民主型的教育态度和方式，正是现代化价值导向在家庭教育中的具体反映。

周三上午，学校语文期中考试。放学回家，妈妈很想了解孩子成绩在班中的位置。

"你考多少分？"

"90分。"

"最高多少分？"

"不知道。"

"哪些同学成绩比你好？"

"嗯。"（沉默）

"张思林呢？王晓路呢……"妈妈报出了几个曾经听到过的名字。

"有的比我好，有的比我差。如果你想知道，拿老师的点名册一看就好，上面都有登记，反正我不算差的，还有很多比我考的糟糕的呢。"

"你怎么不跟学习好的比，眼睛总和更差的看齐！"妈妈生气地说着，心里愤怒不已……

成绩不是用来比的，成绩是用来审查孩子对知识把握程度的。正确导向原则，不是让孩子拿自己的成绩和别人比，而是和自己的过去比，相对于过去，我学会了些什么，还有哪些需要加强。既不因比别人考得好而沾沾自喜，也不因比别人考得差而自卑。案例中的孩子没有把别人的成绩看成是自己的奋斗目标，甚至看成是对自己的威胁，不是成熟的表现，而是自视甚高的原因。父母应该引导孩子以欣赏的眼光看待他人，真诚地赞赏他人的长处。

第六节 循序渐进原则

古时候宋国有个农夫，种了稻苗后，便希望能早早收成。每天他到稻田时，发觉那些稻苗长得非常慢。他等得不耐烦，心想："怎么样才能使稻苗长得高，长很快呢？"想了又

想,他终于想到一个"最佳方法",就是将稻苗拔高几分。经过一番辛劳后,他满意地扛锄头回家休息。然后回去对家里的人表白:"今天可把我累坏了,我帮助庄稼苗长高一大截!"他儿子赶快跑到地里去一看,禾苗全都枯死了。

"拔苗助长"是中国一个耳熟能详的寓言故事,比喻违反自然发展的客观规律,以致急于求成、不加思考,反而把事情弄糟。培养人也是这个道理。孩子的心理水平还没有发展到某个程度,接受和理解能力还没有那么强,硬要逼他们提前学习难以理解和接受的知识,任意增加学习的内容,加大学习的难度,就有如"拔苗助长",非但无益,反而有害。

一、循序渐进原则的含义

循序渐进原则是指家庭教育要遵循儿童身心发展实际,有次序、有步骤地进行,以期在儿童身上形成家长所期望的特征和品质。[1]"循"是遵守、依照、沿袭的意思;"序"是次序、步骤的意思;"渐"是逐步的意思。循序渐进原则实际上有两个含义:一是循知识本身发展之序;二是循儿童身心发展之序。

当前家庭教育中"别让孩子输在起跑线上""让您的孩子比您更成功"等口号屡见不鲜,为了使自己的孩子早成才、快成才、成大才,很多家长盲目地把孩子带入了"超前教育""过度教育"的误区。

所谓"超前教育",就是不顾孩子身心发展水平,不考虑孩子实际理解能力和接受能力,任意提前进行智力开发。在一两岁时就教孩子识字、算术、古诗、外语等;还未上学,就让孩子学习小学课本上的知识……目的是使孩子抢占先机,在同龄人的竞争中占据优势。

所谓"过度教育",就是孩子学完了学校的功课,回家后还要"吃小灶""吃偏饭",由家长或家庭教育师教更深更难的知识;此外还要参加各种各样的特长班,只要家长觉得有必要,不管孩子的情况,一律要学。每天把孩子的学习日程安排的满满的连喘息的机会都没有,恨不得一下子就把孩子培养成超乎寻常的"神童"。

"超前教育""过度教育"的结果是什么?我们的孩子真的"超常"了吗?过早过多地给孩子学习压力,会导致孩子在精神和心灵的夭折。早早地厌学、学习注意力不集中、学习拖拉、对上学充满敌对……孩子在敌对的情绪中,学习是不可能好的。教育家卢梭说过,当我们不把孩子教育成孩子,而把其教育成博士的时候,我们的教育就走错了方向。

二、循序渐进原则的基本要求

(一)要根据孩子实际水平和身心特点量力而行

心理学研究表明,整个儿童心理发展过程中,各种心理现象的发展并不平衡,每一心理现象在各个心理发展阶段对某种外在影响特别敏感,心理学上称之为最佳发展期。家庭教育既不要错过最佳发展期,又要在教育中不超越儿童的心理发展阶段,安排儿童无法接受的教育内容和教育方式。也就是说,家庭教育要遵循儿童的年龄特征进行,根据孩子的实际理

---

[1] 缪建东.家庭教育学[M].北京:高等教育出版社,2009:185.

解能力,教以相应的知识。此外,处于同一年龄阶段,身心发展水平相当的儿童,对于同一知识的理解和把握程度也可能是不一样的。父母在这里也要看到个体的差异。

女儿 4 岁半的时候,幼儿园的老师开始教孩子学习 10 以内的加减法,通过扳手指、数数的办法,孩子们学得很快,也很高兴。后来,老师加深了难度,把简单的加减法改成了逆运算:( )+3=5;5−( )=1;8−( )=4;3+( )=6……幼儿园里老师很有耐心地讲了几遍,有些孩子明白了,但大部分孩子仍然不会做。于是,老师在放学的时候留了 20 道类似的题目,美其名曰:"熟能生巧。"女儿回到家就哭了,不会扳手指了,也不会数数了,不知道从哪下手。我知道这种类型的问题已经超过了女儿的理解水平,虽然后来我和幼儿园教师沟通过,女儿暂时可以不做这种题目,但可以看出来,她一点也不开心,这件事情也让她很有挫败感。

可见,如果教给孩子的知识符合他们的心理发展水平,他们就能理解、消化和吸收,学习的积极性就高、兴趣浓厚。俗话说"胜任愉快"就是这个道理。孩子学习轻松自如,就会"以学为乐",把学习当成一种乐趣。"其进自不能已",就是想让孩子停止学习都不可能,所谓"欲罢不能"之感。

(二) 教育孩子要循序渐进

(1) 孩子良好品德和行为习惯的培养需要循序渐进。良好品德和行为习惯的养成不是一次道理或做一两次练习就可以办到的,而是要经过多次练习不断强化和巩固而成的。品德的形成一般要经过依从、认同、内化三个阶段,儿童的许多道德品质可以从培养行为习惯开始,以后再从道德认知的角度进行教育。根据美国科学家的研究,一个好习惯的养成为 21 天,90 天的重复会形成稳定的习惯。所以父母在培养孩子良好品德与习惯的过程中切不可着急。此外,改掉一个不良习惯更要循序渐进。俗话说,养成一个习惯需要多长时间,改掉一个习惯就需要多长时间。其实这是要求父母要有足够的耐心。比如,一个握笔已有 3 年的孩子,要改掉不良的握笔姿势,父母需要拿出 3 年的耐心等待孩子的改变,当父母做到的时候,也许并不需要这么长时间,也许半年就可以了。这个过程中,父母不可着急,也不可生气。在整个过程中,孩子的行为会出现反复,这些都是正常的,父母只需相信,孩子正走在不良习惯改变的过程中,父母需要做的是支持、鼓励与提醒。

一个上一年级的小男孩,每次上课总说话,老师为此惩罚过他,也和家长沟通过,希望家长对孩子严加管教。但是半年的时间过去了,孩子的状况并没有缓解,老师对孩子很失望,认为已经没有办法了。为此妈妈很着急。一次偶然的机会,我见到了这位妈妈,妈妈着急的和我说,该说的都说了,孩子也知道上课不应该说话,但就是管不住自己,我也已经没有办法了。我问这位妈妈,你是如何和孩子沟通的?妈妈说,我和孩子讲,只要他能保证上课不说话,我不但可以给他买玩具还可以带他出去玩。孩子很想获得玩具,也很想出去玩,但就是做不到。后来通过了解知道,男孩平均一节课说 5~6 次话。我的建议如下:

① 和孩子沟通,每节课说话次数最低可以控制在几次之内?让孩子思考后回答。妈妈对于孩子的回答给予信任与支持。

② 这样进行几天,重复前面的问题,现在每节课说几次话就可以了?这样以此类推,直到孩子能很好地控制自己。

妈妈的反馈:孩子的回答是,开始每节课可以只说3次话。妈妈并没有因为孩子没有做到"不说话"而生气,反而欣慰的对孩子讲:"妈妈相信你,你可以达到自己的目标。"结果第一天放学回来,孩子高兴地说,今天,一节课最多说了3次话,有的课只说了两次。孩子为自己的成绩很开心。现在半个月过去了,孩子上课说话的问题基本已经解决。老师和妈妈都很为孩子高兴。

案例中,我只是运用的循序渐进的办法,明白孩子行为的改变需要一点点来,不可要求过高,就取得了很好的效果。

(2)学习知识需要循序渐进。任何科学知识,都有其内在的逻辑顺序,循序渐进原则告诉我们教育孩子知识,要遵循学科本身发展之序。要根据知识、能力的顺序,由浅入深,由易到难地进行。

某学生在学习两位数乘两位数乘法的时候,错误率特别高。家长认为是乘法口诀不熟,检查发现该生背的非常熟练。所以家长又认为是做题少,不熟练的缘故。所以家长就让孩子在家做大量的练习,然而,孩子的进步仍不明显,而且孩子对于做乘法题还产生了强烈的反感情绪。

如果你认真观察孩子做题你会发现,孩子乘法口诀反应很快,但两位数加一位数的口算就很慢。比如:计算$38×47$时,七八五十六,三七二十一,这些都没有问题,但二十一加上前面进位的五,孩子就乱了。所以不是孩子乘法不会,而是两位数加一位数的口算能力没有发展起来。

如果你是妈妈,按照循序渐进原则,你该如何帮助这位同学呢? 循知识发展之序,父母应该从两位数加一位数开始,对孩子进行训练。

✦ 能力训练

在家庭教育中,很多父母抱怨:我们爱孩子,也希望自己能培养出优秀的孩子。我们看了不少的书,也向别人讨教过不少问题和借鉴过不少经验,可教育孩子依然是令自己头痛的事情。这中间到底发生了什么,到底该怎样爱孩子、善待孩子,孩子的潜能才能展现出来呢?

活动一:父母与孩子的期待

请父母思考以下几个问题,并且把答案写在纸上。

(1)你期望你的孩子是什么样的?

① 孩子具备什么能力才能实现期望?

② 孩子需要多长时间能实现你的期望?

(2)我们对自己有怎样的期望?

① 我们具备怎样的能力才能实现自己的期待?

② 我们对待自己不具备的能力是什么态度?

(3)孩子对我们有怎样的期待?

① 在你教育孩子的过程中,哪些行为满足了孩子的期待? 结果如何?

② 哪些行为没有满足孩子的期待? 结果如何?

(4) 孩子对自己有怎样的期待?

① 孩子为实现自己的期待做了哪些努力?

② 孩子对自己的期待与你对孩子的期待有什么关系?

总结:最高境界的期待是让孩子充分发挥他的潜能,并在这个过程中,促进孩子健康快乐地成长。

活动二:倾听孩子的心声

请父母认真品读下面的诗,用心去感受,用心去聆听。

爸爸(妈妈),如果您能

爸爸(妈妈),如果您能记住,您走一步,我走三步才能赶上;

爸爸(妈妈),如果您能理解,我观察世界的眼睛比您矮(高)三英尺;

爸爸(妈妈),如果您能在我乐意时,让我自己试试,而不是把我推到前面或挡在后面;

爸爸(妈妈),如果您能用您的爱感受人生,而不破坏我自觉的需要,那么我将长大、学习、改变。

爸爸(妈妈),如果您能记住,我需要时间获得您已有的生活经验;

爸爸(妈妈),如果您能理解,我只讲述那些相对于我的成熟程度来说有意义的事情;

爸爸(妈妈),如果您能在我可以时,让我独自迈出一步,而不是把我猛推出去或拉回来;

爸爸(妈妈),如果您能用您的希望感受人生,而不破坏我对现实的感觉,那么我将长大、学习、改变。

爸爸(妈妈),如果您能记住,我像您一样,失败后需要勇气;

爸爸(妈妈),如果您能理解,我必须自己弄清我是谁;

爸爸(妈妈),如果您能在我需要时,让我自己寻找想要的路,而不是为我选择您认为该走的路;

爸爸(妈妈),如果您能用爱感受我的人生,而不破坏我自由呼吸的空间,那么我将长大、学习、改变。(根据马迪·金《如果您能记住》改写)

分享:读完这首诗你感受到了些什么?你想对你的孩子说些什么?你想对自己说些什么?在孩子的成长道路上,你是孩子长大、学习、改变的推动者还是阻碍者?今后你打算怎样做?

总结:尊重孩子的选择,相信孩子的能力,理解他们的言行,坚定他们可以成长为优秀个体的信念,只有这样,才能真正地为孩子的成长提供助力。

活动三:父母家庭教育的任务

请认真品读下面的故事。

上帝给我一个任务,

叫我牵一只蜗牛去散步。

我不能走太快,

蜗牛已经尽力爬,为何每次总是那么一点点?

我催它,我唬它,我责备它,

蜗牛用抱歉的眼光看着我,
仿佛说:"人家已经尽力了嘛!"
我拉它,我扯它,甚至想踢它,
蜗牛受了伤,它流着汗,喘着气,往前爬……
真奇怪,为什么上帝叫我牵一只蜗牛去散步?
"上帝!为什么?"
天上一片安静。
"唉!也许上帝抓蜗牛去了!"
好吧!松手了!
反正上帝不管了,我还管什么?
让蜗牛往前爬,我在后面生闷气。
咦?我闻到花香,原来这边还有个花园,
我感到微风,原来夜里的微风这么温柔。
慢着!我听到鸟叫,我听到虫鸣。
我看到满天的星斗多亮丽!
咦?我以前怎么没有这般细腻的体会?
我忽然想起来了,莫非我错了?
是上帝叫一只蜗牛牵我去散步。(百度文库)

分享:如果这只蜗牛就是我们的孩子,是什么导致了孩子的绝望?又是什么导致了我们的绝望?在陪伴孩子成长的道路上,这个故事对你有什么启发?

总结:教育孩子就像牵着一只蜗牛在散步。和孩子一起走过他的孩提时代和青春岁月,虽然也有被气疯和失去耐心的时候,然而,孩子却在不知不觉中向我们展示了生命中最初最美好的一面。孩子的眼光是率真的,他们的视角是独特的,父母又何不放慢脚步,把自己主观的想法放在一边,陪着孩子静静体味生活的滋味,倾听他们内心声音在俗世的回响,给自己留一点时间,从没完没了的生活里探出头,这其中成就的,何止是孩子。

思考与练习

1. 家庭教育的原则有哪些?结合自己的经验和体会,谈谈你对家庭教育所需遵循的基本原则的认识与理解。
2. 什么主体性原则?在家庭教育中,如何贯彻实施主体性原则?
3. 什么是理智施爱原则?谈一谈如何在家庭教育中灵活运用这一原则?
4. 结合实际谈一谈,为什么要贯彻因材施教的原则?

第六章
家庭教育的方法

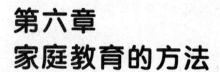

浙江在线 10 月 19 日讯（《钱江晚报》记者 黄敏）上个周末,本报"新教育周刊"报道,杭州一小学要求学生家长持证上岗。学校做了一本 70 多页的上岗指导手册。这本名为《做父母是最伟大的事业》的手册包括家长培训课程、家长阅读计划和家长实践项目。

复旦大学物理系教授侯晓远也是教育部"长江学者奖励计划"特聘教授、国家杰出青年基金获得者,与这个学校的想法不谋而合。

他在十多年与复旦大学的"问题学生"接触及反复谈话后,深感"教育家长"是中国教育的重要课题,产生了退休后办一个"父母学校",让父母经过"职业培训"的想法。他甚至希望,"父母学校"能被上升至国家战略的层面。

（复旦大学侯晓远：怎么当家长是中国教育的重要课题）

父母"持证上岗"体现的正是父母的教育关系着教育效果,家庭教育需要科学的方法来支撑的道理。为了更好地完成家庭教育的任务,实施家庭教育的内容,掌握科学的家庭教育方法是很重要的。它关系着家庭教育能不能顺利进行,影响着家庭教育的效果,决定着家庭教育目的和任务的实现。

在家庭教育中,不仅要根据家庭成员的关系、家庭的特点,更要根据教育对象的年龄特征,特别是孩子成长各阶段的心理特征选择和运用家庭教育的方法,而且要创造性地选择和运用家庭教育的方法。只有掌握了科学的驾驭方法及其策略、艺术,家庭教育才能成功。家庭教育内容和任务的多面性,决定了家庭教育方法的多样性,而且各种方法还必须互相补充和配合。我国家庭教育的方法体系有：以言语传递为主的方法,包括说理教育法、奖惩激励法等；以直接感知为主的方法,包括榜样示范法、环境熏陶法等；以实际训练为主的方法,包括实际锻炼法、兴趣探索诱导法等。

第一节 环境熏陶法

墨子说:"染于苍则苍,染于黄则黄。"荀子说:"蓬生麻中,不扶而直;白沙在涅,与之俱黑。"这两句话都说明了环境的作用。颜之推非常重视家庭环境的作用,他在《颜氏家训》中说:"与善人居,如入芝兰之室,久而自芳也;与恶人居,如入鲍鱼之肆,久而自臭也。"恽代英曾说:父母对子女"不必耳提面命、夏楚横施,全在以潜移默化为唯一手段。"

据调查,中国科技大学某届少年班中,70%的学生来自知识分子家庭,显然他们的家庭对他们的成才起了积极作用。

200年前美国涅狄格州有一位集神学家、哲学家和道德学家于一身的学者,他的名字叫嘉纳塞·爱德华。目前,他的子孙已传了8代。其中,有13人当了大学校长,100多人任大学教授,14人创建了大学或专科学校,80多人成了文学家,一人就任副总统,一人做了大使,20多人任上下两院的议员,18人成了报社、杂志社的负责人或者主编。但是,同是200年前,美国纽约有一个叫马克斯·朱克的酒鬼、赌徒,他的子孙也有8代,其中,有300多人成了乞丐和流浪者,7人因杀人被判处死刑,63人因偷盗、诈骗等被判刑,因喝酒夭亡或成为残障者也甚多。

家庭环境是孩子最早最直接的生活环境,家庭生活环境每时每刻都在影响着孩子。中国古代脍炙人口的孟母三迁的教子故事,充分说明了古人已经认识到家庭环境对孩子成长的重要作用。家庭环境对人的一生发展会产生重大的影响。良好的家庭环境是孩子良性发展的重要场所,在家庭生活中很多事情影响着孩子的认知、思想、性格、特点、兴趣等。

一、环境熏陶法含义

环境熏陶法是指在家庭教育中,家长有意识的通过创设良好的家庭氛围,对孩子施加潜移默化的教育方法。目的是让孩子养成良好的行为习惯和高尚的道德情操,从而使孩子的身心得到和谐发展。

二、环境熏陶法的要求

苏联教育家马卡连柯曾经说过:教育的过程是一个不断的连续过程,它的各个细节都由家庭风气来决定,而家庭风气不是你想出来的,也不能用人工来保持。家庭环境不同,对孩子的影响作用也不同,有的家长给孩子的是积极影响,而有的家长给孩子的却是消极影响。亲爱的父母们,家庭风气是由你们自己的生活和你们自己的言行创造出来的。如果你们在生活上的一般作风不好,即使最正确、最合理,并且是精心研究出来的教育方法,也将是没有用的。相反,只有正当的家庭作风,才能给你们提供对待孩子的正确方法。

家庭环境不仅影响孩子的身体健康和心理素质,还会对孩子的生活态度、思想行为等方面都产生极为深刻的影响。家庭环境主要从以下几个不同的方面,对孩子产生深远的影响。

(一) 家庭物质环境对孩子的影响

尽管每个家庭经济水平、住房条件各不相同,但居室布置整洁,色彩素雅协调的要求是一致的,这样能使孩子生活在一个环境舒适、宁静、温暖的家庭中。当父母按照自己的意愿把整个家庭环境布置得整洁、大方、优美、清新、典雅的时候,也要考虑儿童的特点和愿望,家长最好和孩子一起创造一个充满童趣的世界。与儿童的生理、心理特点相适应的物质环境有助于他们的健康成长,这样能使孩子生活在一个舒适、宁静、温馨的家庭中。父母可以给孩子准备好小书桌、玩具柜等。孩子的生活环境要有色彩鲜艳的图案、美丽的风景画和优美的书法作品。布置房间最好也让孩子动手,发表意见和看法。有的家庭不注意环境布置,不讲究卫生清洁,家中家具陈设杂乱,这样的环境不利用孩子身心的健康发展。还有的家长尽管经济条件很优越,家中布置很有现代感,却忘了给孩子创造一个游戏天地。有的家长极其重视卫生,各处一尘不染,对孩子限制太多,这也不许玩,那也不许做,使孩子行动受到限制,这也是不可取的。

(二) 良好的道德环境对孩子的影响

良好的道德环境是指家庭道德文化环境和氛围。家庭内部的伦理道德状况如何,不仅直接关系到成员个人的幸福和家庭美满,而且影响孩子的成长和发展。

家庭中和睦、融洽,互相尊重和关心的氛围,是孩子性格健康发展的重要环境。这样的环境让孩子感到幸福快乐,没有任何精神压力,他长大了也会以同样的态度待人,对社会也会献出自己的爱心。

当家长做到有理想,有追求,爱学习,爱劳动,为人正直善良,目标坚定,勤劳勇敢,不怕困难,乐于助人的时候,是对孩子最有力的感染,让孩子从小就尊敬长辈,信赖父母,不知不觉地模仿父母,时时刻刻都成为孩子接受教育,养成性格和习惯的因素。马卡连柯说:"你们生活的每一个瞬间都教育着儿童。"

(三) 人际环境是孩子性格形成的关键

人际环境是指家庭人际关系和谐。孩子大部分时间是在家里度过的,一个健康、和谐、融洽的家庭人际关系对孩子的健康发展是必不可少的。孩子只有生活在这样的家庭中,才会感到快乐和积极向上。如果说孩子是一颗种子,那么家庭就是土壤,家庭人际关系便是空气和水分。因此家庭人际关系对孩子的成长至关重要。

父母是孩子成长过程中的行为模仿对象,父母在家庭关系中互相关心,互相照顾,这样孩子就会从小学会关心别人。父母之间如果有意见分歧,要心平气和地坐下来沟通,不要大吵大闹,互相指责,这对孩子极为不利,日后与他人有不同意见时,他们容易采取这种不妥当的方式去解决问题。父母对长辈、亲朋好友的态度也会成为孩子的模仿对象,所以为孩子营造良好的家庭人际环境时,父母的作用是很关键的。

（四）和睦的心理氛围对孩子心理健康的影响

著名作家列夫托尔斯泰说："夫妻间的和睦是成功的教育儿童的首要条件。"一些各方面都很出色、心理健康、做事积极的孩子，他们在家庭环境上有着很高的一致性：家庭和睦，父母和孩子在感情心理上沟通良好，对学习要求并不苛刻，尤其当孩子有失误时，这样的家庭往往采取宽容和鼓励的态度。所以良好、和睦的心理氛围对孩子心理健康成长至关重要。

在家长高兴时，孩子也会感到快乐，当家长表现出烦躁不安和闷闷不乐时，孩子的情绪也容易受影响。如果父母缺乏理智而感情用事、脾气暴躁，就会使孩子盲目地吸收其弱点。家长在处理一些突发事件时，表现出惊恐不安、措手不及，对子女的影响也不好；如果家长处变不惊、沉着冷静，也会使子女遇事沉稳坚定，这样对孩子心理品质的培养起到积极的作用。家庭成员之间，特别是父母之间，要互相尊重、互相信任、平等待人、和睦相处，共同关注孩子的成长。在一个民主、宽松的家庭中，成人之间感情融洽，关系和谐，使孩子感到轻松愉悦，没有任何精神压力。这种环境会使孩子自发陶醉于充满乐趣的各种创造性活动之中。

研究表明，在民主、和睦、文明的家庭中成长起来的孩子，表现出情绪稳定、情感丰富细腻、性格开朗、团结友爱、有自信心的特征。这是因为有良好心理氛围的家庭，能给孩子以安全感，使孩子感到温暖、幸福、愉快；其次满足了孩子的归属感，在家庭中孩子能感到被爱和被尊重，也学习到如何爱他人，尊敬他人，从而增强了自尊和自信。当孩子遇到困难、挫败而灰心沮丧时，家庭可以给他力量，给他指引。

尽管家庭环境对孩子影响最大，我们也要重视自然环境和社会环境对家庭的影响。当我们带孩子到大自然中去就会感受到：孩子在花木繁茂的草丛树林中，反应更为热烈，会不顾一切地扑过去摘上几朵野花，蹲在地上看小虫，完全融入大自然里。孩子与大自然有相通的灵性，置身其间比成人更敏感、更愉悦，也更能受到感动和启迪。

当今城市的孩子，与大自然接触的机会实在太少了，父母应该创造更多条件带他们到大自然中去，在广阔的大自然中，放开肢体、敞开心扉，尽情地呼吸新鲜空气，自由自在地享受大自然带来的快乐。比如周末去公园玩耍或者去农村采摘，去郊区爬山等，都是时下适合孩子感受自然、快乐成长的活动。

第二节　实际锻炼法

一、实际锻炼法的含义

实际锻炼法是指在家庭教育中，根据孩子的发展和社会的需要，让孩子参加各种力所能及的实践活动，以便学会某种技能技巧，发展能力，培养良好的行为习惯和思想品德的方法。孩子是社会的人，从出生就开始了他的社会化进程。从社会发展趋势看，特别需要人具有独立生活的能力、适应社会环境的能力、工作劳动的能力和社会交往的能力。缺乏这些基本能力，孩子将无法适应未来的社会生活。因此，必须让孩子从小参加实践锻炼。

二、实际锻炼法的要求

（一）重视实际锻炼

实际锻炼是让孩子身体力行,亲自去做,儿童的技能技巧、能力以及良好的习惯和品德,不是先天就有的,不是自然而然形成的,不管是多么简单的技能技巧和能力,或者是什么样的品德和习惯,不经过亲身实践是不行的。家长要积极引导、支持并放手让孩子进行各方面的实际锻炼,是家庭教育的重要方法。

古今教育家都非常重视实际活动和行为练习在培养人的过程中的作用,"身体力行"成为我国古代道德教育的基本要求之一。孔子强调:"言必信,行必果。"洛克也曾精辟地论述了家庭教育中规范要求与行为实践的关系。他说:"儿童不是可以用规则教的好的,因为规则总是会被他们忘掉的。你认为什么是他们必须做的,就应该利用一切机会,甚至在可能的时候创造机会,让他们进行不可缺少的练习,使其在他们身上固定下来,这就可以使他们养成一种习惯,这种习惯一旦养成之后,便用不着借助记忆,就能自然而然地发生作用了。"因此,我们说培养孩子的技能技巧、能力要从小着手,品德习惯地养成,也要从小抓起,经常性的训练非常必要。

德国大诗人、剧作家歌德的成才得益于家庭教育的早期实际锻炼。歌德两三岁时,父亲就抱他郊游,观察自然,培养歌德的观察能力。三四岁时,父亲教他唱歌,让他背歌谣、讲童话故事,并有意让他在众人面前讲演,培养他的口语能力。这些有意识的引导和教育,使歌德从小就乐观向上,乐于思索,善于学习。歌德8岁时能用法、德、英、意大利、拉丁、希腊语阅读各种书籍,14岁能写剧本,25岁用一个月的时间写成了名著《少年维特之烦恼》。

（二）有恒心,舍得让孩子吃苦

实际锻炼不可能一次就见效,是要通过一定的活动实现知与行的转化和智与能的转化的过程,这一过程要坚持下去,要靠家庭成员有充分的认识,调动其积极性,自觉参加实际锻炼。可以利用孩子争强好胜、好奇心强的特点,把严格要求与激发兴趣结合起来,积极鼓励他们参与实际锻炼,做到兴致勃勃地主动参加锻炼,接受必要的磨炼。

对儿童来说,养成某种习惯和品质,吃点苦是难免的。有的家长心疼孩子,孩子刚一叫苦喊累,就做出让步,半途而废,使孩子养成怕苦怕累,做事虎头蛇尾的坏毛病。比如孩子学走路,刚摔了一个跟头,家长就心疼得不得了,把孩子抱在怀里,不让孩子再练习走路,这就起不到锻炼的效果了。与此同时,父母也要掌握好孩子实际锻炼的难易程度,不能过难,要鼓励孩子克服生理和心理的各种障碍,克服锻炼过程中遇到的各种困难,不怕挫折,坚持到底,持之以恒。父母还要正确对待孩子在过程中出现的失误,不应一味责怪和埋怨他们,而应帮助他们分析原因,总结经验,鼓励他们勇于实践。

在澳大利亚堪培拉的一家幼儿园,一个4岁的小女孩有气无力、孤孤单单地靠在一边,脸蛋红扑扑的显然在发烧。可她的身旁并没有人嘘寒问暖。老师萨曼莎说,一般孩子发烧不超过38摄氏度不用吃药,家长也不会因为孩子感冒发烧就不送他上幼儿园。受过专门训练的萨曼莎接下来的话更让人吃惊:"孩子得点小病照样可以来学校,这样有利于其他孩子增强免疫力。"在澳大利亚不少人认为,孩子不能太娇气,应当比大人少穿点衣服。冬天,幼儿园或者小学的一些孩子虽然衣着单薄、流着鼻涕,却仍在户外活动;雨天里,被淋得湿漉漉的孩子们在操场踢球,而家长和老师却撑着伞在场边观看助威的情景就更常见了。正是这种"狠心"培养了孩子们坚强和自信的性格,也锻炼了他们的体魄。

(三)针对孩子的年龄特征进行具体指导

指导儿童进行实际锻炼,要考虑孩子的年龄特征。从孩子的实际能力出发,提出实践的内容和任务。实际锻炼的难易程度应当是孩子的努力可以胜任的。在实际锻炼之前,家长要根据孩子的年龄特征,提出要求,进行具体指导。从孩子三个月起,就可以让他自己用手扶着奶瓶吃奶,要尽早让孩子自己吃饭、穿衣、系鞋带,上幼儿园后,还要鼓励孩子参加幼儿园组织的集体活动和集体劳动,让他们从小就能动手,在动手中养成良好习惯,在动手中手脑配合,开发大脑的活动能力。

一些抽象的教育,比如对学前儿童进行爱的教育,不能只讲道理,而应该在日常的、具体的小事中进行点滴渗透,爱的教育就是爱的习惯的培养。养成习惯贵在躬行实践,由爱护一棵小草到敬重所有的生命,由善待一只蚂蚁到关爱他人和社会,习惯最终会成为自然。

有一个小男孩,3岁多,他最近干了一件"坏事",他把一碗滚烫的菜汤倒进了一棵名贵植物的花盆里。这个行为足以使这盆花死掉,让他爸爸怒不可遏。他觉得这小子太淘气了,简直就是个破坏分子!

儿子看到爸爸到处在找扫帚,已经吓得哇哇大哭了。这时妈妈冲上去拉住了爸爸,她说:"你别忘了,我们是在养孩子,而不是在养花!"妈妈的话在提醒着爸爸:孩子和花到底哪个重要,更何况还没有弄清楚他那么做的原因,就要打他,是不是在说孩子的自尊和快乐,远不如一盆花重要呢?

妈妈蹲下来帮儿子擦干了眼泪,轻声地问:"宝宝为什么要把汤倒在花盆里啊?"儿子抽泣着说:"奶奶说……热热的菜汤有营养……我想让花长得高高的……"

在孩子做出一些你不能理解的行为时,要去了解他为什么这么做,在实际锻炼法中,最需要注意的一点就是要允许孩子犯错误,不要因为孩子在实际操作过程中损坏了什么物品而批评孩子,不要打击孩子的积极性。

第三节 说理教育法

一、说理教育法的含义

说理教育法是指儿童家长通过摆事实、讲道理,提高孩子的认知,培养良好的道德品质,形成正确的行为规范的方法。它是家长教育孩子时常用的一种最基本的方法。

说理教育法是建立在对孩子充分信任和尊重的基础上的,是以理服人,启发自觉性,而不是以力压人。这种方法的教育效果好,易于被孩子所接受。说理教育的具体方式有两种,即谈话和讨论。谈话的内容可以是多种多样的,但内容的深浅程度要适合孩子的理解接受能力。每次谈话的内容可以是广泛的,也可以集中谈某一个方面的问题。谈话要有灵活性,要看孩子的理解接受情况,不可强制灌输;要有启发性,引导孩子自己去思考;要有具体形象性,与孩子谈较为深奥的道理,要尽可能做到深入浅出,通俗易懂,联系孩子身边的实际,多摆事实。讨论则不同于谈话,讨论的题目可以由家长提出,也可以由孩子提出,但一般来说,应该是家长和孩子共同关心的问题。

二、说理教育法的要求

(一)谈话时做到情理交融

在家长运用谈话这一具体方式时,要结合孩子的思想实际,有针对性地说理,进行分析,使孩子掌握某种行为标准,形成正确的观念。说理不等于说教,给孩子讲道理,不要无休止地"唠叨",更不能喋喋不休地"教训",这样会使孩子产生逆反心理。正确的做法是把理与情结合起来,使孩子在情感上引起共鸣,在认识上对某一问题产生共识。在说理中做到情理交融,首先,要进行心理换位,即角色心理位置的互换,也就是我们平时说的"换位思考"。许多问题,讲大道理不一定讲的清,孩子也不一定听得懂或听得进去。但只要父母从孩子的角度看问题,站在孩子的立场上想一想,道理就会比较容易说明白,再让孩子设身处地地想一想,孩子就会豁然开朗。其次,要有真情实感,谈话要尽可能避免出现"你不许""闭嘴""如果你不按我说的做,我就……",因为孩子从这些话中,感受到的是禁忌和威胁。家长要以关心孩子为出发点,要注意措辞,要用文明、尊重、协商、关心的语言,使孩子感到亲切,并感受到父母的关爱。另外,和孩子谈话,家长一定要有正确的思想观点,通过谈话,使孩子明辨是非,如果家长的观点是错误的,那么教育注定是要失败的。

家庭成员之间要经常有意无意地提出问题,其他人给予回答,活跃大家的思想,沟通感情,增长知识。特别要注意鼓励孩子多提问和回答问题,养成一种习惯,形成一种家庭氛围。在经常性的问答活动中,孩子的知识、智力,特别是思维的逻辑性、敏捷性、精确性等品质都会得到良好的发展。在日常生活中,我们常常是根据孩子提问和回答的情况来判定孩子是否在"动脑筋"的。因此,在家庭教育中,问答教育可以得到充分运用,收到最佳的效果。

向孩子提问的目的在于引起孩子对他们还没有想到的问题进行思考。所以问答教育应注意的问题:①提问难度不要太大,要适合孩子的年龄;②提问要有一定的新奇性,不要重复提问;③提问态度要轻松自然,使孩子觉得问题并不难,而且回答不正确也没关系;④要小心地保护和支持孩子的提问,鼓励他们多提问;⑤在孩子提出问题后,尽量引导和深化孩子的提问,特别是涉及事物的实质、原理、概念区分等问题时,不要因为难以给孩子一个恰当的回答就随便敷衍,要尽量给予科学的回答。

(二)讨论时做到民主平等

在家长运用讨论这一具体方式时,要和孩子以民主、平等的态度共同研究讨论问题,以使孩子提高认识，掌握正确的行为规范。讨论问题时，家长要放下架子，要有真诚、民主、平等的态度，让孩子充分发表意见。孩子讲话时，家长要认真倾听，只有听孩子的心里话，知道孩子想什么，关注什么，在乎什么，才能有针对性地给予帮助和指导。即使是家长认为不正确的观点，也要让孩子讲完、讲清楚，然后慢慢加以解释。孩子不同意家长的观点，可以反驳，可以提出不同的意见，如果不能说服家长，允许孩子保留自己的看法。讨论的过程可以使孩子认识到自身的价值，增强自信心，活跃孩子的思维，调动孩子思考的积极性，学会从不同的角度思考问题。这样能使孩子更好地适应社会生活，并在社会生活中充分发挥主人翁的责任感。家长千万不能一听到不同意见，就无理压制，板起面孔训斥，这样讨论就无法进行。

（三）灵活运用暗示技巧

暗示提醒是指在家庭教育中，家长用直接的、含蓄的方式对孩子的心理施加影响，从言语上提示，从感情上感染，从行为上引导孩子的一种方法。家长希望孩子做什么，如何做，家长根据需要，用言语、动作、表情等使孩子不自觉地接受某种意见或做某事。因为暗示提醒的影响是间接的、内隐的，孩子是在无心对抗的情况下不自觉地接受教育的，所以，暗示提醒法更容易为孩子们所接受。

暗示技巧主要可以分为言语暗示、行为暗示、表情暗示。

(1) 言语暗示

言语暗示就是不直接对孩子提出教育要求，而是通过讲故事、比喻、作比较等方式把自己的观点巧妙地表达出来。父母要针对孩子的性格特征，考虑到具体情境，用合适的语言间接地向孩子传递意愿，表达情感。比如，家长发现孩子没有洗手就想吃饭，不妨这样说："饭前洗手的都是好孩子，爸爸妈妈最喜欢这样的孩子"，这比简单说"洗洗手再吃饭"更易为孩子所接受。当孩子不想去幼儿园的时候，你不必逼着孩子答应去，你可以这样说"在幼儿园要同小朋友一起玩玩具"从而暗示孩子今天要上幼儿园，并让孩子想到上幼儿园可以有小朋友一起玩玩具。当我们要让孩子对某一事物有深刻的印象时，也不一定要反复强调，只要用暗示性的语言进行启发，就能达到目的。

(2) 行为暗示

行为暗示就是用体态语言把自己的想法表露出来，从而达到教育目的。行为是直观的，很容易引起孩子的注意。所以，利用行为来暗示孩子也会起到好的教育作用。比如，有一位母亲前一天吃晚饭时，对孩子提出以后每天中午要午睡的要求。第二天中午，她发现孩子丝毫没有要午睡的意思。这位母亲没有说一句话，而是走过去把孩子床上的被子铺开了，自己也停下手里的活，上床休息。这无声的言语提醒了孩子，他立刻去午睡。

(3) 表情暗示

表情暗示是指通过表情传达多种信息，形成刺激，使暗示对象做出反应。比如，孩子表现非常出色，家长可以对他会心的微笑，这对孩子来说是一种激励。相反，如果孩子表现不好，不按正确的行为规范去做，家长可以给他一个严肃的表情，这时，孩子会意识到家长不喜欢自己当前的行为，并自觉地加以纠正。再如，家长给孩子讲故事或启发孩子思考，发现孩子注意力不集中，双手在玩弄小东西，家长可以用眼睛注意他的手，孩子便会停止动作,集中注意力思考问题。

吃过晚饭,妈妈为玲玲准备了好多图案,教玲玲练习涂色。玲玲选了一只小狗,她十分喜欢涂色,只是没有耐心,总是不按照规则乱涂,妈妈看了哭笑不得。但妈妈没有责怪女儿,而是把自己涂的漂亮的图画拿给玲玲看:"玲玲你看这个图画,好看吗?"玲玲看着妈妈的画,又看看自己的画,一声不吭。这时,妈妈不声不响地把漂亮的图画挂着客厅正中央的墙上。见此情景,玲玲若有所思。妈妈依旧不作声,而是给了玲玲一张新的涂色纸。

拿着新的涂色纸的玲玲,不像开始那样乱涂乱画了,而是耐心地挑选颜色,然后再慢慢地、仔细地涂,并不时地看着挂在墙上的作品。过了一会儿,玲玲把自己的画拿给妈妈看,高兴地说着:"我也要涂得很漂亮,让妈妈挂在墙上!"妈妈高兴地笑了,摸了摸玲玲的头,并将玲玲的作品挂在了墙上。

在这个案例中,玲玲之所以能静下心来,认真涂色,是因为妈妈把涂色涂得好的画挂在了墙上,这是一个非常激励人的行为。这样暗示玲玲只要涂得好,她的作品也能挂在墙上。积极的暗示,产生积极的效果。因此,父母要常常对孩子进行积极的暗示,注意对孩子讲话的语气和方式,引导孩子向着更健康的方向发展。

(四) 适当运用"不理睬"技术

"不理睬"技术是指在家庭教育中遇到某一具体问题时,家庭成员利用暂时的沉默不语进行教育。特别是孩子在任性听不进去任何话的时候,采用"不理睬"教育效果最佳。

在家庭教育中,有时会出现家庭成员对问题想不通的情况,如果再不停地劝说,会产生言语上的摩擦,继而影响感情。如果暂时沉默,会给对方留下自我反思的时间和空间,进行自我审视,就会产生意想不到的教育效果。

但是"不理睬"教育不是一味地对孩子置之不理,需要配合一些其他技巧才能取得良好的效果。一是家长要有忍耐力,遇到问题先冷静,不能比孩子还急躁,还不能过分心疼孩子,特别是孩子哭闹的时候,不能因为心软就一味地迎合满足孩子的不合理要求;二是要以说理教育相结合,"不理睬"教育只是教育的第一步,还要辅之以说理教育,才能让孩子真正明白其中的道理,下次不再犯同样的错误;三是随着孩子的成长,自控力逐渐增强,"不理睬"教育要少使用,而是要想办法与孩子多沟通,开展对话。

有的孩子个性很强,性情执拗,经常表现为脾气大,倔强,不听劝。只要有什么不如意,就大哭大闹,或者赌气,无论怎样的好言劝说都无济于事,这个时候,最好的教育方法就是"不理睬"教育。即对孩子不劝解,不批评,不恐吓,必要的时候可以将孩子放入安全的单间与他人隔开,孩子的执拗行为会自己慢慢消失。小寒是一个10岁的男生,一直以脾气大在小区里闻名,在生活中稍有不如意就发脾气,摔打东西,妈妈一直采用讲道理的方式处理问题。直到有一次,小寒又因为一块饼干与弟弟发生了争执,大哭大闹,不听劝阻,妈妈听从了老师的建议,采取了跟以往不同的解决办法,妈妈跟小寒说,"我现在带你们回各自的房间去冷静一下,这不是惩罚,给你们半小时时间你们自己想清楚。"然后将小寒和弟弟各自带回房间。半个小时后,妈妈在客厅喊,"时间到了,你们感觉好点了吗?"小寒和弟弟从房间里出来,情绪已经好多了。这时妈妈再将兄弟俩叫到一起,询问事情的原委,并作出判断与协调,很好地解决了问题。

第四节 榜样示范法

一、榜样示范法的含义

榜样示范法是指父母以自己良好的思想品德行为以及典型人物的优良道德风范,影响教育子女,塑造子女人格的一种教育方法。以身作则,身教重于言教,是中国家庭教育的优良传统,也是家庭教育的重要原则。父母通过自身良好的言行感染孩子,促使其效仿,成为实施家庭教育的最好方法之一。

孩子的思维特点是具体形象性,就是说具体的形象对其有巨大的吸引力、感染力和说服力,易于为孩子所理解和模仿。因此,我们说榜样示范是家长对孩子进行家庭教育的有效方法。

二、榜样示范法的要求

(一)重视榜样示范

榜样的力量是无穷的。因为孩子模仿性强,生动形象的榜样易于感染他们,激发他们学习的热情,对于如何做也有了示范。可以说,孩子的年龄越小,榜样的感染力就越大。年幼时受到榜样的影响,印象极为深刻,甚至终生不忘。在进行榜样示范教育时,要善于选择既有教育意义又有切合孩子实际的典型人物和事例。

(二)引导孩子向榜样学习

人格塑造的核心就是家长做榜样示范,父母以自身的人格魅力影响孩子,达到教育的目的。家长自身的示范教育不仅可以增强说理的可信性和感染性,而且能像春雨润物那样细而无声,对子女产生耳濡目染、潜移默化的作用。

有一位优秀的高中生回忆说:"当我眼看着40多岁的父亲还在灯下刻苦伏案学习,参加成人自学考试时,我怎么能不刻苦学习呢?""我之所以能发自内心的关心、帮助别人,热爱集体,主要有母亲做我的榜样。我母亲是远近闻名的热心肠,谁家发生什么困难,邻里间有什么需要合作的事,她总是热情张罗,我从小就跟着她做一些力所能及的事情,体验着人间那种宝贵的真情。"

当然也有反面的例子。一个三年级的小朋友沾沾自喜地说:"我不要读书,我爸说了读书没用,他小学都没毕业,还不照样发财。我将来学我爸爸做生意去。"还有个初中生说:"我最大的愿望就是能早点退休,像我妈妈那样退休后,工资照拿,整天打麻将、跳舞、看电视,根本不用写作业、上课,多舒服啊。"

每个人在成长过程中都会受到父母的影响,我们从我们的父母那里学到了哪些优秀的品质呢?又有什么样的品质可以作为榜样展示给我们的孩子呢?

因为年幼的孩子对家长讲的道理并不能完全理解,但成人的一举一动,他们都看在眼里,尤其是这个阶段的孩子的模仿能力很强,他们会去效仿,家长要给孩子做出好的榜样,这是最好的、最有说服力的教育。古人说过"其身正,不令而行,其身不正,虽令不从",家长只有严格要求自己才能真正掌握教育的主动权,才能有效果。父母的任何言行都会对子女产生影响,在家庭中事无巨细,只要被赋予教育的意义时,就不再是小事。因此,家长要时时处处以身作则,不忘榜样的教育作用,要求孩子做到的,家长自己首先要做到。当父母言行有误时,不必回避,只要立即纠正,诚恳说明,就不至于给子女留下消极的影响,反而会受到孩子的尊重,丝毫不影响其在孩子心目中的威信,并给孩子树立了勇于承认错误并改正错误的榜样。但如果要求孩子做到的,家长自己并不能做到,久而久之就会失去威信,家庭教育对孩子的影响力是全方位的、复杂的、并不是以家长的意志为转移的,最关键的一条就是要从根本上加强自身的修养,用自己的人格去感染孩子,为孩子树立良好的榜样。

(三)借助于英雄模范人物影响孩子

榜样示范,家长还要借助革命领袖、英雄模范、著名科学家、历史名人以及文艺作品中正面典型人物的形象教育孩子。典型人物以榜样言行将道德模范具体化、人格化,使孩子受到鲜明形象的感染教育。家长要通过各种形式让孩子了解,结合孩子的思想实际和接受能力,引导他们学习这些人的优秀品质和高尚情操。要使孩子从中受到深刻的教育,家长必须首先对这些人物的思想境界有深刻的理解,有深厚的感情,并以此去影响、感化和引导孩子。注意指导孩子阅读某些历史人物传记和优秀的文艺作品,使他们留意榜样的身世、经历、磨炼、成就和品德,突出介绍优秀历史人物最感人的故事,从而激起对榜样的敬仰之情;同时应抓住时机及时诱导,鼓励孩子学习英雄,付诸行动,激发他们学习先进典型人物的内在思想品德,养成良好的行为习惯。

教育孩子要诚实,可以给孩子讲华盛顿小时候砍樱桃树的故事。有一天,华盛顿在院里砍了一棵樱桃树,他的父亲知道了非常生气,华盛顿急忙跑去承认,说是他砍的。这时他的父亲不但不责备他,反而嘉许他,鼓励他处处要像这样诚实。后来华盛顿的诚实品质终于成就了伟大的事业。这样的故事,可以讲给小孩子听,让故事人物成为孩子的榜样。

(四)引导孩子向老师和同伴学习

父母还要教育孩子向身边的普通人学习。老师、同学、朋友等都是良好的学习对象。老师要做到以身作则,用高尚的人格和正确的行为去影响孩子。同伴,对孩子来说比较熟悉,他们的好品德、好作风,孩子容易理解和接受,更能激起孩子学习的热情,具有直接的教育作用,家长应充分利用这些学习的榜样。与此同时,要指导孩子,不但要看到榜样人物的长处,也要了解他们的缺点和不足,引导子女全面地观察、认识一个人,学会以他人的长处为榜样,虚心学习,对他人的短处引以为戒,取长补短,全面发展。这里需要家长注意的是,不要横向对比,不能只拿同伴的优点、长处和孩子的缺点、短处比较,特别是有的家长对孩子这样说"你看人家的孩子多好,再看看你,干什么都不行",这样的话对孩子是一种负面的教育,只能让孩子变得没有自信或丧失自尊,甚至嫉妒、仇恨比自己强的孩子,对孩子的心理是一种严重的伤害。正确的做法是循循善诱,从正面激励孩子学习榜样,增强他们的自尊心、自信心和上进心。

第五节　兴趣探索诱导法

一、兴趣探索诱导法的含义

兴趣探索诱导法是指在儿童家庭教育中，家长让孩子通过丰富多彩的活动，不断探索，了解孩子的特点，发现孩子的需要，捕捉孩子的兴趣，诱导孩子充分发展自己个性特点的一种教育方法。家长要做有心人，仔细观察孩子，善于发现孩子的兴趣并进行诱导，激发孩子的好奇心和求知欲。在各种活动中，不仅可以发现兴趣，还可以尝试错误，从而掌握多种技能，发展能力，培养孩子良好的品质。年龄小的孩子，对生活中的一切都需要学习，孩子有很强的好奇心和动手操作的愿望，因此，家长让孩子参加活动探索奥秘，是取得良好教育效果的重要途径。

二、兴趣探索诱导法的要求

（一）重视孩子的兴趣

兴趣是最好的老师。兴趣是儿童学习的动力，我们必须珍视他们的兴趣，引导他们的兴趣，培养他们的兴趣，避免以成人的愿望代替儿童的兴趣。更要防止揠苗助长。例如有的孩子对绘画感兴趣，家长偏要他学钢琴，结果造成儿童厌烦和抵触；在学前期，对儿童进行枯燥的数学和识字训练，结果孩子还没有背上书包就开始厌倦学习。我们必须清醒地认识到，保护孩子们的兴趣就是保护他们可持续发展的后劲，忽视儿童的兴趣和需要，一味追求"学有所成"，甚至从小就定向培养，以牺牲孩子童年快乐为代价获取某些特长，必然会造成儿童心理负担过重，影响他们健康发展。

一项家庭教育现状调查发现，对于6岁以下的儿童，近三成受访家庭让孩子参加了兴趣班，参加兴趣班的孩子平均每人参加2.2个学习内容，最多的一个孩子，家长为他报名参加6个兴趣班。如果这些课外班孩子都是出于兴趣而自己愿意参加的，那么这将是一个非常充实而且快乐的周末，而如果这些课外班都是家长出于自身的想法而为孩子报名的，试想一个孩子每周需要学习6个兴趣班，他哪里还有自由活动的时间和空间，这种过高的要求和过重的负担必定会给孩子造成精神的过分紧张，孩子不仅没有了"兴趣"，甚至过早地"厌学"，这种结果也会令家长大失所望。

（二）创设问题情境，诱导孩子的兴趣

创设问题情境时，要先让孩子感到好奇。比如故事讲一半，孩子很想知道结果，于是对故事产生了浓厚的兴趣。还可以玩猜谜游戏，家长给一些暗示，同样也能使孩子产生兴趣。其次，在创设问题情境的过程中，鼓励孩子积极思考，主动提出问题。在孩子的天性中，有一种求知的欲望，他们心中原本有着无数个"为什么"，想了解这个奇妙世界的本来面目。是成人习以为常的姿态和不以为然的态度，逐渐扼杀了孩子的这种求知冲动。因

此，父母如果能够有意识地引导孩子的兴趣，保护好孩子的好奇心，鼓励孩子积极思考，对孩子的提问努力表现出自己的关注，与孩子一起去思考，去寻求未知的答案，孩子提出问题的欲望和探索的兴趣就会不断增强。

科学家斯蒂芬·格伦在医学领域的多个方面均有重大突破。当采访他的记者问，是什么让他具有普通人不及的创造力时，他提到了他幼时的一段经历：那天，他试图从冰箱里取出一瓶牛奶，刚走几步就失手将奶瓶掉落在地上了，顿时厨房里一片狼藉！他母亲闻讯赶来。然而她没有发火，没有说教，更没有惩罚他。她说："哦，我从来没有见过这么多牛奶洒在地上，真是有意思啊！好了，反正已经洒在地上了，在我们收拾干净之前，你想玩一会儿吗？我想，玩牛奶说不定也挺有意思的。"他就真的玩起了牛奶。几分钟后，他的母亲说："牛奶是你洒在地上的，也该由你来收拾干净。现在，我这儿有海绵、抹布和拖把。你想用什么？"他选择了海绵。他们一起将地板收拾得干干净净。

接着，他的母亲又说："刚才你拿牛奶瓶失败了，这说明你还没有学会如何用小手搬一个大奶瓶。现在，我们到院子里去，我们在一个瓶子里装满水，看看你能不能发现一个好的搬运方法，使瓶子不会掉到地上。"他通过反复实践，知道如果他用双手捧住靠瓶口的地方，瓶子在搬运过程中就不会掉下来。这是多么生动又内容丰富的一课啊！

这位著名的科学家回忆说，正是从那个时候起，他明白他无须害怕犯错误。错误往往是学习新知识的开始。科学难题也是经过一次次错误之后最终找到正确的解决方法的。正是由于母亲在他遇到问题的时候没有一味地批评和打击，而是采取引导的方式让他自己去探索解决的方法，才让他走上了后来的科学探索之路。

（三）发现兴趣，引导孩子发展其个性特点

孩子的爱好是多种多样的，家长要注意观察，善于发现孩子的兴趣，发展孩子的特长。无论孩子朝什么方向发展，先要看孩子是否喜欢，不能全凭家长的主观愿望。19世纪英国著名的数学家、物理学家麦克斯韦之所以能成为科学家，和他父母的细心观察是分不开的。有一次，父亲让他画菊花，结果他把菊花画成了几何图形，不是三角形就是圆形，或者是梯形。父亲又进一步观察发现他对数学很感兴趣，于是引导他在数学方面发展，最终成为和牛顿齐名的大科学家。如果家长不顾孩子的兴趣，只按自己的愿望去培养孩子，往往达不到教育的效果，甚至事与愿违。

（四）根据孩子身心发展有针对性地指导活动

在家长激发孩子兴趣、具体指导孩子的探索活动时，首先要考虑孩子的年龄特点，要从孩子的实际能力出发，探索活动的内容和任务不要过难，当然也不能过于容易。过难，孩子容易产生畏难情绪，过易，不能激发孩子的兴趣。这样，家长可以安排一些适中的、适应孩子实际的活动，并在活动中加以指导。比如，4～5岁的孩子，家长应注意引导孩子的观察比较，用美工活动来表现物体。让孩子按自己的意愿、需要选择材料，折纸时知道边对边、角对角、角对中心等；粘贴时利用自然物粘贴，如用树叶布贴让孩子贴些有趣的画面。对5～6岁的孩子，家长应抓住时机，提高幼儿美工活动的技能技巧。家长要多给孩子材料和工具，使孩子能较熟练、较精确地制作出自己喜欢的、有创意的手工作品，做到举一反三。

年龄较大的孩子已经积累了一些知识,掌握了一些简单的技能,注意力比较集中,活动起来比较有目的。同时,他们的观察能力、思维能力和想象能力也已经有了一定的发展,能够较清楚地看到物体的形状、颜色和结构,理解简单事物之间的联系。他们能比较全面真实地反映周围的事物和现象,手脑也更加灵活。此时,可以为孩子设计更加丰富多彩的活动,激发孩子的兴趣,使孩子的观察力、注意力、想象力得到更好的发展,在努力探索中,发挥孩子的创造精神,培养孩子坚强的意志。孩子在活动中遇到困难时,家长应鼓励和提示孩子想办法自己解决问题。其次要培养孩子勤俭节约的意识,充分利用废旧物品,自制玩具和手工作品。最后要正确对待孩子在探索活动中出现的失误。孩子的年龄小,缺乏经验,难免会出现这样或那样的失误。当孩子在活动中出现失误时,家长不要责怪孩子,更不能因噎废食,剥夺孩子继续探索的权利。正确的做法是帮助孩子分析失误的原因,从错误中学习,总结经验,再吸取教训,鼓励孩子继续探索,只有这样,才能更好地培养孩子坚忍不拔不怕挫折的精神,锻炼孩子的能力,发挥孩子的创造性。

第六节　奖惩激励法

一、奖惩激励法的含义

奖惩激励法是指在家庭教育中,家长激励孩子发挥其积极性,使孩子明确并发扬自己的优点、长处,认识并克服自己的缺点和不足,从而主动地按照正确的行为准则去行动。其方式包括表扬、奖励和批评、惩罚。现代幼儿教育家陈鹤琴先生指出:"无论什么人,受激励而改过,是很容易的,受责罚而改过是比较难的。"所以对孩子的教育应以激励为主,而激励应以表扬、奖励为主。清代思想家、教育家颜元也说过:"数子十过,不如奖子一长。"

二、奖惩激励法的要求

（一）正确进行表扬和奖励

表扬、奖励是父母对孩子优良的品行和进步给予积极、肯定的评价,激发孩子的荣誉感和上进心的教育方法。

（1）表扬孩子的点滴进步

在生活中,肯定孩子的点滴进步是巩固孩子好行为、形成良好习惯的重要手段,比如孩子的东西往往用过以后乱扔,家长可以要求孩子把自己的东西整理好,孩子只要能整理好一件东西,就应该表扬,可以说:"你这样做很好,如果能把其他东西收拾好就更好了。"这样孩子就会逐渐巩固自己的好行为,形成好习惯。其实对于年龄较小的孩子做好一些"简单"的事已经很不容易了。而良好的习惯和惊天动地的成绩就是由这些"简单"的行为积累而成的。因此,只要有助于培养孩子良好的习惯,增强自信心,父母就要慷慨地给予表扬,年龄越小表扬越多,随年龄的增长逐渐提高表扬的标准。

(2) 表扬要及时、要具体

首先,表扬要及时。对应表扬的行为,父母要及时表扬,这样会收到良好的教育效果。否则,孩子会弄不清楚为什么会受到表扬,因而对这个表扬不会有什么深刻的印象,更起不到强化好的行为了。因为在孩子的心目中,事情的因果关系是紧密联系在一起的,年龄越小,越是如此。其次,表扬要具体。家长应特别注意强调孩子令人满意的具体行为,表扬的越具体,孩子对哪些行为是好的行为就越清楚。比如,两个小朋友一起在玩耍,一个小朋友摔倒了,哭了,另一个小朋友跑过去将他扶起来,安慰他。如果家长说:"今天你真乖!"孩子往往不知道乖指的是什么。家长可以这样说:"你今天把小朋友扶起来并安慰了他,做得很好,妈妈很高兴,以后和小朋友玩耍,就要像今天这样,互相关心、互相帮助。"这样孩子就很清楚地知道了自己做得好的地方。

(3) 精神奖励为主,物质奖励为辅

对于孩子生活中表现出来的良好行为和习惯,家长给予适当的奖励是合乎情理的,也是必要的。但是一定要注意精神奖励为主,物质奖励为辅。家长在对孩子进行物质奖励时一定要慎重。不要事先许诺,容易导致孩子单纯为了追求物质利益而学习和进步,不利于从根本上解决孩子进步的动力问题;而且许诺多了,还可能养成讨价还价,斤斤计较的坏风气。物质奖励一般也不宜奖励金钱,一方面孩子还不具备合理花钱的能力,可能造成过度消费,养成大手大脚、贪图享受的不良作风;另一方面也容易将孩子的行为目的引向金钱,把行为和进步本身的意义转移到金钱上去,不利于孩子的成长。

在选择不同的奖励的时候,还应依据孩子的年龄阶段。孩子年龄比较小的时候,适合给予物质奖励,而孩子年龄比较大了之后,则适合精神奖励。这主要是因为孩子年龄比较小的时候,物质奖励直观明了,能给孩子留下深刻的印象。而孩子渐渐长大后,一些物质奖励如文具、食物等,已经远不及称赞或者自由支配时间这种精神奖励,能带给孩子更多的快乐和满足。物质奖励过多,会出现两大弊端:一是容易使行为降低到只以获得奖励为目的,客观上阻碍了行为的养成。二是靠奖励激发起来的行为,必须靠不断升级的奖励来维持,注意点也会从事情本身转移到事情之后的奖励,欲望逐渐膨胀。这与我们期许的结果背道而驰。

双双是个"拖拉机",作业经常要做到晚上九点多才能做完。这可愁坏了她的爸爸妈妈。不知道是女儿学习出问题了还是课业就是这么重。一次,双双的阿姨来家里做客,听说了这个情况,就给双双妈妈出了个主意,就是定协议。第二天,双双妈妈和双双在做作业前就商量好,作业(包括读20分钟英语)在晚上8点之前全部做好的话,我们保证剩下的时间不再安排其他的学习,给她足够的时间痛快自由地玩,还可以看20分钟的电视。双双一听,就非常高兴非常干脆地答应了,并把协议白纸黑字地写下来,签字为证。

自从制定了协议,效果非常好,双双每天都能很快地完成作业,再也不拖拉了。双双爸妈有一天在晚饭时表扬她最近动作很快,还修订了协议增加了作业完成质量的要求,双双也愉快地答应了。在这次的拖延症改正过程中,双双得到了她最想要的奖励——时间。

(二) 慎用批评惩罚

批评、惩罚是对孩子不良品行给予的否定评价,促使孩子认识错误,明辨是非,从而吸取教训,以达到控制和改变孩子不良行为的目的的教育方法。批评用在一般性的缺点、错误和过失上,而惩罚是对孩子错误行为较为严厉的否定,用在性质和后果较为严重的错误上。惩罚分为两类,自然惩罚和人为惩罚。自然惩罚指的是孩子的错误行为本身所带来的否定评价。人为惩罚是父母给予孩子表现出的"非期望行为"的否定评价,以听取父母训诫、做检查、强制做不愿意做的事、限制某种要求的满足为主要方式。

8岁的小明已经上小学了,他各方面的表现都比较优异,在学校里的人缘也很好,非常招人喜欢,但就是很容易健忘。他所在的学校不供应午餐,所以妈妈总会在早餐的时候把午饭盒放在他的书包旁边,让他带去吃。但是经常发生的情况是,当妈妈从厨房清理完早餐的碗筷时,发现小明又忘记把午饭盒带走了。为了不让孩子挨饿,妈妈只好在繁忙的中午开车去学校送饭。

有一次,妈妈在和邻居交谈的时候,抱怨了自己孩子的问题。邻居给她出了一个主意:运用"自然结果法",让孩子领受到忘记带午饭的自然后果,他就能修正"健忘"的毛病,但是妈妈这边一定要意志坚定。

听了邻居的建议,妈妈暗暗下了决心,要帮小明彻底改掉这种"健忘症"。她找来小明谈话,告诉他:"妈妈相信你已经长大了,可以对带午饭负责,今后如果忘记带午饭,妈妈不会再去送饭了。"小明嬉皮笑脸地说了句:"好的,妈妈。"

计划开始实行后,妈妈发现自己受到了不少干扰。因为小明每次一忘记带午饭,一直把他当得意门生的老师都会借钱给他买午饭,帮他解决温饱问题。妈妈发现这个事情以后,找老师协商,老师也答应不再借钱给小明,让小明开始接受考验。一次,小明又忘记带午饭了,他向老师借钱,但老师说:"很抱歉,我已经跟你妈妈讲好了,你要自己解决午饭的问题。"小明给妈妈打电话,请求她送午饭来,妈妈也很和蔼但坚决地拒绝了他的要求。

最后,小明的一个朋友分给了他一半三明治,但小明还是被饥饿折磨了一下午,体验到了因自己不带午饭而饥肠辘辘的感觉。从那以后,小明出门前都会留意,很少再忘掉他的午饭了。

自然后果法是教育家卢梭最早倡导的一种方法,指的是让孩子从行为的自然后果中获得经验教训。卢梭反对口头说教和严酷的纪律、惩罚,而非常推崇"通过儿童体验其过失的不良后果,来纠正他们的过失"的自然后果教育法。

(1) 批评惩罚要冷静理智

家长要端正批评惩罚的目的。要记住:批评惩罚是为了纠正错误,让孩子知错改错,而不是发泄情绪,要在保护孩子自尊心的前提下进行。惩罚使用得当,能够引起孩子关于是非的意识和情感,从而明确是非、善恶,努力克服缺点、错误。运用不当则适得其反,会引起孩子产生怨恨、压抑、逃避的心理,或满不在乎,无动于衷。在现实生活中,有些家长批评惩罚孩子,是因为孩子的某些错误伤害了自己的感情和面子,所说的话不是在批评教育孩子,而是在拿孩子出气,这样做,肯定达不到预期的教育目的。所以,家长在批评、惩罚孩子时,一定要保持头脑冷静,要理智对待孩子的缺点和错误。

英国著名教育家洛克曾经说过:"过分严厉的惩罚是没有什么好处的,在教育上的害处还很大;并且我也相信,事实会表明,受到最严厉惩罚的儿童是很少成为优秀的人才的。"

今年6月11日,刘世奎在西安市东羊市小学三年级二班开家长会时,因对其子扬扬

(化名)在学校表现不满,即在教室对孩子拳打脚踢,当晚23时许,扬扬死亡。近日开庭审理时,因自己也有个和扬扬同名的儿子,连书记员也流下眼泪。(2010年11月19日《华商报》)

据报道,刘世奎是某商场的电工,离异,为了教育孩子,其惩罚手法触目惊心,让人不寒而栗:不按要求完成作业,就用皮带、桌椅打;儿子学别人跛脚走路,他就用尖东西扎儿子脚趾。对于这一切,悔恨莫及的刘世奎在法庭上表示,是为了孩子好,因为他已经为孩子设计好了美好的未来。如果稍稍偏离了轨道,体罚就变成了修正孩子行为的基本方式。

其实,类似刘世奎这样用体罚甚至家庭暴力来教育孩子的家长不在少数。就在此案发生后一周,西安一对夫妇因怀疑孩子偷钱,将其打死;今年4月3日,广东一名家长因孩子不愿上补习班被打死,同年3月,浙江一名3岁女童因背不会古诗被打死。如刘世奎一样,这些家长在无比懊悔和痛苦之时,都表示是为了孩子好,"让孩子有个好的前程"。

在这几起悲剧中,均可发现父母往孩子身上转嫁"生活压力"的痕迹。如刘世奎一样,这几个家长都是生活在社会底层,收入微薄,他们最大的期望,便是孩子成才,当孩子稍有不符合他们愿望时,迎接孩子们的就是简单、粗暴的家教方式。与其说是他们的教育方式有问题,不如说是浸淫在他们身上的底层焦虑症。从这个意义上说,刘世奎打死孩子的极端事例,岂止是一堂家庭教育方式的反思课,更是敲响了底层权利羸弱和群体焦虑的警钟。(邓为)

(2)要注意时间和场合

批评惩罚孩子不要在自己和孩子都很生气的时候,应该在双方都心平气和的时候进行,或者有了一点悔悟的时候进行。当孩子大发脾气的时候,对于父母的批评和惩罚往往会产生逆反心理,拒不接受。父母在气头上教育孩子,也难免会过火。所以,家长必须注意时间和场合,一般不要在睡觉前和吃饭桌上批评孩子。不要把饭桌作为批评的场所,在饭桌上批评孩子很可能会造成孩子的厌食,而且也得不到教育的效果。要尽量避免在众人面前批评孩子。有的家长喜欢当着众人的面,批评惩罚自己的孩子,有时候还在客人和小朋友面前说自己孩子的缺点。这种做法大大伤害了孩子的自尊心。

杰克·坎菲尔德是美国著名的儿童心理学家。一次他谈到教育孩子的问题时,讲了两个故事。

第一个故事:有一次,他和妻子、女儿一起出去吃饭。席间,7岁的女儿碰翻了一杯装满饮料的玻璃杯。她自己把桌子擦干净后,说:"爸爸妈妈,我真的想对你们说一声谢谢,因为你们没有像别的父母那样,如果我的朋友犯了这样的错误,他们的父母就会对他们大喊大叫,批评他们做事如何不小心。你们没有这样做,谢谢你们。"

第二个故事:一次,他和几位朋友聚餐。席间,发生了相同的事情。一个朋友5岁的儿子碰翻了一杯牛奶。孩子的父亲正要出语指责,杰克见状赶忙也故意碰翻了他面前的酒杯。他一面收拾残局,一面自嘲,说自己已经48岁了,还是这样不小心,仍然有把东西打翻的时候。那孩子在一旁露出了笑脸。孩子的父亲也领会了杰克的意思,收住了未出口的指责。

(3)就事论事

家长批评惩罚孩子要客观,坚持就事论事,点到为止。就孩子所做的这件事本身讲道理,提出要求,不要唠唠叨叨,没完没了,将孩子以前的错事也说出来。孩子针对过去做错的事已经认了错,可是有的家长批评惩罚孩子,习惯于翻旧账,把昔日陈芝麻烂谷子的事一股脑抖搂出来,使孩子灰溜溜不知何去何从。或者进而给孩子的这次行为下了不负责任的结论。孩子被数落得一无是处,会使他们产生自卑感,这样的孩子长大后做事往往没有自信心。所以家长批评惩罚孩子,要针对孩子所做的事情进行,让孩子清楚地知道他做错了什么,并告诉他正确的行为,以便于孩子改正缺点和错误,对于这样的批评,孩子会牢记终身。

绝对不能对孩子说的话。

① 批评孩子与生俱来的缺点(如"你真笨""你长得真丑"等)。
② 嫌弃孩子(如"你再这样,我就不要你了""滚出去"等)。
③ 否定孩子将来(如"你以后只能捡垃圾")。
④ 讽刺孩子的幼稚(如"你都这么大了,还像个三岁小孩")。
⑤ 讽刺孩子的努力(如"今天太阳从西边出来了")。
⑥ 伤害孩子的自尊(如"你这是在弹琴吗?别制造噪音了")。
⑦ 责骂后的告诫(如"骂了你,你马上不高兴,干吗?")。

(4) 辨别错误行为的性质,把握惩罚的尺度

孩子在日常生活中犯错误是常事,饭碗打碎了,墙壁弄脏了,书本撕裂了,把小朋友打哭了,撒谎,争抢东西等。对这些错误行为要判断是后果性错误还是主观性错误,前者并非孩子有意所为,是孩子不成熟的表现,父母要持宽容理解的态度;后者则是孩子有意所为,必须用严肃的态度、采用相应的办法进行批评与惩罚。

(5) 避免体罚

在家庭教育中实施体罚,是父母简单粗暴的教育方法,它往往导致子女产生顽强的抵抗意识,对立情绪,并形成暴戾的性格和粗野的行为,是应当禁止的。如果孩子性格懦弱,体罚会造成他们的恐惧心理,发展为退缩怕事的胆小性格;如果孩子活泼伶俐,体罚则会使他们尝试用欺骗和谎话的手段对付家长的惩罚,并由此形成虚伪的处世态度。

苏联教育家苏霍姆林斯基深刻地指出:假若孩子体验到惩罚的可怕和震惊,那么,在他心灵里,那种内在的、自身天赋的、作为自我教育的力量就减弱了。体罚越多,越残酷,那么自我教育的力量就会越薄弱。

家长对孩子粗暴的体罚和变相体罚,会使孩子陷入是非不分的境地,更会造成亲子关系疏远,家庭产生隔阂;更有甚者使孩子形成厌学、厌世、离家出走等极端行为。

✦ 能力训练

家庭教育的方法是家长对孩子实施教育时所采用的具体措施手段和各种有效方式的总和,掌握家庭教育的方法,对家庭教育的顺利进行,提高家庭教育的质量有重要的指导作用。

活动一:学会赞扬孩子

同学们坐在一起,任意推选一名开始游戏,被推选出的同学赞扬在座的另一名同学,不能说出他的名字,然后大家猜猜该同学赞扬的对象是谁。然后由被赞美的对象开始赞美另一个同学,不能重复,以此类推。

分享：你是如何挑选赞扬对象的？在赞扬他的时候你内心的感受如何？当听到别的同学赞扬自己时,第一时间猜出来了吗？被赞扬时内心感受是怎么样的？别的同学对自己赞扬的话,哪些你自己也想到过？哪些你自己也没发现？平时是怎样赞扬别人的？

总结：在表扬孩子的时候,不仅要注意时间、场合和技巧,还要家长真的有一双发现孩子优点的眼睛。孩子有的优点是不是自己都没有发现,或者发现了觉得不值得赞扬？家长要认真观察孩子,发现孩子的每一处成长和进步,而不应该只看到别人家孩子的优点,一味地进行比较,这样只会打击孩子的自信心。

活动二：设计实践活动

请设计一个适合5岁小朋友的实践活动,要求活动内容丰富,能对孩子起到一定的教育作用。你将如何设计这个活动？

分享：你做这个活动设计的目的是什么？活动在什么时间、什么地点进行？你之前做过类似的活动吗？如何改进这个活动使之进行得更好？

总结：孩子的实践活动可以是特意设计的,也可以是在日常活动中延伸出来的,孩子平时做的家务,写的作业,都可以作为实践活动。只要家长拥有一颗灵巧的心。

活动三：制定家规

俗话说"国有国法,家有家规",立家规是历来家庭教育的重要方法。现在请根据个人情况,为自己的家庭制定家规,家规不能少于五条,多则不限。要求家规的制定要符合实际,表述清晰。

分享：

（1）之前你有自己的家规吗？

（2）在制定家规时,你都想到了什么？

（3）你觉得你的家规中最重要的是哪条？原因是什么？

（4）听到别人的家规,有哪条你觉得非常好值得借鉴？原因是什么？

总结：在立家规的时候,有以下几点需要注意:要发扬民主,在充分讨论后制定,家规的制定也要遵从民主,不能"一言堂",强制的家规不会起到约束作用的;家规要合法,家规也要合乎法律,不能违反法律的规定;要有一定的弹性,定家规是为了更好地进行家庭教育,不是为了进行军事化管理,所以要注意在制定的过程中要有一定的弹性;立法从宽,执法从严。

思考与练习

1. 家庭教育的方法有哪些？
2. 在家庭教育中怎样应用暗示的技巧？
3. 如何使用榜样示范法教育孩子？
4. 在表扬和奖励孩子时有哪些注意事项？
5. 如何正确地进行惩罚？

第七章
不同年龄阶段儿童的家庭教育

下面设计了不同年龄阶段孩子的家庭教育对话,请用心地体会一下有什么不同。

婴儿期:

孩子东倒西歪地向妈妈走去,看着跟喝醉酒了一样,好像随时都有可能摔倒,一边走一边伸着手喊:"妈妈,妈妈……"

妈妈激动地看着孩子,"哇,宝贝,你会走了,真是太棒了……"

幼儿期:

"妈妈我要喝水;妈妈我要吃饼干;妈妈我要上厕所;妈妈我想和你一起扫地……"

"水来了;你的饼干;上厕所不用告诉我;那就一起干吧……"

童年期:

"妈妈这道题我不会;妈妈今天我和××吵架了;妈妈其实我也想当班长……"

"你可以再好好想想;哦,和别人吵架了,为什么呢?想当班长是好事,能告诉我你的想法吗?……"

青春期:

"亲爱的,你说妈妈穿什么样的衣服更好看?你陪我一起去爬山吧,帮我拿些东西……"

"妈妈,你的眼光已经过时了,以后你买衣服要听我的,你看看,你那些衣服多土气;好吧,我就勉为其难的陪你去一趟吧,谁让你是我老妈呢……"

人的发展,是一个动态的过程。从出生一直到死亡,个体的成长与发展都离不开家庭,家庭教育对个体的成长发展具有重要的作用。在人生发展的不同阶段,家庭教育的主要侧重点各有不同。本章根据心理学对人的年龄阶段的划分,按照儿童年龄的先后顺序,分别阐述了婴儿期、幼儿期、童年期、青春期的身心发展特点,归纳提炼出不同阶段家庭教育应关注的不同专题,再针对这些专题提出相应的家庭教育措施。

第一节 婴儿期的家庭教育

奥地利动物学家,诺贝尔奖奖金获得者劳伦兹的动物实验研究如下。

劳伦兹的动物实验场所里饲养了许多动物,其中有灰天鹅。一次,他在观察小灰天鹅破壳而出时,发现了一种奇怪的现象:小天鹅从蛋壳里爬出来,首先看见什么动物就把什么动物当成妈妈。如果出生时老天鹅在眼前,它就喜欢老天鹅;如果是母鸡孵它出壳,它就跟着母鸡走;假如出生时只有劳伦兹在看它们玩,那么小天鹅就把劳伦兹当妈妈。这样,劳伦兹走到哪里,他的身后就跟着一群摇摇摆摆的小天鹅,劳伦兹去游泳,小天鹅也跳进水里,并且亲亲热热的啄他的头发、胡子。

这件事,使劳伦兹发现了"新大陆"。他又做实验,禁止小鹅出生时别的动物去接近它,自己也只偷偷观察,这样小鹅就只顾自己吃和玩。过了几天再让别的动物去接近它们,小鹅就再也不要妈妈了,即使老天鹅去也不理睬。

经过反复实验,都是如此。于是劳伦兹把动物出生后最初的日子里能学会"认母"的这种现象称为"母亲印刻期"。错过这个时期再也不能印刻,不可弥补。

以后,人们做了大量的类似实验,证明这个印刻期是存在的。人们又把这类现象称作"敏感期""关键期"或"最佳期"。(田瑞华:家庭教育——孩子成功第一课堂)

人类的发展也有最佳期,如果孩子生下来不跟母亲在一起,半年以后就对母亲不那么亲热了。智能的发展也是如此,识字最佳期3岁,数概念发展最佳期4岁……婴儿期是智能发展的最佳时期,错过这个时期那就事倍功半了。

婴儿期是指生命体从出生到3岁这一阶段。这一时期又可以分为三个阶段:新生儿期(出生后第一个月)、乳儿期(1个月至1岁)、学步儿时期(1~3岁)。大多数人认为婴儿是被动且依赖他人的。然而,从近期关于婴幼儿发展本质的描述研究中发现,婴儿表现出具有较高能力的行为,并且能积极参与学习从而掌握与环境互动的技巧[1]。同人类生命中其他阶段一样,婴儿期有其独特的发展任务和标志,为当前和未来的发展奠定基础。

一、婴儿期身心发展的主要特点

(一)新生儿期(0~1个月)

0~1个月的孩子,从外表上看非常软弱、娇嫩,在这一个月中他们非常喜欢安静,大多数时间在睡眠中度过,在休养中积蓄力量来适应崭新的环境。这一时期具有标志性的发展任务包括:

(1)形成正常频率的呼吸。
(2)建立离开母体后自身的肺循环系统。

---

[1] Jerry J. Bigner. 亲子关系——家庭教育导论[M]. 郑福明,冯夏婷,译. 北京:高等教育出版社,2012:179.

(3) 建立体温调节机制。
(4) 形成消化和排泄过程。
(5) 练习新生儿反射。
(6) 适应光线和声音。
(7) 建立睡眠模式。

孩子在离开母体之前是非常舒服的，子宫内温暖的羊水，舒服的环境，充足供应的脐带，可以保证胎儿真正"无忧无虑"的生活，但是分娩使胎儿的这一切完全中断，新生儿必须有一番艰苦的适应，才能生存下来。

（二）乳儿期（1个月至1岁）

经过一个月对人世生活的过渡、适应，乳儿期的孩子不再像以前那么喜欢独自安静地贪睡了。表现出对外界的一切都有了兴趣，一天一天地活跃起来。这一阶段具有标志性的发展任务有以下几点。

1. 语言开始萌芽

这一年中，乳儿从完全不能说话过渡到能掌握一些简单语言。乳儿大约在6个月左右，就有了初步理解语言的能力，大约9个月的时候，才开始真正理解成人的语言，10个月以后，会说出第一个有意义的单词，并能通过语言、表情、动作来表达自己的要求和感受。

2. 动作的发展

这一年中，乳儿从躺卧姿态，完全没有随意动作过渡到能使用手操作物体等随意动作，并且学会了抬头、翻身和爬行，10月以后，在成人的帮助下，学习扶站和迈步。儿童动作的发展，扩大了他们的生活范围，也为他们的生活带来了其乐无穷的游戏。

3. 其他方面的发展

这一年中，乳儿从吃奶过渡到逐步会吃一些普通食物；依赖关系日益发展；和外界的交往能力大为增加；多重情感相继出现。

（三）学步儿时期（1～3岁）

儿童度过了人生的第一年，就进入了学步儿时期。在新的生活条件下，身心继续发展。这一时期是儿童生长发育最快的时期之一，也是真正形成人类心理特点的时期。这一阶段具有标志性的发展任务有以下几点。

1. 语言的发展

1～3岁是儿童学习语言发音的关键期。儿童从乳儿期会说几个字发展到1.5～2岁会说成句的话，虽然有时会词不达意，但能够用语言和成人较好地进行交往。

2. 动作的发展

动作发展遵循自上而下、由躯体中心向外围、从粗大动作到精细动作的发展规律。儿童从乳儿期的走不稳到会走、会跑、会跳并进行游戏活动，至此，人类的基本动作都已经掌握。

3. 认知的发展

两岁左右的儿童有了高级认识活动的萌芽,想象、直觉行动思维的出现,使他们的认识能力发生了质的变化,并导致他们整个心理发展的转折。他们会把布娃娃当成妹妹;会拿着笔在纸上涂鸦,最后画成的东西像什么就是什么,而不会想好了再画。

4. 自我意识的发展

两岁左右的孩子开始出现自我意识的萌芽。其出现的主要标志是代词"我"的运用。学步儿时期儿童自我意识的发展主要表现出以下特点。

(1) 产生了强烈的独立性需要。表现为坚持自己的主意,常说"我自己来"。
(2) 用语言指挥别人。
(3) 能说出和控制自己的行为。
(4) 出现占有意识。常说"这是我的"。

5. 社会性的发展

认知能力和语言能力的发展,扩大了学步儿时期儿童的社会交往范围,各种情绪的发展与情绪体验,促进了其社会性的发展。主要表现在以下几点。

(1) 情绪支配行为:处于学步儿时期的儿童不能用理性支配活动,行为易受情绪支配。
(2) 产生强烈的依恋情感。对于经常照顾自己的亲人,一刻也不愿意离开他们。孩子入园的时候大哭大闹,主要就是这个原因。
(3) 喜欢与人交往。交往范围由亲人扩大到同伴,很愿意和小朋友在一起。

二、婴儿期的家庭教育要点

婴儿期是人生发展的第一阶段,从呱呱坠地的软弱无力的小生命成长为能独立行走、会说话的个体,短短3年的变化是相当惊人的。意大利著名儿童教育专家蒙台梭利说过:"儿童出生后头3年的发展,在其程度和重要性上,超过儿童整个一生中的任何阶段……如果从生命的变化,生命的适应性和对外界的征服,以及所取得的成就来看,人的功能在0~3岁这一阶段实际上比3岁以后直到死亡的各个阶段的总和还要长。"[1]因此,这一时期父母如何教育引导婴儿的发展,对婴儿的成长起到了至关重要的作用。

(一) 新生儿的保教策略

1. 及时满足婴儿的各种需求,建立起最初的信任感和安全感

婴儿在出生后1个月只有两种反应:一种是获得满足与舒适感后的愉快情绪;另一种是饥饿、寒冷、尿布潮湿所引起的不愉快情绪。作为父母这一时期要多注意观察婴儿不同情况下的哭声,掌握孩子的规律,以便正确满足孩子的要求。美国著名的精神分析理论家埃里克森认为0~2岁是个体获得信任感,克服怀疑感的关键时期,这一阶段,抚养者的核

---

[1] 田瑞华. 家庭教育——孩子成功第一课堂[M]. 石家庄:河北科学技术出版社,2011:86.

心任务是让孩子觉得舒适和安全。[1]因此在家庭教育过程中,父母要多与婴儿进行情感交流,用亲切的声调与婴儿说话,用慈爱的目光注视婴儿,用温柔的动作给婴儿换尿布……使婴儿建立起基本的信任感和安全感。当然信任感与安全感的建立需要持续整个婴儿期。

2. 进行母乳喂养

吸吮反射是在胎儿发育期间最早出现的反射之一,也是足月新生儿格外发达的反射之一。这种必要的反射容易被嘴唇、脸颊或嘴部区域的任何一个刺激引起,吸吮反射使婴儿在没有牙齿咀嚼食物之前能够得到营养的保障。

母乳喂养比任何方式都更能满足婴儿的营养需求,母乳的营养成分最适合婴儿的消化与吸收。母乳喂养具有增强婴儿免疫力的作用。母乳喂养时,婴儿与母亲直接接触,通过拥抱、照顾、对视,增进母婴感情,并使婴儿获得安全、舒适、愉快感,有利于建立母子间的信任感。

出生后即被剥夺吸吮乳汁的权利,对一个婴儿的影响是终生的。一旦他长大成人后因生活所迫而不得不去从事某种艰苦的工作,他一定会身体虚弱。现代医学证明,在工作中大量因伤痛和意外事故造成的永久性伤残,往往都源于那些人小时候未能享受到哺乳的权利。[2]

3. 认知能力方面的训练

婴儿出生后的前4周是他们步入生命最有意义的时期,婴儿一出生就有触觉、听觉、嗅觉。在促进婴儿认知发展的过程中,父母扮演着一个非常重要的角色。当父母抱着一个婴儿,给予爱的抚摸(触觉刺激)、看他的眼睛(视觉刺激),用语言去抚慰他(听觉刺激),就可以使婴儿的很多感觉通道同时受到刺激。在这个过程中,婴儿大脑内神经联系不断出现微调,就像大脑不断发展出新的神经元一样。可见,对于一个婴儿而言,社会刺激是他们成长需要的适当照料的必要成分。

4. 动作训练

父母帮助新生儿通过头部活动(转头、抬头、竖头)、四肢活动(抓手指、手臂伸屈)等来完成动作训练。父母还可以选择合适的时机,对婴儿进行抚触,帮助婴儿做健康操,活动肢体和关节。

(二)乳儿期的家庭教育要点

1. 生活习惯的培养

随着婴儿的慢慢长大,父母要有意识地培养婴儿生活的规律性。饥、饱、醒、睡、活动、休息、哺乳、排泄等都需要建立规律和秩序。

首先,培养良好的睡眠习惯。睡眠环境要安静;保持睡前婴儿情绪的稳定,父母可以借助播放舒缓乐曲或低声哼唱催眠曲等方式,使婴儿情绪稳定;尽量不要以摇、晃、抱着走等方式使其入睡,因为习惯一经养成,就难以改变。其次,培养良好的饮食习惯。定时喂奶,养成专心吃奶、自己抓握奶瓶的习惯,适应吃各种辅助食品。最后,培养良好的排便习惯。

---

[1] 王文忠. 家庭教育手册[M]. 北京:科学出版社,2014:79.
[2] 玛利亚·蒙台梭利. 蒙台梭利早教全书[M]. 北京:中国妇女出版社,2011:61.

新生儿大小便次数多,无须培养排便习惯;从4个月左右开始用固定的"嘘嘘"声刺激排尿,用"嗯嗯"声刺激排便。此外,培养良好的清洁习惯。勤换尿布、勤洗手脸、勤换衣服等。

2. 认知能力训练

首先,可以进行视力集中训练,从几秒钟开始逐渐增加到5～10分钟,注视物体的距离从1～1.5米增加到4～7米。其次,训练婴儿用眼寻找躲藏在身旁的母亲或寻找掉在地上的玩具,并训练婴儿听各种人的讲话声,从中分辨亲人的声音。最后,可以训练婴儿的感觉协调能力,如训练婴儿通过视觉发现玩具,通过用手去触摸,通过用嘴去品尝,感知是什么东西,同时婴儿这个时期喜欢玩手、挥手和吃手。

3. 动作训练

婴儿动作训练应遵循动作发展的规律。从竖头、抬头开始,然后翻身、学坐和爬,最后才训练站立。1岁左右是婴儿学习自己走路的关键期。学习走路对于每一个孩子来说首先是一种充满诱惑的挑战,也存在着变化的恐惧,父母要多给予帮助和鼓励;手部动作的训练也是这一时期的一个重点,父母可以通过训练婴儿穿珠、捡拾一些偏小一点的物体等方式训练手部小肌肉动作的发展。

4. 语言能力培养

乳儿期,是婴儿说话的准备期,这一时期,为婴儿营造丰富的语言环境对促进其语言的发展是至关重要的。作为父母要多和孩子说话,即使孩子听不懂,这种交往也是有益的。当孩子自己能发音并开始学习说话时,父母要做出积极的反馈。

5. 情感与社会适应能力的培养

培养孩子良好的情绪,一方面要关心婴儿的生理需要,吃好、睡好、玩好;另一方面关心他们的情感需要,经常对婴儿微笑,表示亲热,抚摸他们的身体,和他们讲话,当孩子不高兴的时候抱抱他,等等。为了培养孩子的社会适应能力,父母要经常带孩子外出,多和陌生人接触。

(三) 学步时期儿童的家庭教育要点

1. 生活自理能力和良好习惯的培养

随着儿童年龄的增长和各系统功能的成熟,儿童表现出愿意独立自主地自我服务倾向,家长要因势利导,让儿童掌握自我服务的本领。父母要充分利用日常生活的各个环节,指导儿童做力所能及的事情,对儿童进行自理能力的培养。如教儿童自己用勺吃饭,自己尝试脱穿衣服,自己学着洗脸洗手等。当然,儿童开始学习做事时,手的动作还不协调,有时会搞得乱七八糟,家长不要责骂,而应该鼓励。保护儿童主动学习、努力尝试的心态,是父母家庭教育应该关注的重点。

2. 关注儿童的秩序敏感期

从出生第一年到2岁左右,儿童要经历一个非常重要而神秘的时期——秩序敏感期。处于这一时期的孩子,对秩序非常的敏感。比如,一个物品应该放在什么位置,不能随便更换;洗澡先从哪里开始,不可调换顺序等。秩序感是一种心灵的需要,当他得到满足时,会为儿童带来欢乐。但当某些东西处于无秩序状态时,儿童就像受到刺激一样,而哭闹不安。看下面的案例。

一次,我和一队旅行者一起穿过那不勒斯的一个隧道,队中有一位年轻女士带着一个1岁半的孩子。过了一段时间,小孩累得走不动了,妈妈把他抱了起来,继续行走。妈妈走得又热又累,她停了下来,脱掉外衣,并把衣服搭在手臂上。在减轻负担后,她再次把小孩抱了起来。但这时孩子开始哭泣起来,而且哭声越来越大。妈妈想尽办法希望能使孩子安静下来,但毫无作用。同行的游客给了妈妈一些帮助。他们不时换人抱这个孩子,但孩子变得更加不安……

这时,我走到这位妈妈的面前,对她说:"我帮您把外套穿上好吗?"它满脸惊讶地看着我,因为她仍然很热。她显得很疑惑,但仍然接受了我的建议。小孩子立即平静了下来。他的眼泪和不安消失了,并不停地说:"衣服……肩膀……"孩子的意思是"你的衣服在你的身上了"。是的,妈妈应该把衣服穿在身上。男孩露出了"你终于理解我"的笑容。(玛利亚·蒙台梭利:蒙台梭利早教全书)

衣服是用来穿在身上的,而不应像一块破布似的搭在手臂上——孩子在妈妈身上看到的秩序错乱是引起这场麻烦的原因。秩序感使儿童注意到每样物品在环境中所处的位置,家庭教育中父母应该关注孩子的秩序敏感期,利用秩序敏感期帮助孩子更好地适应环境。

3. 加强对儿童第一次"心理断乳期"的认识和教育

在个体的成熟过程中,要经历两次心理断乳:第一次心理断乳发生在2~3岁之间,即婴儿期向幼儿期的过渡。第二次心理断乳发生在13~14岁之间,即童年期向少年期的过渡。其共同之处在于个体具有非常强烈的反抗意识,儿童变得非常的任性、固执,出现逆反心理,给孩子的抚养和教育带来极大的困难。

处于第一次心理断乳期的儿童,一反过去的安静、听话,突然变得固执、任性起来。什么事都要自己去干,不听父母的吩咐,力图摆脱父母的约束,如果自己的行动或要求受到限制,就会引起反抗情绪。逆反是这一时期儿童心理发展的正常现象,也是其顺利成长的标志。作为父母,首先,要认识到"逆反"是儿童自主性的表现,要认真分析儿童行为背后的原因,以平等的态度和孩子进行沟通,因势利导;其次,父母要严格把关,千万不能任凭孩子的性子行事,对其错误的行为要坚决纠正。在这个过程中,父母要善于运用教育的策略及其艺术性,本着尊重、理解的原则,帮助孩子顺利度过心理断乳期。

4. 语言能力的培养

学步儿阶段是语言能力发展的关键时期。处于这一阶段的儿童说话和听话的积极性都很高。父母在这一阶段,要多跟孩子讲话,给孩子讲故事,唱儿歌,发展孩子的言语能力。但同时注意父母不要使用过多的儿化语或叠加语,用语要规范、清晰、采用标准的成人语言。

有一对年轻的夫妇,生了孩子后家里没老人带,也没请保姆,而送到舅舅家里去抚养。舅舅很爱小孩,很爱清洁,孤身一人,家里非常清静。他没有工作,身体健康,只不过是个哑巴,看来带孩子是很"理想"的了,父母非常放心。父母把孩子送走之后,节假日去看孩子,他天真活泼,只觉得说话较晚,1岁还不说话,1岁半也不说话,父母以为有的小孩说话晚点也是正常现象,没有引起警惕。可是到了2岁了,孩子还不会说话,而发现他能用手势打哑语,父母这才恍然大悟,孩子在舅爷爷那里没有学会说话,却学得了一手哑语。于是立刻决定,把孩子接回家去,多对孩子说话,并送他上幼儿园进行"语言抢救",以后这孩子虽能说话

了,但比同龄儿童的口语却落后了一截。(田瑞华:家庭教育——孩子成功第一课堂)

千万不要认为孩子天生就会说话,孩子的语言,不仅有说早、说晚之分,还有说得好、说得差之别,甚至还有会说话、不会说话的情况。在儿童语言发展的关键期,父母提供的语言环境,对孩子语言的发展有重要的作用。

5. 做好入园的准备工作

(1) 做好入园的心理准备。父母要让孩子认识到"我已经长大了,我要上幼儿园了";带孩子参观幼儿园,提前熟悉幼儿园的人、事、物,减少入园焦虑;父母要有充分的思想准备,不可以把自己的焦虑、不安情绪带给孩子,而应该相信自己的孩子能够适应幼儿园的新环境;多带孩子出门接触小朋友,鼓励其主动与他人交往,一是提高孩子的交往能力,二是将来入园时可能有同伴在同一幼儿园,从而减少陌生感和不安全感;此外,切不可把入园作为威胁孩子,让孩子听话的条件,比如,"你再不听话,我就让幼儿园的老师来管你",增加孩子的心理负担。

(2) 做好入园的生活准备。孩子进入幼儿园生活,最主要的问题,应该说是生活能力的挑战。所以父母要提前了解幼儿园的作息制度和要求,提前做好以下准备。

睡眠训练:按照幼儿园的作息制度进行。

吃饭训练:固定吃饭的时间和地点,让孩子自己吃饭。

如厕训练:训练孩子大小便自理能力。

穿衣训练:认识衣服的前后、上下、能够自由地穿脱。

表达能力训练:训练孩子能清楚表达自己的需求和情绪。

6. 其他方面的训练

帮助孩子建立安全、健康的心理依恋,多爱抚、多拥抱、多亲吻;培养孩子的社会适应能力,多带孩子外出,和陌生人接触,参加相应的活动;锻炼孩子的情感表达及控制能力,父母要善于观察孩子的情绪,并帮助孩子认识自己的情绪,鼓励孩子把情绪表达出来。

第二节 幼儿期的家庭教育

两位母亲与自己的孩子相处的状态:
(1) 母亲甲带着四岁的儿子小敏洗菜、做饭、用餐。整个过程从坐在庭院里剥豆荚开始。
"小敏,你拿条小凳来给妈妈坐,妈妈的脚蹲痛了。"
"噢,我去拿。妈妈,给你!"
"哦,谢谢小敏,小敏真乖。"
"妈妈,我也来剥豆荚!"
"好的。"
"哇,小敏剥了一个这么大的豆荚呀!这么大,里面有几颗豆子呀?"
"妈妈,有五颗。"
"哦,小敏真能干,能数五颗豆子了。"
"妈妈,这个豆荚这么小呢!"

"哦,这么小,里面有几颗豆子呀!"

"妈妈,两颗。"

"噢,大豆荚里包着五颗,小豆荚里包着两颗,五颗多还是两颗多呀?"

菜烧好摆到桌子上,小敏爬到凳子要去舀菜吃。

"小敏,今天你舅舅要到我们家来吃饭的,舅舅是客人,应该等客人来了一起吃,这是礼貌。"

"懂礼貌的孩子是聪明的孩子,是吗妈妈?"

"是,小敏真聪明,小敏是世界最聪明的孩子!"

(2)母亲乙带着四岁的女儿小慧洗衣、做饭、用餐。整个过程从洗衣服开始。

小慧拿过一只袜子学着妈妈擦肥皂洗起来,母亲厉声说:"别动!你去玩!"

小慧放下袜子呆了一会走开了,用一根棒子去拨大盆子里的小鸡。"别动!揍死你!"母亲又严厉地说。

小慧放下棒子走到洗衣水流出的水池口去玩水,一会儿就把裤子玩湿了。"你就知道添麻烦!看,裤子全弄湿了!"母亲走过来"啪"的一巴掌打在脖子上,一把把小慧拎起来放到空地上。不声不响的小慧这时"哇——"的一声赖在地上哭起来,大而单调的哭声在这个庭院里孤零零地响了半晌。

饭还没有烧好,两碗菜上桌,小慧便爬上凳子一人吃起菜来了。吃得桌子上沾了许多菜汤菜碎,待父亲带着客人回家吃饭,桌子上已"半边席散"……(三亿文库)

3~6岁这个时期被称为幼儿期,这个阶段的儿童也被称为学龄前儿童。处于这一阶段的儿童试图向父母表达主动性的行为逐渐增加,整个幼儿期,儿童一直努力向父母证明"我能行!让我证明给你看!"案例中的两个孩子就是处于这个时期,母亲甲对孩子恰当地引导很好地保护了孩子的主动性。母亲乙对孩子一味地指责与批评,不但阻碍了孩子主动性的发展,可能还会对其心理发展造成负面的影响。

一、幼儿身心发展的特点

从儿童心理发展来看,1~3岁,高级心理过程逐渐出现,是各种心理活动发展齐全的时期;而3~6岁,则是心理活动系统的奠基时期,是个性形成的最初阶段。幼儿在这一阶段会积极获取有关自身身体和社会性的知识与基本技能,表现出很多独特的发展任务和标志。

(一) 生理方面发展任务及其标志

(1) 幼儿期在体重和身高方面较婴儿期发展速度缓慢。

(2) 一般饭量较小,可能出现挑食现象。

(3) 长出了所有的乳牙。

(4) 掌握了主要大肌肉运动技能(如跑、跳),出现了小肌肉运动技能(如画画、折纸、写字)。

(5) 出现了"利手"现象。

(6) 精力充沛,有用不完的劲儿。

(7) 易感染流行性的上呼吸道疾病,表现出咳嗽、发烧、扁桃体发炎等症状。

（二）心理方面发展任务及其标志

（1）幼儿的自我意识、认识他人以及认识事物的能力都有所提升。幼儿在与他人交往中，逐步学习了解自己、了解别人，学习把自己的行为、能力与他人的行为、能力进行比较，在这个过程中，幼儿对自己、他人以及事物逐渐有了比较稳定的态度。

（2）幼儿获得了独立性和一定程度上的自我控制能力。已有研究表明幼儿的生活独立性和自我控制能力由小班到大班是逐渐提高的；父母教育观念对幼儿独立性和自我控制的发展存在直接或者间接的影响。[1]

（3）幼儿表现出强烈的好奇心。幼儿的好奇心特别强烈，看见的、听见的都要问一个"为什么"。"这是什么东西""那是什么东西""这个东西怎么做的""那个东西从哪来的"……

（4）从做中学，从试误中学，并且掌握了主动感对内疚感的意识。幼儿在做中学习，在尝试错误中进步，这个过程中如果父母给予更多的鼓励，孩子将会获得主动感，反之将会形成内疚感。

（5）幼儿游戏更加具有社会性和创造性。随着幼儿年龄的增长，幼儿游戏在形式上、内容上更加多样，表现出更多社会性（如角色扮演）和创造性的成分。

（三）认识方面发展任务及其标志

幼儿词汇量有了极大的增加，记忆力获得提升，思维虽仍以具体形象思维为主，但明显表现出了抽象逻辑思维的萌芽。在认识事物的过程中，幼儿掌握了部分与整体的包含关系，能够掌握"左右"等比较抽象的概念，对因果关系也有所了解，能全面的感知事物的某些细微特征。掌握了10以内数的组成和加减运算，掌握了长度和体积守恒，可以从多角度对物体进行分类。此外，幼儿在认识事物的过程中还表现出自我中心、万物有灵论、只关注某一方面而忽视其他方面的缺陷与不足。

二、幼儿期家庭教育要点

随着儿童从婴儿期进入幼儿期，父母的教养行为也会发生变化。在家庭内成人的影响下，幼儿越来越多地参与家庭生活，父母在这个时期面临的主要挑战是调整自己的教育观点和行为，以适应儿童迅速出现的行为和个性的发展。

（一）鼓励幼儿合理饮食

学龄前儿童一般饭量较小，所以他们吃得很少。通常情况下，幼儿可以和其他家庭成员食用相同的食物，不需要另外准备特殊的食物。为了更好地促进幼儿身体的正常发育，大多数父母认识到幼儿需要从多种食物和补充物中摄取充足的蛋白质、钙、其他矿物质以及维生素等营养，于是，父母为幼儿准备了不同的食物和食物配料，这样的确能很好地满足幼儿的营养需要。但父母往往会强迫幼儿严格遵守他们规定的饮食要求，吃完它们准

---

[1] 周少贤，等.3~6岁幼儿独立性和自我控制的发展特点及家庭影响因素[J].学前教育研究，2004(11)：42-45.

备的所有食物,这就会在不知不觉中强化了幼儿的饮食问题,从而出现挑食、厌食等现象。父母应该鼓励幼儿尝试不同的食物配方,同时尊重幼儿的意愿,不可过于强迫。

此外,幼儿会对一些不健康的食物有选择性偏好,比如那些含有大量精制糖的食物,以及薯片等。父母对此要给予限制,儿童早期形成的饮食问题会导致日后的肥胖症或身体疾病。看下面的案例。

5岁的强强是个胖胖的小男孩,他的食欲比较好,可喜欢吃的除了零食就是洋快餐。爸爸妈妈说,这孩子几乎天天都要去肯德基。可前不久幼儿园体检,强强竟然血色素偏低,是营养不良造成的贫血!

这个案例告诉我们,应该注意让孩子从幼儿阶段养成良好的饮食卫生习惯,不能孩子喜欢吃什么就买什么。养成孩子良好的吃饭习惯,合理饮食非常重要。致使孩子不好好吃饭的原因主要有三方面。

(1) 不消化。吃油腻过多,积食,零食吃得过多。
(2) 吃饭习惯不好,撒娇吵闹,边吃边玩,磨磨蹭蹭。
(3) 受父母过分紧张、消极暗示的影响。父母越怕孩子不好好吃,往往孩子越吃不好。

(二) 关注幼儿的安全和健康问题

幼儿还没有形成完全成熟的免疫系统,也没有形成对疾病的抗体。全世界很多国家,免疫接种已经广泛使用,这些免疫接种能够抵抗很多使人虚弱甚至致命的疾病,这使人们对生命充满了期待。因此,对于学龄前儿童来说,拥有包括免疫系统在内的充足的保健非常重要。

当今社会,幼儿意外死亡的主要原因是来自家庭或在家庭附近的意外伤害,而不是疾病。[1] 其中车祸、跌落、烧伤、溺水、中毒等是儿童意外死亡的主要原因。幼儿自我保护意识非常缺乏,本身所具有的自我保护能力相当弱。伤害事件的发生究其原因可能是家长对家庭安全知识缺乏,对安全防范的意识很薄弱,对幼儿的监护措施、家庭安全教育不重视。同时对家庭可能产生安全隐患的物件和设施,例如沸水、剪刀、农药、燃料、电器、阳台等没有加以适当的控制。因此父母应该对幼儿进行安全教育,让孩子懂得哪些东西不能玩、哪些事情不能做、哪些地方不能去,教会儿童在家庭外走路或玩耍时需遵守安全规则,保证室内及室外的游戏设备无安全隐患并能使幼儿安全使用。此外,父母要记住当地急救中心或医生的电话,以备不时之需。研究表明,一些比较冲动任性的儿童受伤更多。[2] 这种儿童需要父母给予更多的关注。

(三) 提供适龄的玩具和游戏设备,鼓励幼儿游戏

游戏是儿童参与社会生活而又力所不及时期的一种过渡行为。在这个过渡性行为中,幼儿能自由地表示意愿,学习思考,发挥想象,表达情感,进行创造,显示能力,获得一种精神的快乐。幼儿在游戏中学习,在游戏中成长。

玩具和游戏设备可以促进幼儿多种能力和技能的发展。父母在给幼儿选择游戏设备时要时刻考虑安全因素,同时也要兼顾幼儿的年龄特点。3~4岁的孩子适合玩搭积木、

---

[1] Jerry J. Bigner. 亲子关系——家庭教育导论[M]. 郑福明,冯夏婷,译. 北京:高等教育出版社,2012:208.
[2] 李天燕. 家庭教育学[M]. 上海:复旦大学出版社,2007:83.

插积塑、玩拼图等单人游戏。这些游戏活动能使孩子学会区分不同的形状,分辨不同的颜色,认识上下左右等方位,灵活小肌肉动作,发展对称感。4~5岁的孩子,由于强烈的模仿成人活动的愿望,喜欢玩做饭、哄孩子、学开车、给病人看病、给娃娃上课等游戏。幼儿在这种模仿游戏的过程中,发展了想象力和创造性,父母应该给予支持和鼓励。5~6岁的孩子开始懂得竞争,坚持性逐渐增强,可以在小组游戏中玩得很好。比如过家家、下棋、表演、做实验,等等。此外,父母也可以和幼儿一起制作玩具,一方面增进了亲子感情,更重要的是孩子从中学到了很多东西,孩子的动手能力、创造能力以及成就感都会得到提升。

父母要鼓励幼儿进行不同形式和主题的游戏活动,尊重幼儿的兴趣,不拘于限制,不做过多的干涉。

4岁的迪迪拿着刚刚买来的橡皮泥,非常开心。她兴奋地打开包装,把各种颜色的橡皮泥都拿了出来。不一会工夫,她就成功把各种颜色的橡皮泥都切成了碎块,并且混在了一起。看着自己的作品,她非常得意。这时妈妈过来了,看到刚买的橡皮泥已经"面目全非",非常生气。"40多元钱买的东西,还没玩10分钟,就这样了。"妈妈生气地想,"这个孩子怎么就这么不知道珍惜东西呢?"妈妈越想越生气,最后,终于爆发了,把迪迪狠狠地训了一顿。迪迪委屈地哭了。

4岁的乐乐今天也买了橡皮泥,她和迪迪一样,也把各种颜色的橡皮泥都切成了碎块,并且混在了一起。不同的是,乐乐的妈妈并没有为乐乐的这个行为而生气,而是走到了乐乐身边和乐乐一起玩了起来:

妈妈:"乐乐,你做的这是什么?可以告诉我吗?"

乐乐:"我在做饭。"

妈妈:"哦,看起来挺丰盛的,可以给我介绍一下吗?"

乐乐拿来了一些纸盘,把混在一起的橡皮泥放在了盘子上,指着盘子对妈妈吗说:"这盘是米饭,这盘是西红柿炒鸡蛋,这是白菜……"

妈妈:"听起来好好吃呀,我可以吃些吗?"

乐乐:"可以。"乐乐兴奋地把纸盘上的"饭"端到了妈妈面前。

妈妈一边假装吃着饭一边说:"这盘西红柿炒鸡蛋颜色挺丰富的,我知道红色的一定是西红柿,黄色的是鸡蛋,那这绿色的、黑色的都是什么呀?"

乐乐看着自己做的饭,突然间明白了什么。说:"妈妈,你等一会儿,我再给你重新做。"

这次乐乐把橡皮泥的颜色和经验中知道的各种菜的颜色很好地搭配了起来,做得非常认真。妈妈吃着女儿做的"饭",表现得很满足。妈妈假装吃完这些饭后,和乐乐说:"有饼吗?我想吃饼。"

乐乐的橡皮泥已经玩得比较干了,很难做成饼。乐乐只是略一思考,就从旁边拿出一张纸,把橡皮泥颗粒放在纸上,卷了起来。然后交给妈妈说:"妈妈,吃卷饼!"

……

母女二人玩得非常开心。

任何玩具都没有固定的玩法,也没有固定的用途。迪迪的妈妈想当然的认为,橡皮泥是用来捏东西的,当各种颜色混在一起,就被浪费掉了。而乐乐的妈妈,观念比较开放,没有对孩子的玩法给予过多的干预,而是跟随孩子想象的步伐,适当地引导,帮助孩子更好地成长。

(四) 给幼儿以正确的性别导向

幼儿性别教育是对幼儿进行自我性别意识教育的一种教育。虽然儿童生来就有男女性别之分,但性别意识和性别观念却并非天生,需要通过教育的培养。3 岁以后,幼儿开始对性器官和性别角色感兴趣,经常会问一些有关性的问题,这是对幼儿进行早期性别教育的最佳时期。对幼儿从小进行良好的性别启蒙教育,有利于其健康人格的形成。

性别有生理性别和社会性别之分。生理性别是男性和女性之间的生理差异;社会性别则是由于男女的生理差异而形成的对男女两性不同的期望、要求和限制。因此,幼儿的性别教育也包括两大领域:生理上的性别教育和心理上的性别教育。

1. 生理上的性别教育

通过生理上的性别教育使幼儿认识到男孩、女孩之间的生理差异,确定自己是男孩还是女孩的角色认知,进而了解到自己身体的哪些部位是不能随意让人触碰的,以提高他们的自我保护意识和能力。在幼儿的成长过程中,孩子逐渐对身边的事物产生兴趣,并开始探索自己的身体。比如,幼儿惊奇地发现,男孩可以站着撒尿,而女孩却要蹲着,进而发现男女性器官的不同。这是为什么？好奇心使幼儿想一探究竟。在回答这一类似问题时,父母可以采用一些浅显易懂的方法,如借助图画或玩具等引导幼儿了解身体的不同部位,包括性器官。在教育的过程中,父母要克服尴尬的心理,秉承开放坦诚的态度、运用轻松的语言,给予合理、科学的回答。这里需要注意的是:

(1) 父母要做出幼儿能够理解的回答。

(2) 不要给孩子讲在成长时期无法接受的性知识。

(3) 不要让孩子以后有受骗的感觉。

4 岁的文文边玩洋娃娃边问妈妈:"我是从哪里来的？"

妈妈看着女儿,笑着回答说:"你是从妈妈肚子里出来的。"

文文继续问道:"我是怎么钻到妈妈肚子里的,又是从哪里出来的呢？"

妈妈这时拿出了一个鸡蛋说:"你看这只鸡蛋,鸡蛋孵出来的小鸡就是大鸡的孩子。小孩子、小鸡都是不会生宝宝的,妈妈和爸爸结婚之后,妈妈肚子里就会有一个像鸡蛋一样的东西,渐渐地长成一个小孩子,那就是你。你在妈妈的肚子里待了 10 个月,最后妈妈在医院把你生出来。"(王艳琼:父母不得不回答的 101 个问题)

几乎所有的孩子都会对自己从哪里来的比较好奇,这种好奇就和天空为什么是蓝的一样,没有添加任何的成分。案例中的妈妈,通过讲故事的方式让孩子了解问题的答案,是比较可取的。

2. 心理上的性别教育

传统的性别教育为不同性别的孩子贴上了标签。已有研究表明,89% 的父母认为"男孩就应该有男孩样,女孩应该有女孩样",即男孩应该具有勇敢、独立、责任心强、能干等特质,女孩应该是温柔、可爱、聪明、善解人意的[1]。但这样的教育无疑使男女幼儿在能力

---

[1] 蔡婷婷.5~6 岁幼儿对性别差异的理解研究[D].南京师范大学,2013:49.

的发展上产生了不平衡。现实社会中,男女的差距在逐渐缩小,男性需要有女性细心温柔的一面,可以帮忙照顾孩子,打理家务;而女性也需男性的独立坚强,在工作岗位上独当一面。因此,性别教育不能让生理上的差异束缚孩子的成长,应该给男女幼儿公平的机会,让两性都能得到更好的发展。让男孩玩玩娃娃,让女孩摸摸手枪又有何不可呢?我们的教育应该消除一切阻碍两性发展的因素,培养兼有两性优秀品质、和谐发展的人才。这就需要父母在教育过程中做到[1]:

(1) 鼓励有价值的特质,而不是性别特质。父母要摆脱性别刻板观念的束缚,淡化成人世界所固有的性别框架,赋予孩子一定的自由度以获得多种社会角色的体验,让每一个孩子都有更广泛的发展空间和选择。

(2) 实施无性别差异的教养方式。如鼓励男孩做些力所能及的家务,鼓励女孩多进行体育锻炼,为孩子购买玩具时尽量避免"适宜"女孩或男孩的玩具的观念等。

(3) 创建两性平等与和谐的家庭氛围。家庭生活中,父母要意识到自己所扮演的性别角色,尽量避免典型男性化倾向和典型女性化倾向。

(五) 注重幼儿良好习惯的养成

俄罗斯教育家乌申兹基说过:人的好习惯就像是在银行里存了一大笔钱,你可以随时提取它的利息,享用一生。一个人的坏习惯就好像欠了别人一笔高利贷,老在还贷,还老不清,最后逼得人走入歧途。习惯伴随着人的一生,对人非常重要,需要从小培养。

幼儿习惯的培养包含很多方面,除了前面谈过的睡眠、饮食、卫生等习惯需要继续关注之外,这一时期的家庭教育还需要关注幼儿以下几个方面习惯的培养。

1. 培养幼儿阅读的习惯

著名教育家苏霍姆林斯基说:"三十年的经验使我深信,学生的智力发展取决于良好的阅读。"美国的最新研究资料表明:一个人的阅读能力是在3~8岁期间形成的,这一阶段是儿童学习基本阅读能力的关键期。[2] 哈佛大学的一项3~19岁儿童语言和阅读能力追踪研究的结论告诉我们,儿童早期语言和阅读的条件、环境、能力与他们的未来阅读能力以及所有学业成就存在很高的相关关系。[3] 因此,幼儿早期阅读习惯的培养很重要,家庭教育中,可以注意以下两个方面。

(1) 阅读材料的选择应考虑幼儿的年龄特点。由于幼儿词汇量不够丰富,不能理解复杂的句式,因此我们应该选择图加文的阅读材料;从思维方式上来说,幼儿的具体形象思维占优势,因此不适应阅读逻辑性强和科学性很高的书籍;从理解能力来讲,幼儿分析、综合能力较低,认识事物表面性的特点比较突出,因此阅读可以以图画书为主;从记忆能力来看,幼儿只有经过多感官刺激,并且亲自参与才能记忆清晰。因此,将阅读材料通过视觉、听觉等多重刺激作用于幼儿,阅读效果更好。

(2) 阅读习惯的培养应该以幼儿为中心。幼儿是阅读的主体,阅读材料的选择应尊

---

[1] 蔡婷婷.5~6岁幼儿对性别差异的理解研究[D].南京师范大学,2013:49-50.
[2] 徐光荣.3~6岁幼儿阅读能力培养研究——基于家庭视角[D].首都师范大学,2005:1.
[3] 周兢.论早期阅读教育的几个基本理论问题[J].幼儿教育研究,2005(1):21.

重幼儿的兴趣,选择幼儿喜欢的读物,让幼儿在阅读过程中获得快乐。阅读方式的选择也应尊重幼儿的意愿。现实生活中往往会出现幼儿喜欢听读,父母却没时间或没耐心,只能孩子自己读;幼儿想自己读,父母又担心孩子读不出图书的真谛,非要给孩子讲一讲;幼儿一边读,一边做动作模仿故事情节,父母却又认为好的阅读习惯很重要,读就好好读,玩就痛痛快快地玩……从而影响了幼儿阅读的兴趣。

佳佳最近一段时间非常喜欢听妈妈讲《小红帽》的故事,妈妈每次讲,佳佳听得都很认真,也很满足。有一天,妈妈说:"佳佳,这个故事,妈妈都给你讲了快50遍了,咱们换一个故事讲好不好?"佳佳:"不嘛,我就听《小红帽》的故事,别的都不听"。妈妈有些生气,也有些烦:"你不听别的故事,就自己读吧,我不管了。"妈妈生气地离开了,留下一脸伤心的佳佳呆呆地站在那里……

这个案例在现实生活中常有发生,我们能理解妈妈,读了那么多遍,都已经烦了,最主要的是,妈妈想让孩子多听些故事,多知道些知识。但妈妈不知道的是,孩子每次听故事内心的感受都是不一样的,孩子在一遍一遍听故事的过程中,对故事的理解也在一步一步地加深。作为父母,我们应该遵从孩子内心的选择,跟随孩子发展的脚步。这样才能最大限度地促进孩子的成长。

2. 培养幼儿善于观察的习惯

观察是一种有目的、有计划的比较持久的知觉过程,是知觉的最高形式。幼儿由于发展水平的限制,观察的目的性还不够明确、观察物体不够细致,也缺乏持久性。幼儿的观察力是在家庭日常生活中,在游戏、学习活动过程中,经父母的精心培养和训练,逐渐形成和发展起来的。父母在培养幼儿观察习惯的过程中,需要注意以下几点。

(1)从幼儿感兴趣的事物入手,引导幼儿观察。幼儿年龄较小,极易被感兴趣的内容所吸引,往往凭兴趣去认识事物。比如,鲜艳的颜色、奇特的形状、灵敏的动作、怪异的声音等等,这些都是孩子感兴趣的地方。父母可以通过提供引发幼儿兴趣的刺激,培养幼儿的观察力。

(2)观察要有目的性。幼儿观察事物的目的性比较差,所以父母引导幼儿观察的目的性越明确越具体越好。观察任务不要过难,也不要过于熟悉,难度太大,对象过于熟悉都会使幼儿感到厌倦。

(3)指导幼儿掌握观察的方法。可以利用顺序观察法,从上到下、从左到右、从前到后,由近及远的进行观察;可以鼓励幼儿多感官共同参与的进行观察,用耳朵听一听,眼睛看一看,用手摸一摸、鼻子闻一闻,有些事物也可以尝一尝,等等,从而全面了解事物的特征。此外,也可以引导幼儿通过比较异同、追踪观察事物的变化等方法培养幼儿的观察力。

楠楠是一个常年生活在城市里的小男孩,在楠楠5岁的时候,妈妈决定带着他去农村看看。

4月份的一天,妈妈带着他回到了农村的老家,这时地里的麦苗已经长的有20厘米高了,望着一望无际的麦田,妈妈对儿子说,你认识这是什么吗?儿子看了看回答说:"应该是韭菜吧!"妈妈从车上拿出早已经准备好的韭菜跟儿子说:"我们走近看看。"母子二人来到了麦田。妈妈把韭菜交到儿子手上,指着麦田说:"这是麦苗,我们吃的馒头、面条就是用他的果实做的,你看一看他们有什么不一样?""他们长得真的很像。"楠楠好奇地用手揪了一根麦苗说,"哦,好像感觉不太对。"楠楠一手拿着韭菜,一手拿着麦苗疑惑地说,"韭菜摸起来软些,很舒服,而这麦苗好像有点硬,有点扎手。"妈妈笑着说:"是这样,你可以再仔细地观察一下,闻一闻,看看?"楠楠把麦苗和韭菜分别放在鼻子上闻了闻,感觉到了一些不同。麦苗有一股青草香,而韭菜,有一点点刺鼻的味道。在妈妈的引导下,楠楠又尝了尝他们味道,用手感受了一下他们的弹性,观看了他们根部、叶子的粗细、薄厚,等。

通过这天的切身体会,楠楠清楚地掌握了麦苗和韭菜的不同,以后再也不会搞混了。

案例中的妈妈引导楠楠用多种感觉通道比较韭菜和麦苗的不同,收到了很好的效果。

3. 培养幼儿良好的行为习惯

3~12岁是良好行为习惯形成的关键期。[1] 良好的行为习惯能够开发幼儿的智力,培养幼儿各方面的能力,促进幼儿全面健康的发展。根据幼儿的年龄阶段和身心发展特点,幼儿良好行为习惯包括道德习惯、卫生习惯、生活习惯、劳动习惯、学习习惯等。

(1) 道德习惯。道德习惯是指在道德意识支配下出现的较为稳定持久的道德行为。幼儿良好的道德习惯包括讲文明、懂礼貌、尊敬师长、孝敬父母、热爱祖国、热爱集体、遵守纪律、爱护公物、诚实勇敢,等等。

(2) 劳动习惯。劳动习惯是指幼儿在日常生活中所表现出来的热爱劳动、善于劳动、并掌握一定的劳动技能的行为习惯。

(3) 学习习惯。良好的学习习惯主要包括热爱学习、注意力的培养、正确读写姿势的培养、爱护图书文具等方面。良好的学习习惯对于一个人的发展是至关重要的,特别是当今的学习型社会中,终身学习的理念已经成为主流意识形态,因此,父母应该要注意幼儿学习习惯的培养,使孩子在未来能够更好地生存与发展。

(六) 注重幼儿良好个性的塑造

个性是指一个人的整体精神面貌,包括个性倾向性和个性心理特征两个方面。个性心理特征主要指人的兴趣、需要、动机、理想、信念等因素;个性心理特征主要指气质、性格、能力等方面的特点。个性一般在两岁左右开始萌芽,3~6岁具有雏形,20岁左右才逐渐定型。幼儿的个性具有极大的可塑性,父母要抓住这个关键期,培养幼儿良好的个性。

1. 了解幼儿的气质类型,给予适当的教育

每个人一出生就具有独特的气质类型。人的气质类型一般分为四类,即胆汁质、多血质、黏液质和抑郁质。父母要针对幼儿的气质不同进行针对性的教育。

胆汁质的幼儿容易激动,坦率热情,精力旺盛,但自我控制能力差,并且急躁易怒。父母对于胆汁质的幼儿要更有耐心,当他们犯了错误时要用信任和委婉的口吻批评,不要训斥。可以特意安排他们做一些细致的活儿,培养他们耐心细致的品质。

多血质的幼儿对人亲切、善于交往,语言表达能力较强,但注意力常常不集中,做事浮躁、有头无尾。所以父母要特别注意培养他们的注意力,从小事入手,要求他们做事时专注、持之以恒,逐步养成专注持久、刻苦耐劳的品质。

---

[1] 贾华. 大班幼儿学习习惯培养的实践研究[D]. 首都师范大学,2013:7.

黏液质的幼儿注意力不易转移,中规中矩,老实听话,情绪稳定,但行动缓慢、不灵活、固执,参与活动的积极性不够。父母可以和他们玩一些训练灵敏度和速度的游戏。他们对周围的事物漠不关心,要特别培养他们的兴趣,引导他们与外界积极交往。

抑郁质的幼儿表现比较沉闷、孤僻、胆怯,缺乏信心,但他们坚持性好,做事也比较细致。父母对于他们要特别关心,对他们给予关怀,鼓励他们多参加集体活动,多与他人接触交流,注意培养他们的自信心,帮助他们克服胆小怯懦的缺点。

2. 从小培养幼儿形成良好的性格

性格是个性心理特征中最本质最核心的部分,是对客观现实稳定的态度和习惯化的行为方式(包括对社会、对劳动、对人、对己,对事物的态度和行为)。心理学家认为,这个时期孩子还未形成稳固的态度,因此性格还未定型,是良好性格培养的最佳时期。

(1) 父母要根据幼儿的先天特点区别对待。比如对偏内向孩子要鼓励他们多说话,多给予他们表扬与鼓励,培养他们活泼开朗的性格;对于性格偏外向的孩子要培养他们稳重、踏实、认真、善于克制自己的性格品质。

(2) 父母要创造和谐的家庭氛围。人是环境的产物,环境对人的影响很大,尤其是幼儿。和谐、幸福的家庭环境,使孩子沐浴其中并逐渐内化为孩子性格中的良好因素。

(3) 父母要为幼儿提供好的榜样。前面我们已将谈过,幼儿的模仿性极强,父母的言谈举止以及处理问题的方式方法,都会成为孩子模仿的对象,从而对孩子性格的形成产生影响。

除此之外,父母在平时要注意观察幼儿,及时发现幼儿的兴趣,合理的区分幼儿的问题行为,并给予恰当的引导和教育;有意识地培养幼儿不怕困难,坚持不懈的意志品质;引导幼儿认识并控制自己情绪的能力,等等。凡此种种,都将随幼儿的成长慢慢渗透其中,在孩子性格形成的过程中起到积极的推动作用。

如何看待幼儿的说谎行为

幼小的孩子是天真坦诚的,但我们会发现孩子也有不说实话的时候,对此我们要认真分析,以促进幼儿良好个性的塑造。其实,幼儿的说谎行为包括三种。

(1) 无意说谎行为。由于受幼儿身心发展水平的限制,他们往往将想象世界与现实世界相混淆,从而导致说谎行为。家庭教育中,父母对于幼儿的这种行为要学会宽容、理解与等待,切不可草率的下定论。

(2) 故意说谎行为。幼儿为了达到一定的目的,或是因虚荣心驱使,或是为了掩盖错误和逃避惩罚,或是为了庇护他人缺点而故意撒谎。比如,幼儿为了让家长开心而故意说自己在幼儿园表现好得到小红花。对于幼儿这一种说谎行为父母一方面要反思自己,在教育孩子的过程中是否过于严厉,让孩子不敢说实话。或者在教育过程中存在追求外在的荣誉等现象。另一方面,父母要引导孩子认识到说谎的危害并引导孩子要诚实,过程中以说服教育为主,对孩子不要太苛刻。切忌因一次说谎而对孩子的人品贴上负面标签。

(3) 模仿说谎行为。即模仿成人说谎。孩子的是非观念不强,由于父母说谎,所以孩子也说谎,并且以为这样很对,也很好。因此父母要从自己做起,诚实守信、以身作则。

为了更好地促进幼儿人格的健康发展,在幼儿出现说谎行为时,父母一定要认真分析,恰当的引导。(改选自蔡岳建:家庭教育引论)

（七）做好入学前的准备工作

幼儿教育阶段的教育形式、儿童的活动形式、生活作息制度和小学都有很大的不同。上学进入了义务教育阶段，以正规课业学习为主导的活动形式，有严格的学习和作息制度。同以游戏为主要活动的幼儿园生活相比，儿童在生活习惯、学习方式及人际关系等方面将面临许多变化。进入小学是儿童生活中的一个重要转折。父母有必要帮助儿童为入学做好充分的准备。

1. 心理上的准备

父母抽出时间带孩子到小学去看一看，让孩子熟悉一下学校的校园环境，培养与学校的感情；入学前的一段日子应该增加孩子安静活动的内容和实践，如剪纸、捏人、画画等，这些活动不仅可以养成儿童一心一意、不讲话、认真做事的习惯，还可以训练儿童手部的小肌肉动作，为以后的握笔写字奠定基础；除此之外，父母有必要与孩子做一次认真的交谈。告诉孩子从上小学起，就要努力学会自己的事情自己做，告诉孩子要养成一些好的学习习惯，如上课认真听讲、用心完成作业等。

2. 生活上的准备

首先，训练孩子固定摆放物品的位置。给孩子准备一个小柜子，教会孩子将故事书、课本、练习本等分类摆放；营造出一个儿童小世界的氛围。吸引孩子喜欢和珍惜自己的"小天地"。其次，培养孩子自己收拾东西的习惯。教会孩子每天按照课程表自己整理书包、收拾文具。最后，教孩子形成一定的生活好习惯。如定时睡觉，早起早睡，保证充足的睡眠，自觉地早晚刷牙、饭后漱口，懂得什么时候应该做什么事等。

3. 物质上的准备

在家里为孩子布置一个学习小天地。书桌、椅子的高度要适中，在桌子上摆上课程表、小台灯、小闹钟等，为孩子创设一个固定的学习场所和优美的学习环境；为孩子准备实用而方便的学习用品，如双肩背包、铅笔盒、尺子、橡皮、铅笔、转笔刀等，并在上学前，教会孩子正确使用这些用品。

（八）为幼儿提供结构化的教育

进入幼儿期，父母对儿童的教育越来越多。这一时期，父母不恰当的教育行为可能会增进幼儿的罪恶感，抑制儿童发展的过程，并导致不健康自尊的发展。这一时期，父母需要帮助儿童学习一些必要的规则，给幼儿提供科学的结构化教育。

1. 父母可以提供的结构化和关爱行为

- 可促进儿童发展任务的实现；
- 继续提供安全、保护和爱的环境；
- 支持对外在环境的探究；
- 鼓励表达情感，并将感情与行为结合起来；
- 提供尽可能精确的信息，纠正错误信息；
- 让儿童感受到行为所带来的积极或消极后果；

- 给予清晰简明的命令；
- 鼓励将想象与现实分离。

2. 父母不能提供的结构化和关爱行为

- 戏弄儿童；
- 父母行为不一致；
- 对孩子的问题不提供答案或信息指导；
- 做出讽刺和嘲笑的反应；
- 使用意思含糊不清的信息；
- 贬低儿童。

第三节 童年期的家庭教育

童年期是指六七岁至十二三岁上小学的这一年龄阶段，这一时期是人生发展的又一个关键期。由无拘无束的顽童进入有明确学习任务并承担一定社会责任和义务的小学生，这一转变对人的影响是巨大的。角色的转化、社会地位的变化以及学习、生活环境的改变都将使童年期孩子的生理和心理的发展有其自身的特点。

一、童年期儿童身心发展的特点

童年期儿童受到许多发展活动和变化的挑战，因此也变得日益成熟和有责任感。根据埃里克森的理论，儿童此时的中心任务是解决勤奋感和自卑感之间的冲突。尽管这是这一时期儿童心理社会发展的主要任务，但他们同时还面临许多其他方面的期望。这一时期儿童的发展特点主要表现为以下几个方面。

（一）身体运动方面的特点

童年期儿童身体发育趋于缓慢，骨骼比较容易变形、脱臼，肌肉仍很柔软，缺乏耐力，容易疲劳，因此父母要注意不要让孩子做过于激烈的体力活动；大脑机能日益完善，儿童高级神经活动的基本过程——兴奋和抑制的机能也有了一定的发展并逐渐趋向平衡，这个时期，充足的睡眠对儿童的顺利成长是必需的；童年期儿童从家庭幼儿的个体活动方式逐渐过渡到喜欢群体活动和游戏；他们精力旺盛，喜欢运动，在运动技能方面有很好的发展；身体的协调性和准确性也相应地发展起来，拥有了较好的手眼协调能力；随着年龄的增长，体型发生变化，男孩和女孩的外貌和行为开始接近年轻男子和女子；乳牙开始脱落，恒牙逐渐萌出，咀嚼能力明显增强，有利于营养的吸收。

（二）心理方面的特点

1. 认知的发展

认知的发展是指个体的认知能力随年龄和经验的增长而发展变化的过程，涉及感知觉、注意、记忆、思维、想象等方面。儿童认知发展是学习的基础,而学习又进一步促进了儿童认知能力的发展。

(1) 儿童知觉的发展

童年期儿童知觉的无意性减弱,有意性逐渐增强;知觉的精确性由低向高发展;知觉的经验由寡向多发展。因此我们会发现小学低年级学生之所以会知觉某一事物,往往是因为他们被事物的某些表面特征吸引,到了高年级,他们才逐渐学会按照一定的目的和计划有选择的知觉事物。同时我们也会发现,小学低年级学生容易把符号和字母漏写或写错,难以区分形近字和同音字,可见儿童知觉的精确性还没有很好地发展起来。随着儿童知觉经验的丰富,知觉能力的提高,这些问题都会自行解决。

(2) 儿童注意的发展

随着年龄的增长,儿童注意的集中性和稳定性逐渐提高,无意注意占优势,有意注意逐渐得到发展。有经验的小学老师在讲新知识的时候,会一遍遍地提醒学生"注意了",而且会把新知识讲多遍,同时老师会变换教学形式,讲课、游戏活动交叉进行,以确保把儿童的注意吸引到课堂中来。

(3) 儿童记忆的发展

随着年龄的增长,儿童的记忆,从幼儿期的无意识记占主导地位逐渐发展到有意识记占主导地位。在记忆理解性上的发展主要呈现出从机械记忆占主导地位过渡到理解记忆占主导地位的趋势。此外,低年级儿童擅长记忆具体的事物或形象,而对于概念、公式这些抽象材料的记忆则感到十分困难,表现出以具体形象记忆为主逐渐过渡到以抽象记忆为主的趋势。

(4) 儿童思维的发展

儿童思维的发展是一个非常复杂而漫长的过程,它经历了直观动作思维、具体形象思维和抽象逻辑思维三个阶段。2岁儿童的思维属于直观行动思维;2~7岁儿童的思维属于具体形象思维;7岁之后儿童的思维逐渐表现出抽象逻辑思维的特征。小学阶段儿童思维发展的特点主要表现为从以具体形象思维为主要形式向以抽象逻辑思维为主要形式过渡,这个转折年龄在10岁左右。

(5) 儿童想象的发展

随着年龄的增长,儿童想象的有意性逐渐增强,想象的创造性成分逐渐增加,想象的现实性逐渐提高。通过观察父母不难发现小学低年级学生的想象往往是没有目的的无意想象,想象的内容常常是事物的简单复制或重现,缺乏创造性,而且想象不能准确地反映客观现实,与现实有一定的差距。但到了高年级,儿童会按照一定的目的进行想象,而且想象的创造性和现实性都有了很大的提高。

2. 情绪的发展

儿童入学之后,随着生活经验的不断增加,生活范围的不断扩大,情绪情感的内容日益丰富。在表现形态上逐步脱离了幼儿的外露与肤浅,其情绪体验也更加深刻。比如,幼儿常用哭笑、皱眉、撇嘴等动作,向成人表达他们的开心与烦恼,而小学生随着思维能力的发展和言语能力的提高,逐渐学会用书面语言来表达自己的情感。此外,儿童的各种高级情感也得到了进一步发展,道德感、理智感、美感等都逐步发展起来。比如,在评价他人时,已不再像幼儿那样,仅仅根据表面的东西来把人界定为"好人"或"坏人",而是能够初步运用一定的道德标准来评价他人。

3. 自我意识的发展

自我意识是自己对自己的认识。儿童自我意识的发展主要体现在自我概念、自我评价、自我体验三个方面。

自我概念是个人心目中对自己的印象。儿童的自我概念是从比较具体的外部特征的描述向比较抽象的心理术语的描述发展的。比如,在回答"我是谁"这样的问题时,小学低年级学生往往提到姓名、年龄、性别、家庭住址、身体特征、活动特征等方面。到了小学高年级,学生开始试图根据品质、人际关系、动机等特点来描述自己。需要注意的是即使到了小学高年级,小学生对自己的认识仍带有很大的具体性和绝对性。

自我评价是在分析和评论自己的行为和活动的基础上形成的。儿童自我评价的发展主要表现为从顺从别人的评价发展到有一定独立见解的评价;从比较笼统的评价发展到对自己个别方面或多方面行为的优缺点进行评价;对自己的评价由以外部行为为评价为主发展到初步对内心品质的评价。

自我体验主要是自我意识中的情感问题,发生于幼儿期约四岁左右,在儿童期有了较大的发展。儿童自我体验与自我评价的发展具有很高的一致性,自我评价高的儿童,自我体验比较好,反之,比较差。整个儿童期,随着儿童理性认识的增加和提高,他们的自我体验也逐步深刻。

4. 儿童道德品质的发展

儿童道德品质的发展主要表现为道德认识和道德行为的发展。从道德认识的发展来看,儿童从比较肤浅、模糊的理解道德概念,逐步过渡到比较深刻准确的理解道德概念;从单纯注意行为效果的道德评价,逐步过渡到注重动机和效果相互统一的道德评价(如低年级儿童往往认为无意打碎10只杯子的行为,比有意打碎1只杯子的行为更不道德);从受外部情境制约的道德判断,逐步过渡到受内心道德制约的道德判断(如低年级儿童以父母、老师的评价标准为标准,没有自己的道德信念)。从道德行为的发展来看,儿童的自觉纪律行为快速地发展起来;分享与助人等亲社会行为均随着年龄的增长而增加;儿童之间的攻击性行为(主要表现为欺负与被欺负)随年龄升高而下降。

5. 社会性交往的发展

社会性交往是小学生社会生活的重要部分。较强的交往能力、较好的人际关系,不仅有利于小学生的心理健康,也能促进其认知能力的发展。小学生交往的对象主要是父母、教师和同学,由此会形成亲子关系、师生关系和同伴关系。

(1)与父母的交往

儿童进入小学之后,父母与儿童的关系发生了一些微妙的变化。第一,父母与儿童交往的时间在变化。一方面,儿童有了自己独立的时间和空间,与父母在一起的时间明显减少。另一方面,因为有了学校教育,父母关注儿童的时间也在减少。第二,父母与儿童交往的内容也在发生变化。在幼儿期,父母主要处理的是诸如儿童发脾气、打架等问题。儿童入学之后,一系列新的问题摆在父母与孩子面前,如孩子是否应该做家务、是否应该鼓励孩子与特殊个体交往、孩子学习不好怎么办,等等。因此,这些无论是对父母还是对孩子来说,都是新的考验。第三,父母与儿童交往的方式也在变化。在幼儿期基本上是父母管教,孩子言听计从,而且孩子也是什么都依赖父母。进入小学后,随着年龄和环境的变化,孩子开始独立思考问题,他们已经开始有自己的想法,他们想寻求父母的指导,而不是让他们替自己做决定,而且孩子倾向于自己做重要的决定。

（2）与同伴的交往

同伴交往是儿童最主要的交往形式。其特点表现为:儿童与同伴交往的时间更多,交往形式更复杂;儿童在与同伴交往中传递信息的技能增强;儿童善于利用各种信息来决定自己对他人所采取的行动;儿童更善于协调与其他儿童的活动;儿童开始形成同伴团体。

1982年,Smollar和Youniss在一项研究中,发现小学生对朋友的看法因年龄的不同而不同:①低年级儿童认为只要一个人为另一个人做点特别的事,两人就能成为好朋友;高年级的儿童则认为,两个人只有互相了解,才能成为好朋友。②低年级的儿童认为如果一个人对另一个人的态度消极、不公平,两人不会成为朋友;高年级的儿童则认为,在认识双方差异的过程中,逐渐成为好朋友。③低年级儿童认为,能否成为最好的朋友与他们是否经常在一起有关;高年级的儿童则认为,只有发现共同点,两人才能成为最好的朋友。④所有儿童都认为互惠是交往的基础,但低年级儿童强调的是具体的互惠(如一起玩儿、一起做事等);高年级儿童则强调心理的互惠性,如兴趣、态度的一致等。

（3）与教师交往

几乎每一个儿童在刚跨进小学校门时对教师充满了崇拜和敬畏,教师的话甚至比家长的话更具有权威性。低年级儿童的这种崇师敬师心理,有助于他们尽快掌握学校生活对他们提出的新要求,及时进行角色转换。但是,随着年龄增长,小学生的独立性和评价能力也随之增长起来。从三年级开始,学生不再无条件地服从、信任教师了。他们对教师的态度开始发生变化,对不同的教师表现出不同的喜好。小学生对于经常关心自己的教师,对于言行一致、公正认真、知识丰富、讲课生动有趣的教师特别尊敬,并报以积极的反应;而对于自己不喜欢的老师,往往予以消极的反应。小学生所观察到的教师言行同他们对教师角色期望之间的符合程度,决定着他们对教师的印象和态度,并且在一定程度上影响着师生关系的发展。

二、童年期家庭教育的要点

与幼儿相比,童年期儿童经历的发展任务和目标完全不同。童年期儿童的发展任务更为复杂,更多地体现在社会和心理方面的发展。因此,父母应该认识到童年期儿童的家庭教育更多需要的是在孩子心理发展方面给予帮助,而不是身体。当然,童年期儿童的健康与安全问题、卫生习惯问题父母仍需要重视。

（一）合理安排家庭生活作息时间,保证儿童正常顺利地学习

孩子入学之后,生活方式和生活内容发生了很大的变化,父母需要为孩子重新安排适应小学生活的作息制度。调整作息制度时应考虑样几个问题:怎样才能保证孩子按时到

校上课；怎样提高孩子的学习效率，并有时间学习更多的知识和技能；怎样使孩子入学后有游戏娱乐的时间，保证活泼愉快的情绪；怎样使孩子有健康的身体，能够长期坚持学习。要处理好以上几个问题，调整作息制度应掌握两个环节。

（1）合理规定并严格执行睡眠时间，保证充足的睡眠。一般来说，一年级小学生至少需要10小时睡眠，才能消除一日紧张学习活动后的疲劳。只有晚上按时(20:30～21:00)入睡，儿童才有可能做到早晨按时(6:30～7:00)起床。睡眠充足才能使孩子上课时头脑清醒，精力充沛，在课堂上集中注意力接受知识。这样可以缩短课后做作业的时间，将余下的时间用于阅读课外书或娱乐活动。

（2）安排好儿童的作业时间。每个家庭应根据自己的具体情况，固定一个比较合适的时间，以保证儿童每天按时完成作业，使学习成绩稳步提高。比较理想的是儿童放学后立即回家，不在中途逗留玩耍，到家后稍加休息就开始做作业。如果放学后立即游戏，尤其低年级儿童喜欢做与同伴追逐等活动量较大的游戏，儿童过于兴奋，必须花费一定的时间才能使儿童转向集中注意，从而影响儿童的学习效果。如果放学后及时完成作业，不仅可以消除由作业引起的压力感，而且还会因自己及时完成作业而获得一种愉快感。儿童带着轻松愉快的心情游戏，才能更加投入。

（二）帮助儿童建立自主、快乐学习的心态

说到孩子的学习，很多父母往往表现得比孩子还要紧张：孩子放学一回到家，父母就催促孩子："快去写作业！"周末，孩子刚玩了一会儿，父母就问孩子："作业写完了吗？"紧接着，肯定会说一句："把作业做完再玩！"……

这好像是每位做父母的习惯，而且每天必说的几句话。然而，很多孩子并不会听话乖乖地学习，即使强迫做到学习桌前，他们也会心不在焉地应付父母。更可怕的是，有些孩子小小年纪就对学习产生了厌烦心理。那么，如何让孩子自主快乐地学习呢？

1. 培养孩子良好的学习习惯

良好的学习习惯是提高学习效率，保证学习质量的关键。小学阶段是良好学习习惯养成的关键期，因此父母要尤为重视。

（1）父母要为孩子提供一个安静、舒适的学习环境。房间的采光、桌椅的高度、学习的位置等要科学合理。房间内物体的摆设尽量简单有意义。不要把孩子的玩具、零食和学习用品混放在一起，以免养成孩子边玩边学、边吃边学的坏习惯。

（2）要求孩子做到"三个一"的正确书写姿势，即身体距离桌子一拳，书本距离眼睛一尺，握笔的手距离笔尖一寸。教会孩子正确的握笔姿势。

（3）培养孩子认真专注做作业的习惯。首先，做作业前，提醒孩子上厕所、喝水，把桌面收拾干净，把要完成的作业、需要的学习工具等拿出来。这些准备工作必须要完成。其次，让孩子把要完成的作业简单地过一遍，看一看，是否有不会或特别难的问题，如果有，可以先看书，复习一下。再次，估计作业可能需要的时间，一方面，增加学习的专注性；另一方面，提高孩子的时间意识。最后，孩子开始写作业，完成作业后，要提醒孩子认真检查。

需要提醒的是，孩子必定还小，在习惯的养成过程中，父母要耐心地陪伴，给予孩子心理上和情绪上的支持，孩子有时做不到，很正常，不可以发火，也不可以严厉批评。

2. 及时发现孩子学习中的困难点

孩子在学习过程中会遇到各种各样的问题和困难,如果不能被很好地解决,不仅会影响孩子的学习热情,而且会影响孩子知识的掌握和吸收。因此,作为父母一定要及时了解孩子学习中的困难点,并给予引导和帮助,而不能一味地依赖老师。一方面,老师面对的学生比较多,可能很难及时发现;另一方面,老师也没有足够的精力。看下面的案例。

珊珊今年6岁了,已经成了一名小学生。她非常喜欢上学,因为在那里有很多的小朋友,还能听到很多有趣的故事。然而开学仅仅不到一个月,她就开始不想上学了。为什么呢?原来珊珊写字遇到了问题。她虽然每次写字都很认真,但总是写不好,于是,老师就让她多写几遍。结果,珊珊很累,很辛苦,仍然写不好……珊珊不想上学了。

作为父母,你怎么看待这个问题?你是否也认为孩子多练练就好了呢?刚刚入小学的孩子,写字对他们来说是一项挑战,对于那些手部小肌肉发展比较好的孩子来说,也许多练习就会越写越好,但对于手部肌肉灵活性发展不好的孩子来讲,写字是非常困难的,不仅字写不好,还会比其他小朋友更辛苦、更累。所以案例中的珊珊已经很累了,老师还让她多写几遍,结果可想而知。父母可以在家里带着珊珊多玩一些锻炼手部肌肉的游戏,比如折纸、穿珠等。此外,让珊珊自己的事情自己做,比如穿衣、系鞋带、吃饭等,不要再包办代替。

发现孩子的困难点,并不是"头疼医头、脚疼医脚",而是要找到孩子问题的根源,这样才能"对症下药"。

一个上二年级的小男孩,很聪明,学习也很好。但由于写字经常丢笔画、做题也经常丢题,所以每次考试总是考得不很理想。妈妈为此很着急,一遍一遍地叮嘱孩子"要认真、再认真"。孩子为此也很苦恼,但问题仍然存在。问题的根源在哪里呢?又如何对症下药?

案例中的小男孩自己也不知道问题出在哪里,也不知道要如何做才叫"认真",所以他很苦恼。通过观察我们会发现,小男孩字写得很工整,不是龙飞凤舞,说明他做作业时很踏实,也比较认真。我们知道,二年级的孩子注意的稳定性差,注意的范围比较小,而且精细感知事物的能力也没有发展起来,做完作业检查的习惯还没有养成……所有这些都可能导致他写作业丢三落四。因此父母一定要在发现孩子学习困难点的基础上,给予具体的指导。

3. 正确对待孩子的学习成绩

孩子的学习成绩是每位家长最关心的事情,而家长对待孩子学习成绩的态度会直接影响孩子学习的热情和兴趣。如果家长过分看重孩子的考试成绩,考得好,就高兴,考得不好,就生气,甚至训斥、打骂孩子,久而久之,孩子就会慢慢认为学习很辛苦,对学习产生恐惧而厌学。我们相信每一个孩子都希望把学习搞好,没考好,他们的内心也很伤心,甚至对自己的能力产生怀疑。这时孩子需要的绝对不是批评和指责,而是来自于父母的帮助与理解。因为只有这样,孩子才有能力重拾信心,勇敢地面对学习中的各种问题。

正确看待孩子学习成绩,父母可以从以下几个方面入手:首先,在分数面前要有一颗平常心,不要患得患失。考试的真正意义是为了检测而不是评价,目的在于提示孩子以后该如何更好地学习,所以考试是一种工具,是帮助孩子学习不断进步的工具。其次,协助孩子认真做好考试成绩分析。明确孩子的优势和薄弱环节，找出丢分的原因，"对症下药"。最后，引导孩子关注平时学习的过程而非考试结果。过程决定结果，好的学习习惯，高涨的学习热情，恰当的学习方法……都是影响学习效果的重要因素，只有善于发现学习过程中的问题，才能真正起到提高学习效果的作用。

4. 多一些鼓励，少一些打击

小学生在学习过程中，会遇到各种各样的问题和困难，在问题和困难面前，父母的鼓励会给孩子带来力量和信心，父母的接纳和肯定会让孩子更有勇气。小学生对于父母的批评打击很敏感，过度的批评使他们自卑，丧失继续学习的动力。

一个小女孩，妈妈带着她去学画。第一节课，老师教的是一个很简单的苹果，教完之后，老师让孩子们自己画一个苹果。这个小女孩花了很大的力气才把苹果画完，刚想交给老师，妈妈拉住了她，说："让妈妈看看你画得怎么样！"

没想到，妈妈看到孩子的画之后，竟然冲孩子大喊道："你画的这是什么呀，苹果不像苹果，西红柿不像西红柿，重画！"

孩子只得又拿了一张纸重新画，孩子边画，妈妈边在旁边指挥："苹果要画得圆一点，你看这一笔又不对，擦掉重画！"画了半天，孩子还是没有把苹果的基本形状画好……最终，孩子忍不住了，大哭道："妈妈，我画不好，我不学画画了……"（云晓：爸爸妈妈家庭教育心理学）

由案例我们可以看到孩子本来对画画并不反感，但妈妈过高的要求和打击使孩子丧失了画画的信心。案例中提到，孩子"花了很大的力气"才把苹果画完，如果妈妈看到孩子的努力，并加以鼓励和认可的话，相信，不久的将来，孩子一定会把画画好的。

一个9岁的小女孩，学习很认真，但无论怎么学，她的数学成绩还是不理想。一天晚上，她向爸爸请教一道数学题，爸爸给他讲了好几遍，她还是没听明白。这个孩子几乎对自己失望了，她哭着对爸爸说："爸爸，我太笨了，看来我是学不好数学了。"爸爸不认同地说："不是这样的，这种类型的题爸爸小时候听了9遍才听明白，你才听了5遍，我再给你讲一遍，相信你一定可以超过爸爸的。"孩子听了爸爸的话，立刻对自己充满了信心。果真，听完这一遍之后，她终于掌握了这道题的做法。后来，再遇到难题时，这个孩子总是不厌其烦地，一遍遍地向别人请教，知道这些难题弄懂了为止。（云晓：爸爸妈妈家庭教育心理学）

案例中爸爸的鼓励让孩子找回了失掉的信心，而且还养成了勇于向困难挑战，不战胜困难不罢休的习惯。

因此，家庭教育中，父母的鼓励可以让孩子看到自己的优势，从而做出积极的行为，而父母的打击与指责是在提醒孩子身上有一个改不掉的缺点，使孩子再也不想改变或面对。

（三）帮助儿童处理好同伴关系

交往是人类自身发展和社会生活的需要。儿童只有学会与人交往，才能够健康成长。童年期儿童的同伴关系对于提高小学生的社会技能有重要的作用。①收获友谊，尤其是游戏活动中的友谊；②获得了行为的"试金石"，知道某些行为是否可以接受；③信息传递的技能，准确或不准确；④规则的教导和行为后果预测；⑤增强了性别角色感；⑥影响了孩子的自我概念,认识自己的长处与不足。

但小学生往往比较任性,缺乏为别人着想的能力,所以同伴之间往往冲突不断,处理不好,在学校还会面临被同学孤立的尴尬局面。为此父母可以从以下几个方面来了解和帮助孩子。

(1) 了解孩子在学校班级中的同伴关系,有针对性地引导和帮助改善孩子和同学相处的状况。如果孩子不受欢迎并被同学排挤,那么父母应该给予重视,并冷静客观的和孩子一起分析原因,有针对性地寻找解决办法。

(2) 了解孩子所在的同伴群体,委婉地指出孩子的同伴中哪些值得学习,哪些应该加以改正,从而增强孩子辨别是非的能力。

(3) 鼓励孩子扩大同伴交往范围。父母应鼓励并创造机会尽量让孩子去结交来自不同家庭、具有不同性格、拥有不同爱好的朋友;尽量帮助孩子去理解别人与自己不同的想法和行为,与人达到更广意义上的团结与合作。

(4) 父母还要善于反思自己的行为与教育方式对孩子交往的影响。研究表明,在小学阶段,几乎所有的学生都承受过某种类型的欺负或嘲笑。被欺负的学生有一些共同的个性特征,例如被动、孤独、易哭等。而欺负他人的学生也有一些基本特点,例如,在家常被父母虐待,常观看暴力视频,经常表现出不良行为,对自己的欺负行为毫无悔意,而且常通过撒谎逃避惩罚等。孩子的个性与行为反应方式与家庭教育有着极大的关系,与父母的教育方式紧密相关,父母应该时常反思自己的教育,为培养孩子良好的个性、增进同伴关系奠定基础。

圆圆今年四年级,班里只有一件事让她觉得苦恼,就是时常受班里一个小男孩欺负。为此圆圆经常回家抱怨。但凭妈妈的直觉,这个小男孩给圆圆带来的只是烦恼,构不成心理伤害,回家说说也就没事了,所以妈妈并没有干预。到了五年级,这个小男孩除了以前的那些恶作剧,还出现了"骚扰"行为。比如打电话说"我爱你",趁圆圆不注意亲她的头发……圆圆为此非常不开心。妈妈觉得有必要找这个小男孩谈一谈了。于是,一天孩子们放学后,妈妈在学校门口约见了这个小男孩。

当妈妈告诉男孩自己身份的时候,男孩表情有些诧异,眼里流露出害怕,转而又流露出不在乎的样子。"别紧张,阿姨只是来和你随便谈谈。我们说说话好吗?"妈妈蹲下来,和颜悦色地问他,"你说圆圆是个好同学还是个坏同学?"

小男孩回答:"好同学。"有些羞涩。

妈妈问:"她什么好呢,你说说。"

小男孩脱口而出:"学习好。"想了一下又说:"不捣乱。"

妈妈问:"还有吗?"

小男孩又想了想,说:"不骂人,不欺负别人。"

妈妈再问:"那她的缺点是什么呢?"

小男孩有些不好意思,低低地说:"没缺点。"

妈妈接着说:"圆圆是个好同学,要是有人欺负她,那你说对不对啊?"

小男孩摇摇头。

"那你会欺负她吗?"

小男孩又迟疑了一下,摇摇头。

妈妈微笑着拍了拍他的肩膀说:"真是个好孩子。"

……

这件事情在妈妈的帮助下被圆满地解决了,后来这个妈妈了解到小男孩生活在一个特殊的家庭,爸爸在监狱里,妈妈脾气很不好,经常打骂这个孩子。(尹建莉:好妈妈胜过好老师)

任何孩子的问题都是父母的错,成人应该像尊重自己的孩子一样尊重所有的孩子。每个孩子都有可能遇到"坏同学",父母如果出面,目的应该是帮助孩子解决问题,化解矛盾,而不是报复。父母解决问题的方式,对孩子人格及以后的人际关系都有重要的影响。

(四)开展家庭性教育

家庭是小学生性教育的主要场所,父母是家庭性教育的主要承担着。研究表明,大多数学校教师也期望家长在对孩子进行性教育方面,能发挥更积极主动的作用。[1] 家庭性教育的主要任务包括:帮助孩子获得科学的性知识,树立正确的性意识,培养健全的性心理。开展家庭性教育可以从以下两个方面入手:首先,小学生有时候会询问一些与他们身体及性有关的问题,父母对于这些问题应该给予坦诚的回答。其次,小学高年级的儿童,开始进入青春期,在身体和心理上会发生很大的变化。父母在帮助孩子适应这些变化方面,承担着重要的职责。一般而言,在孩子9岁的时候,父母就可以开始和孩子谈论青春期的问题了。相对于已经进入青春期的孩子,青春期前期的孩子更会愿意聆听父母对性问题的看法,因此抓住与孩子讨论的机会很重要。例如,女孩需要知道月经,而男孩子则要理解遗精。男孩、女孩对于他们的解剖生理也很有兴趣,希望更多了解生殖系统的功能。父母可以从优秀的公共资源中得到帮助,了解更多有关性的问题和知识,并为孩子进入青春期做好准备。

(五)引导儿童正确使用计算机网络

随着信息技术的发展,计算机网络正逐渐进入儿童的学习和生活之中。网络对于儿童而言,有积极作用的一面,具体表现在以下几个方面:第一,丰富了儿童的知识。网上有丰富的资源,可以弥补因书本知识不足而带来的缺陷,满足了儿童的好奇心和求知欲,拓宽了他们的视野。第二,网络为儿童搭起了一个很好的交流平台。相对于传统交流模式,儿童似乎对网上交流更感兴趣,他们可以通过网络结识不同的朋友,在聊天中见识到很多有趣的东西,丰富阅历。第三,网络还具有放松身心的作用。儿童学习累了,可以到网上放松放松,听听音乐、读读故事、偶尔玩玩小游戏,等等。

计算机网络虽然给儿童的成长带来了一些好处,但如果不能科学的运用,将会严重威胁儿童的身心健康。比如,使儿童沉溺于虚幻世界远离现实,导致生活中的自我封闭和性格的孤僻;由于缺少监督,儿童思想道德品质容易受到网上"垃圾"的负面影响;网络侵占了学生大量的课余时间导致个别学生频频旷课,等等。因此,儿童在使用电脑浏览网站

---

[1] Jerry J. Bigner. 亲子关系——家庭教育导论[M]. 郑福明,冯夏婷,译. 北京:高等教育出版社,2012:251.

时,父母要给予监督。

(1)要限定孩子使用电脑和上网的时间,时间最好限定在每天30分钟以内,低年级学生最好不要超过20分钟,以防对视力造成伤害。

(2)明确规定使用网络的行为。比如教导孩子不要在网络上向任何人或任何网站透漏个人信息;不可以浏览黄色等不健康的网站,对于不经意浏览了不适宜的网络内容,引导孩子知道怎么处理;网络游戏或聊天要有节制,等等。

(六)培养儿童优良的性格品质

爱因斯坦说过,优秀的性格和钢铁的意志,比智慧和博学更重要。心理学家把性格形成划分为三个阶段。[1]

第一阶段:0~6岁婴幼儿时期。这个时期孩子还未形成稳固的态度,因此性格还未定型。

第二阶段:6~11岁儿童期。这个时期是孩子性格的形成期。此时的儿童不仅能按父母的要求办事,而且也开始有了一定的独立性,能按自己的想法行事。

第三阶段:12~17岁少年期。这个时期孩子的性格基本处于定型期。此时的孩子有稳定的态度,行为方式已经逐渐形成。

可见儿童期也是孩子性格形成的重要时期。在这一时期,主要培养孩子诚实、勤劳、正直、热情的品德;坚强、乐观、自信、勇于创新的精神;积极向上、善于交往、珍惜友谊、与人为善的处世态度;做事认真、善于思考、勤奋好学的学习习惯。

孩子性格的培养重在平时,父母如何培养孩子好的性格,是孩子健康成长的关键。在日常生活中父母应该尽量做到以下几点。

1. 情感投入

孩子情绪的发展具有易感染的特点,轻松愉快的情绪能使孩子顺利地进行各种活动。为此,父母要为孩子树立模仿的榜样,时时刻刻以自己乐观向上的精神去感染孩子;与孩子建立和谐的关系,以便产生潜移默化的影响;在生活过程中,一旦发现孩子的闪光处和点滴进步,要及时加以鼓励。需要指出的是,父母不可以为了赢得孩子的开心,就对孩子的缺点熟视无睹,当然,也不能苛求孩子。

2. 以礼相对

首先,父母要尊重孩子,认识到孩子也是一个独立的人,有自己的情绪和需要。放下家长的架子,蹲下来与孩子讲话;其次,父母要对孩子讲文明礼貌,不打骂孩子。在教育孩子的过程中做到对事不对人;最后,父母做错事要勇于向孩子承认错误并及时道歉,这不但不会降低自己在孩子心目中的威信,反而会使孩子感到父母更加可亲可敬。

3. 循循善诱

对于孩子的问题行为,父母要做到讲究方式方法,不可以用简单粗暴的方法解决。以孩子的偷窃行为为例,看下面的资料。

---

[1] 田瑞华. 家庭教育——孩子成功第一课堂[M]. 石家庄:河北科学技术出版社,2011:178.

儿童的偷窃行为比多数人想象的还要普遍,因此很值得父母关注。

孩子的偷窃出于多种原因:①他们可能在对个人物品所有权意识上,还缺乏应有的教育;②他们可能想要讨好朋友,避免被嘲笑或得到同伴的认同;③他们可能由于自卑感,或觉得自己与众不同,偷窃有时也成为应对这种感觉的一种方法;④有时则纯粹因为无法抵制诱惑,极想得到自己想要得到的东西;⑤偷窃也可能出于对父母的报复或想要得到父母的注意。

在处理偷窃这种行为时,首先要明确地告诉孩子,偷窃是一种不可接受的行为。对于孩子的偷窃问题,父母要公平、坦诚地对待。父母要首先检视自己的行为,看看有没有无意中给了孩子不诚实的样板。而后,父母要自觉的避免因为自己行为不当而导致孩子问题行为的产生。对于物品所有权的关注很重要。父母要向孩子解释自己的物品和他人物品的区别。如果孩子自己从来没有零用钱,可以在孩子付出劳动时,给孩子一些零用钱或劳务津贴。这种津贴可以帮助孩子了解家庭系统的工作原理,即通过工作而获得报酬。把现金保管好,不要放在孩子看得到的地方,这样可以消除或减少诱惑。(Jerry J. Bigner:亲子关系——家庭教育导论)

(七) 提供儿童规则与关爱

对于规则的学习和内化是童年期儿童发展的一个重要任务。对儿童的关爱能够避免过于偏重规则而造成的负面影响。对于父母来说,恰当的指导能让儿童在规则和关爱方面得到积极的经验。

1. 父母可以提供的结构化和关爱行为

- 对孩子实现发展任务的努力表示赞许;
- 对孩子形成自己的学习方式表示赞许;
- 对孩子获得的学习技能给予积极强化;
- 能为孩子提出的与他人、世界及性有关的问题提供可靠的咨询;
- 为孩子在选择行为时提供帮助,提高孩子对因果关系的推理能力;
- 建立并实施可协商的和不可协商的规则;
- 告诉孩子,即便不同意父母的看法,父母也会同样爱他、关心他;
- 父母对个人行为负责,并鼓励孩子也要这样做;
- 通过介绍榜样的故事,鼓励孩子培养个人兴趣。

2. 父母不可以提供的结构化与关爱行为

- 父母在规则的实施过程中不能持之以恒;
- 在孩子的各个方面都要求尽善尽美;
- 不给孩子提供指导和帮助,却期望孩子什么都学;
- 没能给孩子提供足够自由的时间,以便他们能探讨自己的兴趣,并感受规则的合理性;
- 未能给孩子机会去感受自己的情绪;
- 制定的规则僵化、死板,或未能制定和实施行为规范;
- 有很多不可协商的规则,没考虑到孩子个人的意愿,期望孩子自我管理;
- 贬低孩子。

第四节 青春期的家庭教育

一位家长曾这样形容青春期的孩子：

他们就像一个矛盾体，前一刻钟，他们还在肯定一切，下一刻钟，他们又会否定一切；有时他们会盲目崇拜，而有时他们又会把所崇拜的事物贬得一无是处；

他们就像一颗随时都会爆炸的"炸弹"，也许家长不经意的一句话、一个眼神，就会成为引爆这颗炸弹的导火线；

同时，他们又像是对家长充满了敌意，事事都与家长对着干，家长让他们往东走，除了东之外的所有方向，他们都有可能去，但就是不会向东走。（云晓：爸爸妈妈家庭教育心理学）

资料中的家长说出了青春期孩子的典型特征：不定性，脾气暴躁，叛逆，充满矛盾，令人捉摸不透。面对这样一个孩子，很多家长都会头疼，感觉恐慌，不知道如何面对和教育这些孩子。接下来就让我们一起来探讨青春期孩子的家庭教育问题。

青春期也称为少年期，是儿童期与成年期之间的一个过渡期。青春期从十二三岁开始，一直持续到十七八岁。身体发育标志着青春期的开始和童年期的结束。严格来说青春期又被分为两个时期：①青春期早期，从十二三岁到十五六岁，即初中生阶段。②青春期晚期，从十五六岁到十八九岁，即高中生阶段。本节重点阐述青春期早期的家庭教育。

一、青春期身心发展的特点

青春期是人生长发育的第二个高峰，这一时期，个体的生理和心理都发生了巨大的变化。

（一）生理发展的特点

1. 外形的变化

处于青春期的青少年身体发育很快，其身高、体重、体型及面部等都发生了很大变化，这些变化使它们在外形上逐渐接近成人。

青少年外形变化最明显的特征就是身高的迅速增长。据统计，在青春期发育之前，儿童平均每年长高 3~5 厘米，而在青春发育期，每年至少要长高 6~8 厘米，甚至可达 10~11 厘米。处于这一时期的青少年，体重也有较大的变化。据统计，我国城市男生在 13~15 岁这段时间，体重增加最快，平均每年增长 5.5 公斤，14 岁是增长高峰，15 岁以后增长速度迅速下降。城市女生在 11~14 岁时体重增加最快，平均每年增长 4.4 公斤，十二三岁是增长高峰，14 岁以后增长速度迅速下降。此外，第二性征的出现是青少年身体外形变化的重要标志。第二性征是性发育的外部表现。男性的第二性征表现为喉结突起，声音变粗，唇部出现胡须，周身出现多而密的汗毛，体格高大，肌肉发达等。女性的第二性征表现为嗓音细润、乳房隆起、骨盆变大，皮下脂肪增多，阴毛、腋毛先后出现等。第二性征的出现使男女在外形上的差异日益显著。

2. 生理机能的增强

青少年体内各种生理机能都在迅速发展,并逐渐达到成熟。特别是脑和神经系统的变化主要表现在五个方面:①脑重量的增长。12岁少年的脑平均重量与成人差不多,约1400克;②脑容积的变化。10岁儿童脑容积占成人的95%,12岁少年接近成人的容积;③脑电波的发展。脑发育在"质"上主要通过α波与θ波之间的对抗而进行,对抗的结果θ波逐渐让位与α波,标志着脑发育的逐渐成熟;④神经系统的结构和技能的发育。青少年的神经系统的结构基本与成人没有什么差异,脑皮质的沟回组合已经完善,神经纤维的髓鞘化基本完成;⑤兴奋和抑制的平衡。兴奋和抑制过程不断发展,逐渐趋于平衡。脑和神经系统的基本成熟,为青少年心理成熟提供了可能性。

3. 性的发育与成熟

生殖系统的发育标志着人体生理发育的完成,性腺的发育成熟使女性出现月经,男性发生遗精。女性月经初潮的出现是少年女性身体发育成熟的标志。月经初潮平均年龄为13岁左右。月经初潮后数月或一年左右,月经周期尚不规律,卵巢发育也尚未成熟。一般到18岁卵巢发育达到成熟水平。男性性腺发育要晚于女性性腺,男性性腺是睾丸,睾丸一般在13岁左右开始迅速成长。首次遗精平均年龄为十四五岁左右。遗精意味着男性生殖腺开始成熟起来,但遗精初期的精液内并无精子,4~5年之后生殖系统才能真正发育成熟。

(二)心理发展的特点

1. 心理发展的矛盾性特点

在人的大部分时间里,生理发展和心理发展的速度是相互协调的,因而使个体的身心能处于一种平衡、和谐的状态。但青春期早期是人类个体生命全程中的一个极为特殊的阶段,生理发育极为迅速,而心理发展相对缓慢,因而,处于这一发展阶段的个体身心就处在一种非平衡状态,引起种种心理发展上的矛盾。

(1)心理上的成人感与半成熟现状之间的矛盾

身体的急速成长、性机能的快速成熟使少年儿童心理上产生自己已经发育成熟的体验,认为自己已经是成人,这就是成人感。具有成人感,便认为自己的思想和行为就属于成人水平,应该被社会、环境和周围成人平等相待;有了成人感,便要求与成人相应的社会地位,渴望社会、学校和家长给予他们成人式的信任和尊重。但由于心理发展速度相对缓慢,心理水平尚处于不成熟状态,在认识问题、解决问题、社会经验等方面都处于半成熟的状态,于是就出现了自己认为的心理发展水平与现实心理发展水平之间的矛盾。这是发展中的矛盾,是人生必经的矛盾冲突,是青春发育期的少年不可回避的基本矛盾。

(2)心理上的独立性和依赖性的矛盾

由于少年期儿童产生了一种强烈的成人感,进而产生了强烈的独立意识。表现为对一切都不愿意顺从,不愿听取父母、教师及其成人的意见。在生活中,从穿衣戴帽到对人对事的看法,常处于一种与成人相抵触的情绪状态中。事实上,在面对许多复杂的矛盾和困惑时,特别是在遭受挫折的时候,他们依然希望得到成人的理解、支持和帮助。虽然有时他们表现得很坚强、很无所谓,但大部分时候,只是撑起个样子给自己或他人看,以掩饰自己内心的软弱。

(3) 心理上的闭锁性和开放性之间的矛盾

青春期儿童出现心理上的闭锁性,使他们往往将自己的内心世界封闭起来,不愿向成人袒露,这是因为成人感和独立意识所致。此外,少年儿童认为成人不理解他们,而对成人产生不满和不信任,又增加了其封闭程度。但与此同时,少年儿童的诸多苦恼又使他们倍感孤独和寂寞,很希望能有人来关心和理解他们。因此他们渴望朋友,一旦找到朋友,就会推心置腹,毫无保留。因此少年儿童在向成人表现闭锁性的同时,对朋友又表现出明显开放性的特点。

(4) 心理上的成就感和挫折感并存

青春期儿童通常要表现出成人式的果敢和能干。如果获得成功获取的良好成绩,就会享受到超越一般的优越感与成就感;如果遇到失利或失败就会产生自暴自弃的挫折感。这两种情绪体验常常交替出现,一时激情满怀,一时低沉沮丧。

(5) 否定童年又眷恋童年

随着青春期儿童成人意识的逐渐增强,他们认为自己的一切行为都应该与幼小儿童的表现区分开来,力图从各个方面对自己的童年加以否定。从兴趣爱好到人际交往方式,再到对问题的看法,他们都想抹去过去的痕迹,期望以一种全新的姿态出现于生活的各个方面。但在否定童年的同时,他们又留恋童年时的那种无忧无虑,羡慕童年期简单明了的行为方式,渴望在彷徨的时候,仍然像小时候一样,得到父母的关照。

2. 思维发展的特点

首先,抽象逻辑思维日益占主导地位,但思维中的具体形象成分仍然起着重要作用。也就是说他们在进行抽象思维的时候,常常还需要具体的、直观的、形象的、感性的经验支撑。

其次,思维的独立性和批判性有所发展但还带有明显的主观性和片面性的特点。青少年儿童由于知识经验的不断积累,思维水平的日益提高,他们容易高估自己的实际能力,常常不满足于教师或教科书中的解释,不喜欢现成的结论,而喜欢大胆地提出自己的意见。然而,他们毕竟经验有限,独立性和批判性还欠成熟,对问题的看法还常常是只顾部分,忽视整体,只顾现象,忽视本质,表现出思维片面性的特点。

3. 自我意识发展的特点

个体自我意识的发展经历了两个快速发展期,第一快速发展期发生在1~3岁,以儿童可以用代词"我"为标志。青春期是自我意识发展的第二快速发展期,他们自觉不自觉地将自己的思想从一直嬉戏于其中的客观世界抽回了很大部分,重新指向主观世界,一系列关于"我"的问题开始反复萦绕于心,具体表现出以下特点。

(1) 强烈关注自己的外貌和体征。青春期自我认识的兴趣首先表现在关注自己的身体形象上,强烈渴望了解自己的体貌,注重别人对自己体貌的反应。

(2) 十分关注自己的人格特征和情绪特征。少年儿童把自己想象为"独特的自我",把周围人视为"假想的观众",似乎这些假想的观众随时随地都在观察自己这一独特的自我,常常把自己的自我欣赏、自感不足等都投射到周围人身上。一方面总认为自己是正确的,听不进别人意见;另一方面又感到别人似乎总是用尖刻挑剔的态度对待他们。

4. 心理发展的逆反性

逆反心理是青春期儿童普遍的一种心理现象。主要表现为对一切外在力量予以排斥的意识和行为倾向。青春期儿童一般在以下情况下容易出现逆反行为。

(1) 独立意识受到阻碍。青春期儿童内心的独立要求很强烈,但父母却没有这方面的思想准备或尚未适应这种情况,仍以过去的方式对待他们,从而导致逆反。

(2) 自主性被忽视或受到妨碍。如父母不听取他们的意见,将他们一味地置于支配从属地位,使他们的意愿受阻,个性受到压抑,导致逆反。

(3) 当成人强迫他们接受某种观点时,他们感觉自己没有被尊重,导致逆反。

青春期儿童表达逆反的方式有很多,常见的有态度强硬,举止粗暴,漠不关心,冷淡对待,以及逆反的迁移,即无论正确还是错误,表现出对一切事物的全部否定。逆反是青春期儿童成长过程中的正常现象,父母要合理的引导,不要一味地排斥。

5. 情绪发展的特点

青春期儿童的情绪发展也充分体现出了半成熟半幼稚的特点。他们情绪的表达有时强烈、丰富、外显,有时敏感、脆弱、易偏激,忽而振奋激昂,忽而失落沮丧。情绪很不稳定,自我控制能力不高,有待进一步发展。此外,由于年龄特点和发展任务的要求,青春期儿童的消极情绪也有很多,他们孤独、压抑、渴望朋友、渴望被理解,希望成人在尊重他们的前提下给予悉心的指导和帮助。

6. 人际关系上的特点

(1) 同伴关系

青春期儿童由于内心的不安与焦躁,他们急需一个能倾吐烦恼、交流思想并能保守秘密的地方,朋友关系在他们的生活中就变得更加重要了。相对于童年期,他们交友的范围缩小了,最好的朋友一般一至两个。他们选择朋友的标准主要包括几个方面:有共同的志趣和追求、有共同的苦闷和烦恼、性格相似、在许多方面能相互理解等。青春期儿童对朋友的质量要求很高,带有极大的理想色彩,并以理想的标准要求对方,一发现对方不好的品质就会深感失望,并因此而深陷痛苦之中。

在初中二年级时,小丽和小姚是最好的朋友,无论做什么事,她们都形影不离。他们曾经认为这段友谊会持续到永远。可后来有一天,因为一次误会,小姚开始不和小丽说话。这之后小丽尝试了各种办法来向小姚解释,可3个多月来,小姚拒绝和小丽说话或是回复她的纸条。

"我从来没有感到过如此痛苦和失落,好像世界少了一角,我的生活都打乱了。""那段时间我终于发现她是多么重要的一个朋友,"小丽说,"我甚至无法专心读书,我一心只想着如何修复我们之间的友谊。"(刘梅:儿童发展心理学)

(2) 师生关系

在小学阶段,大部分儿童与教师的关系都是比较友好的。一般来说,小学生们可以接受任何一种类型的教师。处于青春期的中学生不再盲目接受任何一位教师。他们开始品评教师,而且在每位学生的心目中都有一两位最钦佩的教师。中学生所喜爱的教师一般具有以下特点:知识渊博、授课水平高、热情和蔼、关心学生的成长、有朝气等。同样,在中学生心目中,也总有一两位他们不喜欢的教师。他们最不喜欢的教师的特征有:教学不负责任、讲课死板、照本宣科、处事不公、小题大做、不关心学生、不管课堂纪律,等等。在中学生眼中,喜欢的教师几乎是十全十美的,他们会配合这些教师做出最好的反应。对于不喜欢的教师他们会持全盘否定的态度,对于这些教师的意见都持拒绝的态度,无论这些意见合理不合理。

(3) 亲子关系

进入青春期之后,孩子与父母之间的关系也发生了微妙的变化,这种变化表现在许多方面,具体包括:①情感与行为上的脱离。青春期儿童在情感上有了自己的依恋对象,与父母的情感不如之前亲密了。独立意识的增强,使他们在行为上反对父母对他们的干涉与控制。②观点上的脱离。青春期儿童对于任何事情都喜欢自己进行分析和判断,不愿意接受现成的观念和规范。因此对于以前一贯信奉的父母观点都要重新审视。③父母榜样作用的削弱。随着青春期儿童的生活范围不断扩大,越来越多的人物形象进入他们的视野,这里包括一些近乎理想水平的形象,相比之下,父母就黯然失色了。④随着他们认知能力的提高,他们会发现存在于父母身上、过去未曾察觉的缺点,这也削弱了父母的榜样作用。

二、青春期家庭教育的要点

在许多父母眼中,儿童进入青春期,就像准备进入一场战斗,因为青春期似乎总是让人们联想到逆反、紧张、冲突等情景,青春期对于孩子和父母而言都是一段艰难的时期。家庭教育的方式和方法必须再次做出调整,以适应成长了的孩子的需要。

(一)家庭教育方式的修正

许多父母可能会有一个错误的观念,即教育孩子的方式一旦建立就很难改变。他们试图用一种教育方法贯穿对孩子的整个教育。事实上,儿童的发展变化,会影响转变童年和青春期的家庭教育方式。大多数父母会改变儿童的教育策略以满足青春期儿童发展的特殊需要。由于青春期的特殊性,父母必须改变自己的教育方式,最终给孩子更多的自由空间,以适应孩子发展的需要。具体可以从以下两点入手。

1. 父母学会"让权"

到了青春期,孩子不再像以前那样听话,甚至开始反抗父母,其实这都是由于他们身上的成人感在作怪。这种成人感使他们不再喜欢家长的束缚,因此,父母不妨分一些权利给他们,让他们过把成人瘾。

一个星期天的上午,王萌抱着篮球就往外跑,正好与爸爸撞了个满怀,爸爸看他慌里慌张的样子,便问他:"你这是干吗去呀?"

"我昨天跟同学约好了,十点在学校操场打篮球,这会儿我估计他们都已经到了。"

"那你的作业?"

"爸爸,我都已经安排好了,上午打球,下午写作业。"

"既然你已经安排好了,那我就不打乱你的计划了,不过,你也要按计划完成任务呀。"

"那……那我现在……"

"还站在那干吗,赶紧去吧,跟同学约好了哪能爽约呀!"

看到爸爸这么开明,王萌高兴地抱着球跑出了家门。(云晓:爸爸妈妈家庭教育心理学)

到了青春期,孩子最烦恼的事情可能就是父母还像小时候那样约束他们了,父母越约束他们,他们越偷偷摸摸地或明目张胆地与父母对着干。但是,如果父母给他们一些权利,让她们自由安排自己的一些事情,他们就会觉得父母很开明,从而不会故意"为难"父母。当然对于一些自制力差的孩子,父母分给他们的权利要适度,比如,允许他们自己安排自己的时间,但要把安排表交给父母一份,以供监督。这样既给了孩子权利,又考验了孩子的自制力,同时还不会破坏亲子关系的和谐。

2. 父母学会"示弱"

面对青春期孩子表现出的叛逆行为,父母要学会把自己从"老子"的角色上放下来,要学会对孩子"示弱"。"示弱"会让孩子感觉到自己的重要性,感受到来自父母的尊重,在这个基础上进行的家庭教育会收到很好的效果。

一位妈妈与14岁女儿相处得很好,让我们看看她是怎样教育女儿的。

"女儿,过几天妈妈要参加一个婚礼,你说妈妈穿什么衣服比较时尚?"

"我觉得你新买的那身裙子应该不错,不过,要是再配一条小丝巾就更好了。"

"好主意,这样既高贵而又不失时尚,那我明天就去买条丝巾。"妈妈想了想,接着说,"我的形象设计师,我能给你提条意见吗?"

女儿听妈妈称自己为形象设计师,高兴地说:"妈妈请讲。"

"我知道你的发型是今年最流行的,我很喜欢,但发帘把眼睛遮住了,是很影响视力的。如果你把头发帘斜着再剪去一些,既不失潮流,又不会遮住眼睛,说不定还能引领另一种潮流呢!"

女儿仔细想了想妈妈的话,说:"妈妈,我正在为这个头发帘烦恼呢,这下好了,你帮我找到了一个解决的好办法。"(云晓:爸爸妈妈家庭教育心理学)

我们不得不承认,这是一位聪明的妈妈,她懂得巧妙地向孩子"示弱":先承认女儿的能力,然后再针对孩子的问题提出自己的意见,使女儿欣然接受。对于青春期的孩子切忌用粗暴强制的办法教育孩子,因为这种做法只能使孩子对父母充满敌意,即使孩子最后接受了父母的观点,也只是暂时的。

(二)开展青春期性卫生与性教育

儿童进入青春期之后,性开始成熟,第二性征出现,身体急剧变化使孩子无所适从,因此,父母要对孩子进行科学的性卫生及性教育。

1. 进行科学的性知识教育

由于受传统思想的影响,长期以来人们对性都持回避态度。学校教育虽然也开设了相关课程,但大部分学校都选择自学或避而不谈。这种做法使处于青春期的孩子也不敢正视自己正常的心理发育,对于性的问题充满好奇和紧张。为了更好地促进青春期儿童身心健康发展,父母应该打破性给人的神秘感,给子女讲解相关知识。只有当父母面对性的问题如同面对自己的眼睛时那么自然,性的神秘外衣也就不存在了。对青春期儿童的性知识教育需要讲解男、女性器官结构、功能及发育的知识,男女性别外在特征区别的知识等,引导孩子对自己身体有正确的认识。

2. 进行性生理卫生教育

进入青春期后,女孩子会出现月经,男孩子会出现遗精现象,这是正常的生理发育状况。但由于孩子缺乏经验而不知所措,因此父母应该给予科学的指导。女孩子的经期卫生教育包括:经期不应该剧烈运动;不要做腹压过大的动作;避免过于劳累,保持心情愉快;经期尽量不要参加游泳活动,以防止感染;注意保暖,不要用凉水,等等。男孩子性生理卫生教育主要包括:正确对待遗精现象,认识到遗精是成熟的正常表现;不要过分关注遗精现象,不要染上手淫的习惯等。

3. 进行科学的性心理教育

伴随着性生理发育的成熟,少年儿童对异性开始产生好感。但又由于性心理的不成熟,容易使这一阶段的孩子出现早期的性行为甚至性犯罪,从而危害他们今后的健康成长。因此父母要引导孩子科学地认识两性关系,一是要引导孩子正确认识和对待与异性的交往,避免将男女之间的相互吸引与好感误认为真正的爱情,明白青春期异性相吸的道理以及与爱情之间的区别;二是当孩子在与异性交往时,父母要注意他们的兴趣导向,引导其在学业上共同进步,同时提出性道德规范要求,对孩子进行道德与法律知识的教育,让孩子运用理智来战胜情感;此外,培养孩子多方面的兴趣,鼓励孩子多参加课外活动等以减少对性的过分关注。

(三)帮助孩子认识自我,促进个性形成

青春期经历了一个化蛹为蝶的过程。青春期儿童力图从抚育自己长大的家庭中解放出来,摆脱家庭系统的束缚。这个过程的结果就是认识自我,形成个性,这是自我认同的一部分。尽管自我认同过程始于青春期,但也许要到成年之后才能完成。然而,也有一些人始终无法实现自己从家庭中解放出来形成自己的个性。研究表明,家庭在青春期儿童自我认同的过程中起到了重要的导向作用。

埃里克森认为,青少年自我认同的健康发展,要求和父母建立允许个人自由作决定的关系,但同时仍要受到一定的限制。[1] 为了子女更好地认识自我,形成良好的自我认同,家庭教育可以从以下几个方面努力:第一,形成民主、温和、开放并能够自由表达的家庭氛围。当父母允许青春期儿童自由地表达自己,同时也有一些微笑的冲突时,他们积极的自我认同会得到很好的发展和激励。第二,与青春期儿童建立良好的亲子沟通。在通畅的亲子沟通中得到父母支持的少年儿童,能更好地探索自我,有利于自我认同的形成,与父母缺乏沟通或沟通不良的少年儿童更容易出现各种情绪和行为问题。第三,在青春期儿童自我探索,自我成长的过程中,遇到问题,父母要给予及时的指导和帮助。父母是成人,青春期儿童是成长中的人,父母要以成人的眼光看待这些成长中的孩子,为他们的成就欣

---

[1] 黄清河. 家庭教育学[M]. 上海:华东师范大学出版社,2014:149.

喜,为他们的问题撑起一片天空。

(四) 对孩子进行交友指导

随着社交意识的增强,青春期儿童的活动范围扩大了,他们渴望交到更多志同道合的朋友。她们把朋友当作最亲密的人,对朋友无话不谈,视友谊为自己行动的力量。但由于他们还不成熟、没有经验,可能会交到品行不端的朋友。而且,他们尚不理解友谊的真正含义,有时候会出现为朋友"两肋插刀"而不问是非的现象。因此,父母要给予孩子及时正确的指导,帮助孩子正确交友。①父母要鼓励与支持孩子健康的社会交往。在这个过程中学习朋友的优点,发现自己的不足。②父母可以交给孩子一些基本的社交规则,比如尊重他人,待人真诚等。③父母要引导孩子正确地与异性交往,引导孩子正确地处理友谊。如有早恋现象,父母切忌过于敏感,应采取正面引导的方法,不要简单粗暴的对待孩子。④增强孩子的是非观念,减少交友的盲目性。父母需要多留意子女平时与哪些伙伴交往密切,了解他们的道德品质如何,以及时发现问题。

(五) 引导孩子健康使用网络

伴随着网络的普及,青春期儿童网瘾现象日益严重,成为社会和家庭普遍关心的问题。造成青春期儿童网络成瘾的原因主要有:父亲感情不和,忽略孩子的心理状况和情感需要,与孩子缺少沟通,孩子安全感归属感降低,孩子通过网络来满足需要,发泄情绪;父母不良的教育方式,对孩子过于溺爱或过于严格,使孩子内向,不善交际,逆反,从而迷恋网络;父母过于关注孩子的学习,孩子学习压力过大,容易产生自卑感和失败感,从而通过网络来宣泄压力,成就需要。总之,网瘾不全是孩子的错,父母一定要了解孩子网瘾背后的原因,才能对症下药。

为了防止青春期儿童的网瘾现象,父母可以从以下两个方面入手:首先,与孩子多沟通,时刻关心孩子的内心世界,满足他们的情感需要。其次,丰富孩子的业余生活,培养孩子多方面的兴趣,引导孩子正确使用网络,使网络成为有利于孩子学习、增长知识、开阔视野的得力助手。

青春期是人生中的一个特殊时期,孩子和父母在这个时期都会遇到很多的挑战。家庭教育需要面对和解决的问题也很多,比如学习问题、人生观教育问题、人格发展问题,等等,父母一定要有足够的信心和耐心,在陪伴孩子成长的同时,反思自己,和孩子共同成长。

✦ 能力训练

家庭教育是一切教育的基础,在孩子成长的各个时期都离不开家庭教育,父母如何科学有效地开展好家庭教育,已成为每一位家长必须学习的课程。

活动一:孩子的成长需要我们的支持——左右手写字

先请大家用左手在纸上写三个字:"我真棒",要求认认真真地写,写出左手的最高水平;然后请大家用右手在纸上写四个字:"我很平凡",同样要求认认真真地写,写出右手的最高水平。

(1) 请给自己左右手写的字打分,满分100分。

(2) 请前后桌的同学四人一组互相打分,满分100分,并分享打分的理由。

分享:你打分的标准是什么?如果打分时,不仅关注字本身,也肯定你的用心和努力时,你是怎样的感受?如果仅仅对字本身进行评价,而忽视掉你的用心或努力时,你又做何感想?哪种情况更让你感到鼓舞、更愿意继续努力?

如果左手代表的是成长中的孩子,右手代表的是父母。父母用自己右手的标准来要求只具有左手水平的孩子时,你觉得孩子会怎样?面对只具有左手写字水平的孩子时,父母怎样做,才能真正支持到孩子?

总结:只有当我们接纳、认同孩子不同的基点时,才能体会孩子的成功、努力、失败、畏难等情绪,才能真正给学生鼓励和支持,增强学生自信心和胜任感。努力进步中的孩子,他们很棒,父母应该看到他们的用心与认真,写字很漂亮的我们其实"很平凡"。做事的过程比结果重要得多。

活动二:如何看待孩子成长过程中出现的问题

请用心阅读下面的文章。

孩子的问题是你的恐惧开出的花(节选自百度文库)

对于一个家庭来讲,你是树根,孩子是花朵。如果花朵有问题,多半树根也有问题。家长们常常"看到"的孩子的问题,其实是他自己的问题在孩子身上"开的花"。孩子是你的投射银幕,当你在孩子身上看到了问题,那是你自己问题的外在投射。

从本质上讲,不存在有问题的孩子,只存在有问题的家长。家长意味着"头脑",孩子代表着"心"。当生命的存在看似出现问题时,那是"头脑"出了问题。没有你的角度、判定、认为,你眼中会有问题小孩吗?如果你眼中有问题小孩,那是谁的问题?谁制造出了一个问题小孩?是你,你创造了一些问题概念,然后你投射在了孩子身上。

1. 你自己的恐惧越多,你要求孩子的就越多

如果你是一个恐惧的家长,你就会有一个有问题的小孩。你的恐惧越大,你眼中小孩的问题就越多。恐惧导致掌控。你越恐惧,越倾向于去把握住某种东西,以让你自己有安全感。掌控者是头脑,而小孩通常都是自由的心,他们像水一样流动,很难被掌控。这使得你越想抓住、越想驾驭、越想掌控,越抓不住、越驾驭不了、越掌控不住。

2. 你知道什么对他的人生道路最好吗

在孩子面前,我们似乎都是上帝。在一个幼小的孩子面前,我们总是在无意识中扮演上帝:我们知道什么东西对他最好,我们知道什么样的道路对他最好……从其一生的长远角度来看,你真的知道什么对你小孩最好吗?以你的"知道"来控制你的小孩按照你的道路行走,把你认为是好的或对的东西强加给你的小孩,那简直是一种挟持。你在挟持他的生命自由,你在挟持他的心。

3. 解决小孩的问题,先解决你的问题

在教育之中,要解决小孩的问题,先解决你的问题,这是从根本上解决问题。没有一个问题家长,就不存在一个问题小孩。一个小孩只是家庭和社会之树上的一枝花朵,它开出了家庭或社会的优点,同时它也把整个家庭或社会隐藏的毛病开出来。如果一棵树长的花朵长了毛病,我们通常就要深入树根去治疗,而不仅仅停留在花朵本身上;同样的道理,如果一个小孩出了问题,我们该深入何处对他加以帮助呢?显然,家庭和社会是根源。

分享:
(1) 读完这篇文章,你有什么感受与想法?
(2) 当你对孩子不满的时候,你担心或害怕什么?
(3) 今天你为自己孩子做的选择,你确定是正确的吗?在你自己的成长道路中,谁在为你做选择?这些选择为你带来了什么?
(4) 你想对你的孩子说些什么?你想对自己说些什么?
(5) 作为父母,应该如何教育自己的孩子?如何帮助孩子面对自己成长中的问题?

总结: 教育孩子的过程,就是父母自我成长的过程,面对孩子成长中的问题,父母要时刻自省,相信自己的孩子,给孩子的成长以自由的平台。

活动三:面对青春期的孩子
请父母思考以下几个问题,并且把答案写在纸上。

1. 父母的青春期
(1) 青春期让你印象最深刻的事情是什么?
(2) 如果这是一件发生在你和父母之间的事情,你希望你的父母怎么做?
(3) 如果这是一件发生在家庭之外的事情,你希望得到父母怎样的支持与理解?
(4) 如果青春可以重来,你希望自己怎样度过青春期?

2. 孩子的青春期
(1) 今天孩子身上出现的问题,在你的成长过程中有类似出现吗?那是什么样的情况?
(2) 当时,你的父母是怎样做的?你希望自己的父母怎样做?今天你的孩子对你又有怎样的期待呢?
(3) 你想对你青春期的孩子说些什么?今后你打算怎样做?

启示: 青春期是人生中的一个重要时期,有着不同于其他时期的特有特点。尊重青春期孩子身心发展的规律,多站在孩子的角度思考问题,放松心态,多给予孩子尊重、理解与支持,相信孩子们会成长得很好。

思考与练习

1. 婴幼儿的身心发展特点有哪些?父母如何根据其年龄特征进行科学的家庭教育?
2. 如何实施童年期和青春期的家庭教育?
3. 如何做好入园准备工作?
4. 婴儿期的逆反与青春期逆反有什么不同?父母又该如何科学地实施家庭教育?
5. 什么是秩序敏感期?针对这个敏感期,如何更好地实施家庭教育?

第八章
特殊家庭的儿童教育

经过数十年的发展,我国的改革开放带来了社会文化以及家庭观、生育观、教育观的转变,城乡经济结构的变化发展更是直接影响了千万家庭的生活模式。这样使一些特殊结构的家庭教育问题日益引起全社会的关注。家庭教育除关注一般家庭中的一般儿童的教育问题,同时关注一般范畴以外的特殊家庭子女的教育问题。

特殊家庭主要是指家庭结构、功能不完整或者错位的家庭。随着国家社会经济的发展,工业化、现代化程度的提高,家庭规模逐步由大变小,家庭结构也逐渐由复杂变简单,家庭类型呈现出多样化的趋势,出现了单亲家庭、祖辈家庭等多种形式。为使不同家庭环境的孩子都能健康快乐地成长,必须对特殊类型家庭的家庭教育问题给予特别的关注,并根据不同家庭的特点,体现出家庭教育的特色。本章阐述了留守儿童的家庭教育、单亲家庭的家庭教育以及隔代教养的家庭教育问题。

第一节 单亲家庭的儿童教育

《中国家庭发展报告 2014》发布后,一些数据引发人们思考。①小型化趋势明显,20 世纪 50 年代前家庭户平均 5.3 人,2012 年家庭户平均 3.02 人。②四成家庭是"单身贵族"或"二人世界"。2000—2010 年 1 人户翻倍,2 人户增长 68%。③超 8800 万户有 65 岁以上老人,老人独居、留守家庭等特殊问题突出。④单亲家庭超 2000 万户。我国 1~2 人的微型家庭大幅增加,3~4 人小型家庭户明显减少。单人家庭迅速增长,2010 年 30 岁以上未婚者中独居家庭比例达 43.2%。单亲家庭比例逐年上升,2010 年为 2396 万户,成因以离异为主,70% 为单亲母亲家庭。

许多研究已经证明,来自单亲家庭的子女在学习、品行、心理发展等方面一定程度上有别于完整家庭,表现出问题行为的人数较多。

单亲家庭是一种不完全核心家庭,《中国大百科全书》中认为单亲家庭是核心家庭中配偶一方因离婚、死亡、出走、分居等原因使家庭成员不全的家庭。综合国内外关于单亲家庭的界定,我们认为单亲家庭是指只有父亲或母亲一方与其未婚的、年龄在 18 周岁以下的,不具备独立生活能力的子女共同生活的家庭。[1]

一、单亲家庭的类型

根据单亲家庭的形态和模式特征,我们可以将单亲家庭划分为四种类型:离异式单亲家庭、丧偶式单亲家庭、未婚式单亲家庭以及分居式单亲家庭。其中以离异式单亲家庭居多,南京市一项单亲家庭情况的调查显示,离异式单亲家庭达到了 71.7%,为最主要的单亲家庭类型;其次为丧偶式单亲家庭,占总数的 24.7%。[2]

(一)离异式单亲家庭

离异式单亲家庭是指夫妻双方经法定程序解除婚约,父母一方与未成年子女共同生活的家庭。这类家庭与其他家庭相比,有如下 3 个不同之处。

1. 离异式单亲家庭是我国单亲家庭的主流

西方各国自 20 世纪 60 年代以来离婚率急剧上升,这种急剧上升同样波及东方各国。我国一向被公认为婚姻最稳定的国家,也同样受到这种离婚浪潮的冲击。由于离婚率的快速增长,离婚式单亲家庭比重逐渐上升,从而引发单亲家庭子女心理及教育的一系列问题。据国家统计局统计,截至 2014 年,中国有超过 2000 万户单亲家庭,单亲家庭比例逐年上升,2010 年为 2396 万户,成因以离异为主,70% 为单亲母亲家庭。

2. 离异式单亲家庭的产生具有人为性

随着时代的进步和中国传统封建思想的根除,人们对于婚姻的追求不仅体现在结婚自由,在很大程度上还体现出离婚自由的特点。就目前总体情况而言,中国离异式单亲家庭的产生原因绝大多数都是人为的,这也是离异式单亲家庭不同于其他类型单亲家庭的重要特征。

李银河认为,传统社会家庭关系稳定和现代社会的家庭关系动荡不安是一个跨文化的普遍规律。它与居住环境、家庭亲戚关系、人们交往方式和观念变化(从以离婚为耻到不以为耻)等因素有关。这是两个社会大趋势,是传统社会走向现代化过程中不可避免的现象,尽管由于人口素质所限,中国大多数人婚姻质量不高,同时大多数人的离婚观念还有着较大的盲目性和非理性色彩,但从其主流而言,是健康、进步、合理的,是转型期人们

---

[1] 蔡岳建. 家庭教育引论[M]. 合肥:安徽教育出版社,2010:205.
[2] 王世军. 坚强与无奈——单亲家庭[M]. 石家庄:河北人民出版社,2002:37.

日益追求高质量生活的现实反映。越来越多的人以离婚来解除过去难以解除的失败婚姻;越来越多的当事人或旁观者把离婚当作好事看待。虽然离婚过程中有许多痛苦和伤害,尤其是无辜的孩子,我们能够做的只是设法减轻这些伤害,却不能扭转这一总趋势。

3. 家庭关系变更极大影响家庭成员身心

夫妻离异,家庭解散对于生活在其中的所有家庭成员的身心都有着巨大而深远的影响,其中影响最大的当属孩子,对他们而言,父母离异对他们的影响仅次于父母死亡。父母的离异,家庭的解散,会对孩子身心发育尤其是心理产生重大的影响。

(二) 丧偶式单亲家庭

丧偶式单亲家庭是指因配偶一方去世,另一方与未成年子女共同生活而形成的家庭,我们称为丧偶式单亲家庭。这类家庭主要有两个特点。第一,离异式单亲家庭的产生带有较大的人为因素,而丧偶式家庭具有不可抗拒性。第二,在丧偶式单亲家庭中,没有经历离异式单亲家庭产生前的长期的冲突过程,亲人的离去属于违背人的主观意愿突然发生的。因此,孩子面对父亲或母亲去世时的剧烈痛苦使他们更能体会他们的痛苦,珍惜现在的亲情。

(三) 未婚式单亲家庭

未婚式单亲家庭是指未婚男女未办理法律手续同居后,未婚者的一方与未成年子女共同生活的家庭。这种家庭以未婚母亲与非婚生子女共同生活者较为常见,其特点有:第一,未婚式单亲家庭主要分布在城镇,由城市向农村蔓延。婚前、婚外性关系是未婚式单亲家庭产生的根源,对婚前、婚外性关系的宽容,意味着未婚式单亲家庭存在的可能性越来越大。[1]第二,就目前我国的现状而言,单亲母亲家庭的数量远远多于单亲父亲家庭。第三,未婚式单亲家庭中生活的子女出现不同程度的心理、行为、纪律障碍大大高于同龄孩子。

(四) 分居式单亲家庭

分居式单亲家庭是指仍保留夫妻名分,在一定程度上夫妻的权利、义务得以保留,但夫妻不共同生活在一起的家庭。

中国的分居式单亲家庭与西方分居式单亲家庭有本质的区别。西方的分居式单亲家庭为禁止离婚时期采取夫妻分居制度而形成的离婚变通的形态,延续至今,成为某些欧洲国家离婚的前提。而中国的分居式单亲家庭形式主要有两个特点:一是夫妻处于准离婚状态的分居,与西方的情况类似。二是夫妻两地长期分居(由于工作、出国、服刑等原因),孩子与父母一方共同生活,这种分居式单亲家庭在中国 20 世纪 80 年代以前较多,80 年代后,国家重点解决了两地分居问题,90 年代后,两地分居式单亲家庭已明显下降。

二、单亲家庭对孩子的影响

面对破碎的家庭,感到最无助的就是孩子。父母的离异对他们的心理、学习成绩、行

---

[1] 王世军. 坚强与无奈——单亲家庭[M]. 石家庄:河北人民出版社,2002:37.

为、身体、人际关系都产生了非常大的影响。

处于单亲家庭中的孩子内心会有什么感受？孩子感到强烈的被拒绝感，这是单亲环境中成长起来的青少年的深刻体会，不管是处于哪种情况的单亲家庭，他们都会有被拒绝感。在情绪混乱时，孩子很容易感到愤怒，他们往往会表现出极度失望、想哭、心情烦躁、成绩下降、对朋友具有攻击性。这些孩子通常都不会对离开的一方表达自己的愤怒，反而是向抚养的一方表达自己的愤怒，发脾气。此外，他们会缺乏安全感或有不健全的自尊。他们可能会觉得自己跟其他有完整家庭的孩子有很大的不同，他们会觉得自己与父母有距离，觉得自己被身边的朋友疏离，感到自己没有朋友，十分无助。

不少学者都非常关注单亲家庭孩子的心理健康状况，王美玲等对200名离异单亲家庭与完整家庭学生的心理状况进行对比，得出单亲家庭学生比完整家庭学生存在较多诸如自卑自责、冷漠孤独、冲动等心理问题。[1] 付向阳对黔北地区600名单亲家庭学生的调查研究结论指出，单亲家庭学生心理问题主要表现为学习焦虑、冲动倾向等。[2]

具体来说，单亲家庭对孩子心理上造成的消极影响，有这样几个方面。

（1）情绪情感方面，由于单亲家庭特别是离异家庭子女对父母离婚的不理解和长期郁结的对一方父母的怨恨，使他们的情绪很不稳定，往往一触即发，主要表现为发脾气，睡眠不安稳，亲子之间冲突加剧等，而出现情绪问题的诱因也往往只是一些生活琐事。

（2）适应性方面，单亲家庭的孩子随父亲或者母亲一方生活，他们很难适应家庭的这种突变，心理处在一种严重的失衡状态中，表现出一定程度的愤恨和绝望，孩子的心理适应期有的会长达3~5年。

（3）性格方面，单亲家庭的孩子容易产生一些性格缺陷，比较典型的有自卑，孤僻，怯懦和粗暴。

（4）在智力和学习发展方面，离异家庭孩子的学习成绩明显差于完整家庭儿童，除了家庭破损影响其学习动机、学习态度外，也与智力水平存在比较低密切相关。导致单亲家庭子女成绩不良的主要原因是学习态度不端正，精神涣散，学习潜力无法得到正常的开发。

（5）在身体健康方面，由于缺乏父母的疼爱，而且单亲家庭收入相对较少，营养也不一定得到保证，因此他们的健康也必然受到一定程度的影响，他们的生长发育比较慢。

（6）在人际关系方面，单亲家庭的孩子对待交往动机更加敏感，他们在作判断时受到自我中心的情绪的影响极大。他们会高度评价和赞赏对他们友好、同情并肯定他们的人。在他们的眼里，获得朋友、同学、教师的赞扬在一定程度上表明他们无异于身边的人，同样也可以获得旁人的肯定。相反，他们会十分讨厌那些责骂他们的人，因为这不仅伤害了他们的自尊心，还意味着他们被抛弃，被歧视，不被旁人所接受。他们通常表现的孤僻不合群，在于同伴相处和协作中都比不上完整家庭的孩子。

---

[1] 王美玲,陈国宏.单、双亲家庭学生心理健康状况比较分析[J].当地体育科技,2013(18):140-141.

[2] 付向阳.黔北地区单亲家庭学生心理健康状况研究[J].数字化用户,2013(10):51.

三、单亲家庭教育存在的主要问题

单亲家庭孩子教育与一般家庭相比,存在更多的问题,尤其以离异家庭最为典型。因此,我们对单亲家庭教育问题的探讨,以离异家庭为重点,同时兼顾其他单亲家庭类型的共性与典型特征进行。

(一)家庭教育投入减少

一方面,单亲家庭只有单份收入,并且经历过家庭变故,所以家庭教育在经济上的投入就会减少。另一方面,单亲家庭对孩子在教育上花费的精力也会相对较少。这种情况尤其体现在单亲母亲的家庭中,之前家庭收入通常以父亲的收入为主要来源,而现在由母亲一人挑起了家庭的重担。虽然离婚后夫妻双方都要履行抚养未成年子女的义务,但由于家庭成员阻挠或其他多种因素的影响,很多家庭孩子抚养费不能得到有效的落实。单亲母亲每天除了工作还要做家务,照顾孩子,同时承受一定的社会舆论压力,使得对孩子的教育资金、时间和精力投入都大大减少。

有学者对单亲家庭的研究指出:单亲家庭的子女照顾问题比起成为单亲之前感到困扰的比例超过半数,其中家有未满12岁的儿童者最感到困扰的前五项是:教养子女的时间与精力不足;担心子女单独在家会不会不安全;子女生病时不能好好照顾;工作时间无法接送子女上学;无力负担子女入托或课后照顾费用。家庭中有青少年的单亲家庭最感困扰的前五项是:教养子女的时间与精力不足;不清楚子女在家庭以外的活动情况;不知如何与子女沟通;子女假期活动的安排;子女不听管教。

(二)家庭亲子关系失调

儿童最早接触到的人际关系便是与家庭成员的关系,儿童从其中学会与他人相处并逐渐成为社会成员。在家庭中,父母、子女是最基本的成员,夫妻关系与亲子关系是最基本的关系形式,他们组成了家庭结构的核心和稳定的三角。在稳定的家庭关系中,通过家庭三角互动,儿童逐渐学会了如何处理与他人之间的关系,并理解了他人与他人之间的关系。因此,单亲家庭的孩子由于家庭关系的失调,会影响其社会化进程。在单亲家庭中,由于只有一个成人和一个孩子,缺乏一个感情的缓冲人物,常常显得剑拔弩张,容易产生对立和矛盾。[1]

王女士,41岁,籍贯湖南,16年前与丈夫离异,之后到广东谋生,与女儿同住,离职在家近十年,身体有多种疾病。女儿小文,17岁,上高中,成绩较差,不敢主动与人交流,曾休学在家,在镇上找了一份售货员的工作,月工资800元。女儿工作早出晚归,与母亲甚少交流,谈话时间一周加起来不到一个小时,一交流便会发生争吵。两个月前,小文在其母亲不知情的情况下辞了之前由其母亲为她介绍的一份工作而换成现在的工作,母亲相当气愤,母女关系出现僵局,或争吵或互不理睬。

---

[1] 托尼·法尔博. 独生子女与独生子女家庭[M]. 王亚南,译. 昆明:云南教育出版社,2001:187-188.

王女士作为单亲母亲,独自照顾女儿十多年,家庭关系中出现了非常典型的亲子关系紧张的问题。一方面,由于小文正处于青春期,亲子关系在这个阶段容易出问题;另一方面,由于单亲家庭缺少缓冲,一旦出现矛盾,双方容易产生激烈的争吵或者出现僵持情况。

四、单亲家庭教育方法的误区

由于单亲父母自身也受到一定程度的伤害,再加上缺乏儿童教育的心理知识,单亲家庭教育的态度和教育方式存在不少问题,主要误区有以下几方面。

1. 放任孩子

有的家长因为受到婚姻的打击,或者受到生活的压力,便把一切错误都责备到孩子身上,无心教管子女,采取不管不问的态度,使子女丧失前进的动力和方向,觉得自己不被重视,被孤立,像断线的风筝,没有方向,很容易误入歧途,为其走上邪路创造了条件。在这种教育方式下成长起来的孩子自由散漫,感情用事,而且他们会脆弱、依赖、缺乏主见和独立意识,一旦离开了家长便茫然不知所措。

2. 溺爱孩子

有的父母在离婚后,对孩子百依百顺,只注重在物质上满足孩子的各项需求,处处迁就以弥补其感情上的缺损,而忽视在思想品德上对孩子进行教育,不知不觉养成了孩子骄横、任性等坏习惯,使孩子的成长出现了偏差,这就是溺爱教育。由于缺少父母一方的缺失,孩子往往会一方面缺少来自缺失父母那一方的爱;而另一方面却背负着来自存留父母的超重的父爱或母爱,后一种情况称为"情感过剩"。在这种教育方式下成长的孩子会表现为在同学和老师面前任性,好胜心强,寻求各方面的满足。同时受不了一点儿批评,更承受不了挫折与打击,表现出极其脆弱的心理状态。这种弥补子女的心理创伤,忽略正确的教育原则,对子女百般骄纵的教育方式,对孩子的成长是非常不利的。

3. 对孩子过于严苛

严酷型父母的一个显著特点是关心子女的前途胜过其他一切。为此,他们对子女各方面要求都很严。比如对子女的学习、思想品德、打扮、日常交往等都要干预指点。他们不仅对子女的教育要求严,教育方法上也比较严格,他们往往不苟言笑,一本正经。应该指出,父母对子女比较严格,对孩子的成长在一定程度上是有利的,特别是对人生观尚未定型、易受外界不良影响的中学生来说,父母管教严一点并不是坏事。但是,对于单亲家庭的孩子而言,倘若父母对他们的要求过于严格和苛刻,有可能会使他们产生强烈的抗拒感,缺少家庭的温暖感。

小李小的时候父母就离婚了,妈妈独自带着她生活。小李小时候比较顽皮,经常会弄乱家里的卫生,弄脏自己的衣服等,每当这时候,妈妈就会严厉地批评她:"女孩子怎么能这么淘气?把自己弄得脏兮兮的!"会严格要求小李是不是按时洗手,是不是按照自己的要求洗脸、洗澡等。小李的妈妈非常在意别人对她们母女俩的看法,所以对小李的要求格外高,希望小李能处处优秀,免得被别人欺负瞧不起。这样的严格要求不仅没有激励小李变得更好,反而使小李变得非常胆小,在学校里也很孤僻,没有朋友,不爱说话,老师、同学都不太喜欢她。

4. 对孩子期望过高

由于缺少了配偶,家长便会把孩子作为自己唯一的精神寄托。在家长望子成龙的压力下,孩子会承担过度的压力,心理负担沉重。有些心理素质不佳者,甚至会走向另外一个极端,不思进取,这种做法的主要目的是希望父母可以降低对自己的要求和期望。也有些孩子会因为家中的期望而奋发图强,但是长期的努力,超负荷的工作,也会导致孩子身心损伤。一旦某一天超出了所能承受的极限,便有可能走向崩溃,结果更糟糕。

5. 重视物质的供给,忽略健康人格的教育

很多家长出于对孩子的一种愧疚,希望可以在物质上尽量给予补偿,而往往会忽略了孩子的人格教育。在孩子人格的形成过程中,父亲和母亲有着无法互相取代的作用。缺少父爱,孩子就会形成所谓的偏阴人格,即表现得懦弱、多愁善感、自卑、缺乏毅力、果断性不强等;而缺少母爱,孩子又会形成所谓的偏阳人格,即表现为孤僻、冷漠、缺乏爱心与同情心、没有安全感、狭隘等。

五、单亲家庭的家庭教育对策

家庭结构的改变,对孩子带来的冲击与影响是不可避免的。相对于完整家庭,单亲家庭所面临的家庭主要问题、孩子心理特征等方面都表现出一定的差异性。基于单亲家庭的特殊性,家长在对孩子进行教育时要特别注意。

(一)树立正确教育观并有合理教育期望

单亲家庭的家长容易将生活的重心放到孩子身上,对孩子的期望往往较高。但事实上过高的期望不仅会给孩子造成过重的压力,还会使亲子关系紧张。正确的做法是家长尽量使自己的期望与子女自身的特点相匹配。具体而言,家长应充分了解孩子的兴趣、特点和自身特点,主动和孩子交流,使自己的要求和孩子的特点相符,避免对孩子期望过高。

(二)加强亲子沟通,建立和谐的家庭氛围

亲子关系是心理与行为问题的中介,尤其是父亲与子女的关系是否融洽对其子女的影响会更大。[1] 良好的亲子关系能让孩子摆脱被抛弃的恐惧,他们会感觉到无论如何,他们的父母都会给他们照顾,仍然会像以往一样爱他们。因此,单亲家庭的父母不可忽视对子女的照顾,在生活中注意与子女进行经常性的沟通。除此之外,还要注意以下问题。

1. 坦言离婚真相,引导孩子正确认识单亲家庭的存在

家长要尽量帮助孩子克服被拒绝感、羞耻感、无能感,让孩子知道并相信父母仍然爱他,还要帮孩子处理愤怒情绪,设法使孩子远离父母冲突。帮助孩子接受父母离婚的事

---

[1] 俞国良,王永丽.离异家庭子女心理适应问题研究[J].教育研究,2007(5):86.

实,使他相信这不是他的原因,也不会因为他的努力而和好,尽量让孩子相信爱和忠诚,不要强迫孩子做出跟谁的选择,不要设法让孩子憎恨某一方,不要向孩子撒谎说对方"死了"之类的话,因为谎言终有被拆穿的一天,只会变成更大的伤害。

女儿洋洋8岁那年,我和丈夫的感情出了问题。他内疚却又坚决地告诉我,他爱上了另外一个女人,在经历了几番痛苦的挣扎后,我最终和他分手了。我们暂时商定:女儿跟我生活,考虑到女儿的承受能力,我提出暂时不把离婚的事告诉她。他悄悄地收拾了自己的衣物,告诉女儿爸爸要出差,就这样离开了我们曾经共同的家。

这次"出差"一直延续了两个月,洋洋好像隐隐地看出了什么。我前思后想,这种事情瞒得了一时,也瞒不了一世。再说我这样藏着掖着,不就等于告诉孩子,父母离婚是见不得人的家丑吗?这样势必会造成孩子的心理阴影。于是周日,我找了一个机会,告诉女儿,爸爸和妈妈分手了。

"是离婚吗?"女儿不愿意相信。

"是。"我尽量冷静地回答。

"那爸爸不要我们了?"女儿流落出一种失落。我尽量平静地告诉女儿,不是爸爸不要我们,是爸爸和妈妈之间出了问题,我们不愿再住在一起,至于你,爸爸和妈妈都会像从前一样爱你,只不过爱的方式不一样了——如果这周妈妈陪你玩,那下周可能是爸爸带你出去玩,从前不是也有爸爸自己带着你出去,而妈妈在家做饭的情况吗?女儿似懂非懂地点点头,接受了这个现实。

有次我带女儿回娘家,洋洋的小姨不小心当着女儿的面说:"你那个爸爸呀,也真招人恨。"就这样一句话,女儿就大哭大闹。我哄她的时候,她又问:"我爸爸为什么不要我们了?"我深知这个时候一旦处理不慎,就会在女儿心里埋下怨恨或自卑的种子。于是我告诫自己,不能把成年人的恩怨施加给孩子。于是我告诉女儿:"刚才小姨说得不对,在爸爸妈妈分手的问题上,不存在谁对谁错的问题。"

"那我也不愿意你们分开,你们不能为了我不离婚吗?"

"爸爸妈妈不能勉强在一起生活。就像你和小朋友闹了很大的矛盾,大人硬是要你们在一起,你也不会快乐啊。爸爸妈妈离婚你刚开始可能有点不适应,不敢面对同学,可你也必须明白,这不是一个丢人的事情。"

从那以后,我告诉自己,绝不在孩子面前以婚姻的受害者自居,我要做个快乐的单亲妈妈。我告诉我的亲朋好友,不要在我女儿面前评价我与前夫的是非。渐渐的,女儿不再焦虑、恐惧,对谁都小心翼翼地。她亲身感受到了离婚只是爸妈之间出了问题,丝毫不会影响到对她的爱。她又回到那个充满阳光的小女孩了。

2. 让孩子与离异的另一方保持良好的联系与交流

定期安排孩子与对方见面交流,不要因为自己的感情问题影响到孩子的情感。离婚家庭应该做到文明离婚,延续对孩子的爱:如何把离婚对下一代的伤害降到最低呢?美国一位心理学家这样说道:"离了婚的父母,虽然已经不再是夫妻,但最好的办法是继续做孩子的父母。"离婚后,父母和孩子的关系仍然存在,父母还是应该尽好自己的责任,继续关爱孩子。

我和丈夫离婚的时候,玲玲还是个很小的孩子。这些年来,小孩子也懂得了不少知识,她经常会眨着天真无邪的眼睛问我:"妈妈,为啥你要和爸爸离婚呢?"

我怎么能告诉她事实:你爸爸吸毒,已经戒毒很多次了还是没法改过来,把家里的钱都快花光了,而且他经常出去鬼混……

我心里隐忍着这些疼痛的事情,但我深深地知道,不能让父母之间的事情伤害到孩子。公公婆婆一直都对我很好,可我却依然无法原谅他,无法和他继续生活下去。所以在和丈夫协商好后,我对她说了一些善意的谎言,她也懵懂地相信了。

虽然离婚了,但是在玲玲心目中,除了我和她一起换了一所新房子,不再和爸爸一起住,不再吵架之外,其他一切都没有变。每天照常上学放学,周末的时候就回原来的家和爸爸、爷爷、奶奶一起玩耍,玩个痛快。

尽管这样很好,但是随着年龄的增长,孩子还是有点异样的心理问题,比如越来越沉默寡言,偶尔会对我发脾气,埋怨我和她爸爸离婚。但是我都忍住了,并没有在孩子面前骂她爸爸。

我认为大人离婚,千万别连累了孩子。玲玲之所以在学校成绩好,在家很听话,对我和爸爸都很好,是因为我们都避免让过去的事情对孩子纯洁的心灵受到伤害,而给她更加多的温暖和爱。不让她感觉到在成长的道路上有任何一方的缺失,爱是不能缺席的。

3. 单亲家庭的亲子沟通方式

在亲子沟通方式上,单亲家长要注意,善于从孩子的优点和长处入手,多给鼓励和关怀,帮助孩子克服自卑感,唤起孩子的自信心,增强孩子与单亲家长交流的愿望,在生活中多关注孩子的感受,当孩子遇到挫折与困难时,及时给予引导和帮助,利用假期和孩子一起进行家庭活动,如远足、购物、外出旅游等,增进亲子感情。

(三)弥补缺席的爱,重视对孩子的性别角色教育

单亲家庭,尤其是与异性子女组成的单亲家庭,家长对子女的性别角色教育显得非常重要。[1] 由于单亲家庭特殊的家庭构成,已然造成孩子父爱或母爱的缺失,这种缺失容易导致孩子性别角色形成障碍。因此,在单亲家庭中父母积极弥补缺失的爱,对孩子进行正确的性别角色教育变得尤为重要。首先,单亲家庭要注意对孩子性别角色性格的培养,通过各种途径让男孩或女孩对自己的性别适应、认同,并根据自己的性别行事;其次,家长要积极为孩子创造一个适当的交往环境,让孩子在与不同性别、不同年龄人的交往中逐渐模仿和习得与之性别相对应的性身份特征;最后,让孩子接受健全的婚姻观和性态度。尽管生活在单亲家庭中,家长仍要以积极的态度让孩子正视婚姻、家庭以及两性问题,避免孩子对婚姻及家庭产生负面的态度。

父亲教育对孩子的发展至关重要,而现实中父亲教育的缺失却很普遍。追寻父亲教育缺失的原因,则不外乎两点:一是忙。新浪网相关调查显示"生活压力大,男性忙于赚钱养家","男性的职业压力更大,无暇他顾",排在了父亲家庭教育缺失的前两位。二是观念问题。中国家庭长期以来有"男主外女主内"的传统,管孩子被认为是母亲的事情,父亲一般不插手"内务"。中国历史上的教子故事也多与母亲有关,很少见到父亲的影子。

当今社会中越来越多的父母认识到家庭教育的重要性,而关于父亲在家庭教育中重

---

[1] 王炳元. 论单亲家庭儿童的性别角色教育[J]. 中国性科学,2008(12):9-12.

要作用的观念尚需要进一步提高。父亲教育的倡导者蔡笑晚先生曾经提出"我的事业是父亲!"蔡先生坚信此念,并身体力行,将自己的6个孩子全部培养成才:其实对于天下任何一位父母来说,"把孩子培养成才是天下每位父母最要紧的人生事业,它在所有日常事务中永远排在第一位!"对此假如没有异议,每一位父亲是否应该也抛出落伍的观念,推掉繁忙的借口,像案例中的父亲一样,放下手头的任何一项工作,让孩子享受来自父亲的课程呢?

(四) 鼓励社会活动,增进社会交往

单亲家长应当鼓励孩子积极参与社会活动,增强交往意识。一方面,鼓励孩子积极参加集体活动,主动与人交往,养成开朗、乐观的性格;另一方面,单亲家长要认识到"以孩子教育孩子,以孩子影响孩子"是促进孩子社会性发展的有效措施。有意创设条件,鼓励孩子进行同伴交往活动,在同伴互动中学会处理与他人的关系,体味合作、共享带来的快乐,培养尊重自己,尊重他人,助人为乐的良好品质。

第二节　隔代家庭的儿童教育

在中国,隔代教育由来已久。古时候祖辈在家里的地位非常高,基本上所有的事情都是由家里最年长的人来做决定,对小辈的教育也不例外,而国外则很少出现祖辈直接插手孙辈教育的情况。因此,隔代教育可以说是具有中国特色的家庭教育模式。

现代人的工作压力和生活压力都非常大,妈妈放弃工作全职带孩子固然对孩子有好处,但也会带来一定的经济压力和问题,所以现在大多数家庭依然是"双职工家庭"。此外,现在的年轻父母多数接受过良好的教育,有自己的理想和抱负,不希望因为孩子而停下追逐梦想的脚步。这样一来,把孩子交给祖辈带便成了年轻父母最好的选择,既能缓解经济压力,也能安下心来打拼事业。

另外,由于生活水平和医学水平的提高,很多老年人离退休之后,身体依然硬朗,身体状况基本能够满足照顾孙辈生活的要求。而且,帮助子女带孩子不仅体现了自己对儿女工作的支持,也能排遣自己离退休之后的无聊和寂寞,填补子女不在身边的心灵空缺,使自己晚年生活丰富多彩。因此很多老人都会主动提出帮助子女带孩子。

正因为如此,隔代教育在中国变得十分普遍。现实生活中,因孩子的教育问题引发家庭矛盾的例子屡见不鲜。年轻的父母有着全新的育儿观,而老人喜欢按照老一代的方法来教育孩子,新观念与老路子之间难免出现分歧。而分歧出现时,老人往往自恃"生养过一个或几个孩子"固执己见,年轻的父母则是难以领情。结果,祖辈辛苦付出换来的却是"两头不落好",因此很多老人都说带孙子是一件费力不讨好的事情。隔代不隔心,祖辈与父辈教养孩子的目的是一致的,因此,要针对隔代教养提出有针对性的家庭教育策略,帮助祖辈教育出优秀的孩子。

一、隔代教育的产生原因

"隔代教育"也就是在家庭教育中,儿童亲生父母把抚养和教育孩子的大部分或全部责任和义务交给上一代家长来承担的一种教养方式。当前在我国家庭中"隔代教育"占的比例较大。据 2005 年全国范围内的一项调查显示:在北京有 70% 左右的孩子经历着隔代教育,而上海目前 0～6 岁的孩子中 50%～60% 由祖辈教育,广州接受隔代教育的孩子也占总数的一半。[1] 除了城市中越来越普遍的隔代教育之外,近年来,农村留守儿童也呈现出大比例的隔代教育现象。

其实,隔代教育古已有之,在多代同堂的大家庭中更是常见。但在以核心家庭为主流的当今社会里,隔代教育再度兴起,应该说,是社会深刻变迁和人们各种思想观念转变的必然结果。

1. 社会环境所迫

随着经济全球化和劳动力就业市场化的发展,人口的流动比以前更加频繁和直接;同时,由于现代社会生活节奏的加快,社会竞争的加剧,就业压力的增大,致使现代许多年轻的职业父母整天忙于工作、学习,无暇顾及自己的家庭和孩子。在子女教育上求助祖辈,就成为他们的现有选择。

2. 就业空间拓展

由于社会经济的迅速发展,交通和通信条件设施的便利,就业的环境和空间的不断扩展,使很多孩子的家长不仅工作,而且到全国乃至全球各地去寻求和拓展自己的生活、发展空间,人口城乡流动、城城流动、国际流动频繁,这就导致儿童与父母相处的时间大为减少。工作时间和地点的无规则变化,更使隔代教育现象凸显。

3. "问题家庭"增多

从家庭实际情况看,"问题家庭"在增加,如父母患病、伤残家庭、离婚家庭、丧偶家庭、再婚家庭和夫妻两地分居家庭等。这些家庭由于种种原因,或无法亲自抚养,或没有足够的时间、精力和完善的家庭条件,或害怕家庭不良因素的影响伤害孩子等,而不能亲自教育孩子,只有将孩子托付给爷爷奶奶或外公外婆管教。

4. 自我意识增强

当今社会,年轻父母育儿观念发生了重大的变化,或因工作的压力、学习的需要、育儿经验的缺乏、享乐的思想,他们自我意识、主体观念、个性精神发生变化,不再甘愿为儿女做牛做马,利用祖辈力量来解脱自己,成为许多年轻父母的强烈愿望。

5. 家庭伦理观念固存

根深蒂固的家庭伦理观念,奠定了隔代教育的历史渊源。长期的宗法制社会,形成了我国民众浓厚而独特的家庭伦理思想,注重自己血脉的延续以传宗接代。所谓"含饴弄孙",不仅是祖辈追求的理想境界,更是他们肩负的自觉责任。

---

[1] 周平. 解读隔代教育[J]. 中华家教,2005(1):4-6.

一些教育学家明确表示反对任何形式的隔代教育，认为这样会毁掉孩子，其实隔代教育并非没有成功的案例。革命领导人李大钊就是由伯祖父抚养长大的；著名哲学家罗素也是由奶奶带大的；著名文学家高尔基则是外祖母对他进行的启蒙教育。从这些事例可以看出，能不能带出好孩子的关键不是谁带，而是怎样带。只要教育观念科学，带出好孩子并不难。

二、隔代教育中存在的问题

老年人为什么带不好孩子？隔代教育中，祖辈家长们倾尽心血帮助子女，同时也把最无私的爱倾注在孙辈身上，可是带出的孩子往往不尽如人意，有些父母甚至认为老人根本带不好孩子。爷爷奶奶、外公外婆对孩子的爱毋庸置疑，可为什么这种爱得不到认可呢？到底是什么"诅咒"了隔代教育？

综观隔代教育中的种种问题，认为老年人带不好孩子无外乎是因为老人在带孩子的过程中有如下几个常见的问题。

1. 观念陈旧

现在的祖辈家长虽然有一定的文化基础但是程度相对偏低，知识面也相对狭窄，很多老人的观念还停留在几十年前。在与孙辈的接触中，祖辈很容易在无形中把自己陈旧的思想观念强加给孩子。在一些比较落后的地方，祖辈甚至可能会把不少封建迷信观念讲给孩子听，这不仅影响了孩子正确地认识世界，而且会增加孩子接受新思想、新知识的难度。

2. 忽略孙辈的成长需求

现在城市中的祖辈家长们大多是离退休人员，多数都有自己的娱乐方式，有些喜欢读书看报，有些喜欢挥毫泼墨，还有的从事着第二职业。这些老人真正关心和照顾孩子的时间非常少，往往只是做到保证孩子吃饱穿暖不摔跤而已。为了防止孩子出意外，有些老人还会禁止孩子到户外玩耍。但爱玩、好动是孩子的天性，禁足的做法必然会阻碍孩子的正常成长。

3. 无原则的溺爱

很多老人照顾孙辈时都会保持一种补偿心理，认为自己年轻时因为工资或者经济条件所限没有给予子女很好的照顾，因此就把对子女的愧疚转变成对孙辈无条件的满足。这种溺爱有很多形式，有些是无论孩子要求多么离谱，都想方法办到，有些则是为孩子包办一切，导致有的孩子上了三四年级还在等着奶奶喂饭。要知道，只要是溺爱，无论何种形式，对孩子都有伤害。

儿子今年8岁，是孩子奶奶的心头肉。平常，孩子奶奶是想其之所想，处处护着孩子。偶尔我们唠叨两句，她就一脸不满："华子（孩子爸爸的小名）我就是这样带大的，也没见他怎么不好啊！"一句话就噎得我们无话可说。国庆节，孩子奶奶打着过节的幌子，暗地里给儿子买了一辆急速赛车。吃饭时，孩子奶奶将赛车放在餐桌上，又打开电视放动画片，结果一家人早吃完了，儿子还在那磨蹭，老公本来就生气，看到这情形，更火了，"啪"的一声将电视关了。"快点给我吃！不吃就饿着！"儿子瞬间吓得变了脸色，孩子奶奶马上赶过来，接过儿子手里的碗，"乖，快吃，奶奶喂你。"老公还想发火，孩子奶奶就赶紧护着儿子，不许他再训人。

这是很多隔代教养家庭中会出现的生活场景，老人宠孩子，无原则地溺爱孩子，不仅容易使孩子养成不良的生活习惯，更容易引发家庭矛盾，破坏父母在孩子心目中的权威。

4. 老人自身性格的不利影响

上了年纪之后，人往往变得固执，常常会偏执地坚持自己的观点。如果孩子没有按照自己的模式做，有些老人就会大发雷霆。长此以往，孩子的个性发展就会发生偏差，出现性格怪异化、心理脆弱化等问题。再有，老年人和孩子是生命的两极，在语言和行为上都有很大区别。孩子的模仿能力很强，长期与老人在一起很可能会出现心理老年化倾向。老人大多好静不好动，出于安全考虑还可能会限制孩子外出，所以，有些孩子就像鱼缸中的小鱼一样，长期被困在家庭的小天地里不能与外人接触，这样的孩子长大后很难形成热情开朗的性格，也难以交到朋友。

5. 制造亲子隔阂

因为现实的原因，很多父母不能与孩子朝夕相处，而与孩子日夜相伴的老人在与孩子交流时，常常会把对子女的不满流露出来。久而久之，孩子与父母之间的感情很可能会产生裂痕，心理距离也会越来越远。要知道，隔代教育无论如何成功也无法代替亲子教育，只有健康亲密的亲子关系才能让孩子更好地茁壮成长。

6. 跟不上孙辈的步伐

孩子小的时候，需求不多，祖辈大多都能满足孩子的成长要求；但当孩子逐渐长大，需求越来越多，心理越来越复杂，能否满足孩子以及怎样满足孩子将会成为祖辈体力和脑力的双重挑战。同时也会给祖辈造成很大的压力。不仅如此，对孩子出现问题无法向子女交代的担忧也会给老人的心理蒙上阴影。这些压力堆积在一起，很有可能引发新的家庭矛盾，进而影响孩子成长。

其实，只要祖辈克服这六点不足，隔代教育也可以很成功。老年人应该有信心，坚信自己能够带出好孩子；年轻一辈则要多体谅老人，不要给老人施加过多压力。如果两代人经常沟通，就一定能够解决这些问题，保证孩子健康成长。

三、隔代教养的优势

1. 隔不断的亲情是祖辈最大的优势

俗话说，隔辈亲，砸断骨头连着筋。正是因为孙辈与祖辈之间斩不断的亲情，让祖父母心甘情愿地照顾孩子，为孩子生活操心。这不仅是对孙辈的照顾，也是对子女的爱护。城市中离婚率居高不下，有了隔代教养的加入，家庭中性别角色缺失就可以得到弥补，还可以为孩子提供可以模仿的性别特征，这对塑造孩子健康的性别认识具有不可估量的正面作用。

对于祖辈来说，这种亲情还可以缓解自己退休后的孤独感，再次体现自己的价值。爱孩子并让孩子感受到这种爱是亲子教育与隔代教育的共同特征,这就为孩子的教育打下了最坚固的基础。在此之上,孩子的祖父母与父母要加强沟通,互相理解,让孩子在爱的天空下成长为身心健康的人。

2. 丰富的育儿经验,让孩子的成长不折腾

孩子降生前,父母虽然会买很多育儿书籍来学习和研究,但是当孩子真的来到这个世界上时,父母总会产生一种手足无措的感觉,一旦见到孩子有异常情况,就会慌了手脚。这时,祖父母的优势就显现出来了。老年人见多识广,不仅对孩子身体发育情况了如指掌,而且对孩子一般的小伤小病也能正确的处理。此外,老年人还能够对孩子可能出现的安全问题做好必要的防范。所以,老年人的育儿经验虽然不能说完全正确,但这些经验大多数还是有一定道理的。可以让孩子少些折腾,更顺利地成长,还可以减少父母带孩子过程中不必要的紧张和焦虑。

3. 充裕的时间,让孩子拥有不间断的爱

生活的忙碌让家长与孩子待在一起的时间特别少,而年幼的孩子并不能完全理解父母奔波的辛苦,他感受到的往往只是自己的孤单和寂寞,会因此怀疑父母对自己的爱,并缺乏安全感。如果由祖辈来照顾孩子,能为孩子提供全天候的照顾和陪伴,孩子一放学就有人来接,一回家就有家人和热乎乎的饭菜。他们不仅能够在生活上照料孩子,还能给孩子提供安静的学习环境。由于拥有充裕的时间与孩子相处,祖辈有更多的机会与孩子交流,倾听他们的心声,这也可以更有效地消除孩子生活和学习中的压力,使孩子放松心情。

4. 丰富的人生阅历,让孩子从小就拥有开阔的视野

祖父母经过了几十年的风风雨雨,经历了很多事情,他们的人生经验和人生阅历是教育孙辈很好的教材。这些阅历和人生感悟会让老人更加清楚哪些事情是对孩子的人生有帮助的,哪些事情是应该尽量避免的,能很好地促进孩子的健康发展。祖辈的人生经历可以成为孙辈百听不厌的故事,孩子们可以从中获得很多新奇的体验或者不寻常的资讯,比如家谱、历史、地理、风俗、外国文化,等等。

5. 平和的心态,让孩子享受成长好氛围

祖辈们经历了无数的风雨,对人生有深刻的理解,生活的磨难让老人们拥有一颗慈爱平和的心。老人们大多抱有一种"平安是福"的观念,这使得老人对孩子的期望处于一个比较合理的位置,那就是平安健康的长大,而这种期望在很大程度是符合儿童教育的本质的。因此,长期生活在祖辈身边的孩子通常感受不到巨大的压力,这不仅能使隔代亲情显得更加自然亲密,对孩子的心理健康也有莫大的好处。由于老人心态平和,能更好地包容孩子的小性子,而且会因为有孩子使生活氛围变得轻松愉快,更有利于孩子的健康成长。祖辈除了能够用平和的心态更好地包容孩子,让他们的成长中总是充满春天般的温暖之外,还能够影响孩子的性格,让他们变得宽容,不会对生活中的小事斤斤计较。美国哈佛大学的一项研究表明,经常与祖父母、外祖父母练习的孩子,通常更善于解决生活中遇到的问题,也能在突然出现的危机中保持良好的心态。

四、隔代教养实施良好家庭教育的对策

尽管社会上对隔代教育的质疑很多,但隔代教育已经成为一种不可避免的趋势。相对于亲子教育,隔代教育虽然可能会出现更多的不利,但其并非一无是处,比如前任美国总统小布什就曾接受过祖母严格而良好的教育,清朝皇帝康熙是由祖母带大的,刘翔也享受了成功的"隔代教育",再如有关的个案研究,像2005年朱纪新的"爱玩的爷爷:我把孙子玩成了全国冠军",以及阿君、阿春的"隔代教育的成功秘诀——一位19岁博士生的成长故事"。[1]

既然隔代教育的存在已久变成不争的事实,那么对孩子的祖父母和父母来说,最重要的问题就变成如何尽量减少隔代教育的弊端,发挥隔代教育的长处,让它对孩子的成长更为有利。

要想使隔代教育扬长避短,祖辈首先要明确的一点就是:亲子教育是家庭教育中最基本的成分,隔代教育只是亲子教育的补充。家庭中缺少了亲子教育,孩子所受的家庭教育就是不完整的。没有母亲关心的孩子会缺乏幸福感和安全感,缺少父亲的关爱则让孩子变得胆小怯懦,亲子挚爱的缺失会让孩子在前途的选择以及人际交往方面出现障碍。因此,即使是由祖父母照顾孩子的生活起居,与孩子朝夕相处,也不要让孩子的爸爸妈妈变成"甩手掌柜"。不管自己的子女有多么忙,爷爷奶奶、外公外婆也要让他们有与孩子相处的时间,不要把抚养和教育的责任全部揽在自己身上,要让孩子的爸爸妈妈意识到他们身为父母所必须承担的责任和义务,应切实肩负主要的教子责任和义务,做好"主教练"角色,对下一辈的教育,更重要的是爱的倾注,心灵的抚慰,精神上的勉励和行为上的示范与督促。家长工作、学习再忙,也要保证有一定的时间和精力常与下一辈接触、交流、沟通;同时也要尊重上一辈的心理需求和劳动价值。而祖辈则要尽力辅助,当好"助理"角色,思想要跟上形势,接受新观念、新知识,保持身心健康,情绪稳定,心态乐观,对待孙辈做到严爱结合,宽严相济,不能娇生惯养,事事包办、迁就,注意适度的分寸。这就是说,各尽其职,协调配合。同时更需要的是祖辈与父辈的有机结合,取长补短,拉近祖、父辈家长的距离,经常沟通,寻求教育目标、模式、方法、内容的一致性,填平家长间的代沟,在互补中给子女以较为完善优质的教育。最简单的做法是,儿女每天下班后,把孩子推到他们身边,让他们陪孩子做游戏,给孩子讲故事,自己也可以趁这个时间去散散步,享受一下生活。

其次,现在的年轻父母与老年人的育儿方式和思想存在差别,这是一种正常现象,老年人不要因此觉得年轻人不孝顺,进而引发家庭矛盾。要解决这个问题,除了要及时更新自己的知识,尽量与年轻人保持同步之外,通过家长学校、老年大学、亲子园等的学习,转变祖辈的教养观念,改变陈旧的教育方法还可以试着进行家庭分工。比如,孩子的衣食住行归老年人照料,而孩子的心理和早教由年轻人负责。祖父母要注意的是,如果做了分工,就一定不要"越权",千万别在父母管教孩子的时候充当"保护伞"。一项调查表明,当父母与祖父母因为孩子的事情出现争吵时,73%的孩子不知道该听谁的,从而陷入迷茫。

---

[1] 曾彬. 我国隔代教育研究述评[J]. 内蒙古师范大学学报:教育科学版,2007(2):70-72.

可见充当孩子的保护伞,不仅不能保护孩子,还可能导致孩子出现心理问题。

因此,祖辈最好不要把孙辈生活上的一切都揽上身,否则,不仅会让自己劳累,而且会在无形中损害自己和子女以及子女和孙辈之间的亲子关系。

目前,一些教育专家比较提倡的隔代教育模式是:白天孩子的生活由祖辈来照顾,到了晚上以及周末和节假日,祖辈就把孙辈还给子女,让他们承担起应尽到的责任与义务。如果不能让孩子每天见到父母,祖辈也要保证孩子每天都与自己的父母联系,电话或者电脑视频都是可以考虑的方式。同时,老人们还要注意,不要在孙辈面前说子女的坏话,也不要当着孙辈的面议论子女,以免破坏孩子与父母之间的亲子感情;要多提父母对孩子的爱,让孩子在心理上感觉到父母与自己并不遥远。

总的来说,为了打造最佳的隔代教养模式,父母与祖辈在孩子的教育上必须各自定好位。父母是孩子的法定监护人,对孩子的教育和抚养负有主要责任;祖辈既不能事事包揽,也不能撒手不管,要做好孩子与父母的助手,成为亲子关系的桥梁和润滑剂。

为了解决孩子的爷爷奶奶过分宠孩子的行为,我们和孩子爷爷奶奶商定好,制定一套"工分大法",以10分为限,表现好记1分,表现差扣1分,只要挣够足够的"工分",就可以满足孩子的一个愿望。

把这个制度告诉孩子后,他也表现出了极大的兴趣。第一个挣工分的行为,就从他那辆奶奶偷偷买给他被我们发现没收的赛车开始。

有了制度的约束,孩子果然极力表现出好的一面,放学后立刻开始做作业;吃饭不挑食不拖沓;自己收拾床铺、书包;见到心爱的玩具,也不再找爷爷奶奶哼哼唧唧了。而孩子的爷爷奶奶呢,为了尽早给孙子挣够工分,也不知不觉的站到我们这边:吃饭时不喂饭不开电视;认真督促孩子做作业;主动教孩子做家务等。

一个星期后,祖孙三人终于磕磕绊绊地挣够了10分,拿到了那辆赛车。领奖品的时候,孩子爷爷豪气地说:"孙子,再挣够10分,我就给你买那套你喜欢的漫画书!"孩子一蹦三尺高,别提多高兴了。

第三节 留守儿童的家庭教育

目前,根据权威调查,中国农村"留守儿童"数量超过了6100万人。57.2%的留守儿童是父母一方外出,42.8%的留守儿童是父母同时外出。留守儿童中的79.7%由爷爷、奶奶或外公、外婆抚养,13%的孩子被托付给亲戚、朋友,7.3%为不确定或无人监护。2012年9月,教育部公布义务教育随迁子女超1260万,义务教育阶段留守儿童2200万。据全国妇联统计,全国留守儿童的人数约为5800万,其中14岁以下的留守儿童超过4000万。目前,留守儿童占全部农村儿童总数的28.29%,平均每4个农村儿童中就有一个留守儿童。

由于地区经济发展的不平衡,许多父母为了生计而外出打工,而自己的孩子留在另外的地方生活,这些孩子叫作留守儿童。这群特殊的孩子一般与自己的祖父母,甚至父母亲的其他亲戚、朋友一起生活。他们的父母用自己勤劳和智慧取得了家庭收入,为社会的发展做出了突出的贡献,但是父母与子女相处的时间很短,使这些特殊的留守儿童家庭教育面临着严峻的考验。

留守儿童一词,最早是在1994年提出来的。当时是指父母在国外工作、学习而被留在国内的孩子。一直到21世纪,农村劳动力大量流向城市,形成庞大的农村留守儿童群体,留守儿童才在社会各领域不断被提及。

一、留守儿童的类型

我国农村留守儿童的监护类型根据看护方式不同,主要有四种:一是单亲监护型,即父母一方外出由其中另一方照顾儿童;二是祖辈监护型,即父母双方都外出,与爷爷奶奶或外公外婆生活在一起的儿童,由于监护人都年老体弱,文化层次不高,有的是文盲或半文盲,他们无法从心理上和学习上去帮助孩子成长,加之年龄与孩子相差太大,交流沟通上存在困难;三是亲戚监护型,即父母双方都外出,把孩子托给亲朋好友,叔婶、姑舅或要好的朋友。他们通常是把孩子的安全放在第一位,其次才是学业成绩和物质上的满足,以便好向孩子的父母交代,而对于孩子的行为习惯、心理和精神却很少关注;四是自我监护型,就是说没有祖辈和亲朋的帮助,监护的责任就落在了孩子自己身上,根本谈不上家庭教育。

从各地的调查结果来看,农村留守儿童的监护类型主要以隔代监护和单亲监护为主,其中单亲监护又以母亲监护为主。由于父母的外出务工,使得留守儿童长期缺乏来自父母和完整家庭的亲情呵护,在学习、安全、心理、行为和交往等方面出现了相应的偏差,其教育问题凸显。

二、留守儿童的主要问题

对农村留守儿童家庭教育问题的研究发现,不同类型的监护人,留守儿童与谁生活在一起,他们的家庭教育主要由谁来实施,是影响家庭教育成效的关键。但依然有很多共性的问题值得我们关注。

(一)父母教育观念落后

部分外出打工的父母由于自己的生活、生存经历使得他们很重视孩子的学习,他们把这种希望寄托在孩子身上,对孩子的学习有较高的期望,但时空上的距离无法通过亲子关系、家庭互动以及所营造的家庭文化氛围影响孩子,无法通过教养方式、教育期望影响孩子的学习,更不能及时有效地督促孩子的学习,而只是简单地把孩子的成绩与自己的付出与辛苦直接地联系起来,无形中加大了孩子在学习和心理上的负担,一旦学习不理想时就产生焦虑和压力感。还有部分父母,出于亏欠心理而过度给予物质补偿,片面地认为只要满足孩子对金钱和物质的需求,孩子就会好好学习。殊不知,这样适得其反,会养成孩子重视物质需求,放松对自己的学习要求,对学习产生淡漠无所谓的态度。

（二）父母关爱缺失

留守儿童的父母长期缺位，使留守儿童缺少家庭的亲情温暖，与父母情感淡漠，经常觉得孤独无助，没有归属感。父母的远离，角色缺失和弱化，是留守儿童在家庭教育上面临的困境。农村留守儿童家庭内部的亲子之间的交往具有时间上的长期间断性、空间上的远距离性、交往的非面对性以及互动频率极低的特点，致使亲子之间的交往在教育中起不到实质的作用。

（三）家庭教育"量"的减少，"质"的欠缺

父母不在家后，对于留守儿童来说，首先是家庭教育量减少且教育力度过于分散。常年缺少亲情的交流沟通，使得亲子关系断裂，亲子教育缺失或不足是这些留守儿童家庭的主要特征。而且留在家里的成员，不得不承担更加繁重的农业劳动和家务劳动，没有时间和精力来照顾孩子。少了约束和教育，孩子的不良行为得不到矫正。留在家里进行教育的监护人，他们本身文化水平不高，教育能力欠缺，大多是文盲或半文盲，在学习上无法有效地帮助和辅导孩子，必将影响孩子的健康成长。加之祖辈年迈体弱，生活压力比较大，农活繁重，一般只能顾及孩子的日常生活，没有时间和精力教育孩子，即使管教孩子也只会用金钱和物质的奖励或采取打骂的粗暴方式。

（四）忽视家庭教育的作用

很多外出打工的父母们意识不到自己在家庭教育中的重要作用，认为孩子只要能吃饱、穿暖就算尽到了父母最大的责任，教育孩子是学校和老师的事情，把教育的任务全部寄希望于学校，忽视了孩子在成长过程中所面临的情绪、性格、学习动力等不可量化的因素，也忽视了家庭在孩子成长过程中所起到的重要作用。家庭教育是每个人在一生中真真正正的基础教育，这部分的缺失必严重影响留守儿童的健康成长和发展。

三、留守儿童常见的心理问题

留守儿童长期与父母分离，一些不良情绪如失落、担忧等长期得不到排解，于是便会导致不同程度的心理问题。一些研究者对留守儿童的心理特征进行了调查研究，一项历时5年的跟踪调查研究表明，农村留守儿童的心理障碍和行为异常比高达19.8%，远高于城市的孩子。这其中55.5%的留守儿童表现出任性、自私、冷漠、内向、孤僻，缺乏爱心和同情心，逆反心理重。具体来说，留守儿童的心理问题主要表现为以下方面。

1. 父母关爱的缺失，导致孩子"情感饥渴"

父母自身对孩子的关爱是儿童成长的最佳环境。但是留守儿童长期缺少必要的家庭氛围，情感世界出现空白，感受不到父母的关爱，使他们在成长过程中出现了"情感饥渴"的问题。一方面，他们羡慕别的孩子能与父母亲密互动，自己显得更加孤独失落，有一种被遗弃的感觉。另一方面，他们的亲情观由于长期分离而逐渐淡漠，在他们的内心深处强烈地渴望得不到的亲情，长此以往，他们把这种需求转化为"漠视"或"拒绝"，人格发展容

易出现问题。有些孩子因为自控能力差，受到不良社会影响后，甚至出现了违法犯罪行为。

2. 强烈的焦虑和自卑心理

当孩子在学习、生活中遇到困难时，他们更多地希望从父母那里寻求解决的方法、安慰和帮助。但是留守儿童却得不到这种关爱。家庭教育缺失容易导致他们学习成绩差，产生焦虑、自卑的心理，经常忧心忡忡，缺乏安全感和自我认同感。许多留守儿童都不希望别人知道自己家的情况，这种自卑心理影响着儿童个性发展的社会化，使他们不能与人和谐相处，在人际关系上易产生多种不良心理。

3. 性格缺陷

外出打工的父母与孩子缺少联系，对孩子的成长缺乏足够的关注和指导，易导致性格缺陷。一方面，长期与父母分离，极易使孩子性格变得内向、自卑、悲观、孤僻；另一方面，溺爱型父母比例较高，在几乎没有任何限制状态下，助长了留守儿童的自私性和自我为中心的极端性格。

4. 盲目反抗或逆反心理

有相当数量的留守儿童较为敏感，总感到别人看不起自己，与人交流时充满了警惕和怀疑。对教师、监护人、亲友的管教和批评极易产生较强的逆反心理。

四、留守儿童的其他问题

1. 安全问题

父母长期外出打工，无暇去照看孩子，通常由家中的老人充当其监护人，但是这些人年龄比较大，身体也不灵活，不可能时刻都跟在孩子身边，很难保护好孩子。

河南邓州3留守儿童结伴河边摸知了 全部溺水身亡

7月26日下午，邓州市桑庄镇孔庄村，多名小学生在村子附近的一个村民取土后留下的积水坑塘内戏水时发生意外，导致三名小学生溺水身亡。他们是12岁的刘鹏、8岁的刘翔和11岁的姜傲。

一位村民告诉记者，这个坑是村民常年取土建房遗留下来的，平时坑内并没有积水。由于前几天下了暴雨，导致积存了2米多深的水成隐患。如果及时进行开沟放水，悲剧就可以避免。

刘鹏和刘翔的父亲刘某含泪告诉记者，妻子在广东打工，他在村子里开了一家馍店，平时走街串巷卖馍。当天下午，接到孩子出事的消息，他赶到河边，孩子已经被打捞上来。听说当时村里的几个孩子相约河边树林里捡知了，可能天热，到坑塘里戏水玩耍时出了意外。

在另一个村民家，70多岁的陈学荣老人失去了11岁的孙子姜傲。陈学荣说，姜傲的父母都在南方打工，平时姜傲跟着她一起生活，在上小学三年级。当天中午她正在屋内休息，不知道啥时候孙子姜傲不见了踪影，还以为他们在村子里玩。

多位村民表示，放暑假时，收到过学校发放的安全教育通知书，但很多孩子属于留守儿童,爷奶不识字,家长看了也是白看。

2. 学习问题

父母外出,由于缺乏有效的家庭教育,留守儿童对学习缺乏热情,进取心、自觉性不强,作业不能按时完成,应付了事,亲情的缺失更让他们难以专心学习,学习成绩普遍比较差,智力的发展受到了一定的影响。

3. 行为习惯问题

留守儿童的自我控制能力比较弱,生活习惯不良,不讲究卫生。花钱大手大脚,不懂得珍惜父母和他人的劳动成果。顶撞家人和教师,不遵守纪律,甚至会出现小偷小摸的行为。

这种有缺陷的幼年生活,对他们的价值观和感情发展都有一定的不良影响。随着他们年龄的增加,会在留守儿童生理和心理成长中,都打上深深的印记。如果放任这个群体以这样的生存状态长大,也将会增加社会潜在的不稳定因素。

五、留守儿童的家庭教育对策

(1) 父母应该改变观念,增加对孩子的关爱。不能期望用金钱来弥补对孩子缺失的感情。尽量把孩子带在身边,倘若条件不允许,至少也要留父亲或母亲在孩子身边,以减少对孩子的伤害。

(2) 从孩子健康成长的角度出发,给孩子选择素质比较高的监护人。确定一个素质高的监护人,不仅能够在生活上照顾孩子,而且还能够辅导孩子的学习以及关注孩子的心理变化。妥善落实好孩子的监护权,给孩子一个良好的模仿榜样。

(3) 与孩子的学校保持密切的联系,及时关注孩子的最新动态。父母应该主动联系学校和老师,对孩子在校的良好表现给予表扬,对孩子的不良行为做出提醒或批评。

(4) 积极鼓励孩子发展自己的兴趣爱好,转移孩子的注意力。兴趣爱好可以把孩子从悲伤的情绪中拉扯出来,而且对于孩子未来的发展也有一定的帮助。与此同时,参加社会活动也可以无形中使孩子认识更多的朋友,性格更加开朗,易于改善人际关系。

留守儿童的教育问题并不是单靠家庭教育就可以解决的,还需要社会各界的帮助,社会需要为留守儿童的健康成长提供良好的校园和社会环境。学校也应该给予他们特殊的关爱,与家长保持密切联系,方便家长及时了解孩子的动态。增加社会对这群特殊孩子的关注程度,发动社会的各种机构来解决留守儿童的问题,建立健全的社会保障体系,通过各种途径去解决留守儿童的家庭教育问题。

杜鹃9岁那年遭父亲遗弃时绝对没有想到自己有朝一日能读中学。2012年,在山东省郯城县大唐学府就读一年半以后,她被北京的关爱农村留守儿童专项基金评选为全国十大自强奋发留守儿童之一。

她的校长王勇基说,这个荣誉改变了杜娟,使她"快乐多了",学习的劲头也更足了。

报道称,杜娟并非个案。根据全国妇联的调查,全国约有6100万留守儿童。由于父母离开家乡进城务工,这些孩子往往处于无人看护状态。而关爱农村留守儿童专项基金也开展了一系列项目来帮助和支持农村留守儿童的成长。包括捐建爱心书屋，校际手牵手援助计划，一对一微心愿助现计划等。

✦ 能力训练

家庭教育是一切教育的基础，什么类型的家庭都离不开恰当的家庭教育，父母如何科学有效地开展好家庭教育，已成为每一位家长必须学习的课程。

活动一：单亲不孤单

假如你是一个单亲家庭的孩子，和妈妈一起生活，你希望妈妈怎样对待自己？在纸上逐条写下你对日常生活期望。

分享：当你想象自己是单亲家庭的时候，你首先想到了什么样的困难？在这种境况下你希望妈妈怎么对待你？当下很多单亲家庭的家长在遇到这种情况的时候一般是怎么做的？

总结：单亲家庭的孩子在成长过程中遇到的困难，很多时候就跟我们大家想到的一样，是细小而具体的，只有换位思考，站在孩子的角度去想问题，才能给予孩子真正需要的，才是最好的家庭教育。

活动二：冥想训练

（1）原地不动，安静坐好。坐在椅子上，双脚平放在地上，或盘腿坐在垫子上。背挺直，双手放在膝盖上。冥想时一定不能烦躁，这是自控力的基本保证。如果你想挠痒的话，可以调整一下胳膊的位置，腿交叉或伸直，看自己是否有冲动但能克制。简单的静坐对于意志力的冥想训练至关重要。你将学会，不再屈服于大脑和身体产生的冲动。

（2）注意你的呼吸。闭上眼睛。要是怕睡着，你可以盯着某处看，比如盯着一面白墙，但不要看家庭购物频道。注意你的呼吸。吸气时在脑海中默念"吸"，呼气时在脑海中默念"呼"。当你发现自己有点走神的时候，重新将注意力集中到呼吸上。这种反复的注意力训练，能让前额皮质开启高速模式，让大脑中处理压力和冲动的区域更加稳定。

（3）感受呼吸，弄清自己是怎么走神的。几分钟后，你就可以不再默念"呼""吸"了。试着专注于呼吸本身。你会注意到空气从鼻子和嘴巴进入和呼出的感觉，感觉到吸气时胸腹部的扩张和呼气时胸腹部的收缩。不再默念"呼""吸"后，你可能更容易走神。像之前一样，当你发现自己在想别的事情时，重新将注意力集中到呼吸上。如果你觉得很难重新集中注意力，就在心里多默念几遍"呼"和"吸"。

（4）想象一下，想象自己生命中最亲密的亲人是谁？想象他/她的样子，想象跟他/她在一起的生活片段，想象你们之间的对话。现在，他/她离开了我们，他/她将永远地从我们的生活里消失，想象一下他/她的逝去给我们带来了怎样的感受。

分享：

（1）通过刚才的冥想，你有什么感受与想法？
（2）失去一位亲人时，我们一般都经历哪些心理过程？
（3）假如你是一位丧偶的家长，你现在能理解孩子的感受了吗？
（4）你想对你的孩子说些什么？你想对自己说些什么？

总结：当我们去想象失去亲人的感受时，才能设身处地地去理解孩子的感受，去理解他们的痛苦，他们的无助和他们的难过。这些感受对于孩子来说，他们有时不会表达，有时不会排解，都需要我们来帮助他们。

活动三：为留守儿童寻找正能量

假如你是一位外出打工的父母，请思考以下几个问题，并且把答案写在纸上。

（1）在我离开家里之后，孩子的生活可以依靠谁？
（2）在我离开家里之后，孩子的学习可以依靠谁？
（3）远在千里之外的我，如何跟孩子加强交流？
（4）孩子遇到困难了，只有我才能解决的时候，我如何才能提供帮助？
（5）我能为孩子提供什么样的关爱和教导？

启示：留守儿童作为一个社会问题，一方面需要社会、政府和学校提供更多的帮助和服务；另一方面我们也要想一想孩子离开我们之后还拥有哪些能量能够帮助他成长？作为父母能为孩子提供哪些帮助他成才的能量？

思考与练习

1. 单亲家庭对孩子的影响有哪些？因此，单亲家庭的教育需要如何开展？
2. 单亲家庭教育存在哪些问题？
3. 简述隔代教育的问题与优点。
4. 留守儿童的主要问题有哪些？

第九章
家庭、学校、社区共育合作

南京军区幼儿园是一所部队幼儿园,地处军区在院内,有警卫连、汽车队、消防大队、农场。许多小朋友的爸爸妈妈都是军人,因此我们充分利用这一社区资源,开展了丰富多彩的学军活动,有"小兵学武艺""我是三军总司令""参观消防大队""长征""神舟五号上天了"等主题活动。通过参观军营、看解放军叔叔操练、内务演练等活动,让幼儿了解解放军叔叔的生活。我们还请解放军叔叔和小朋友一起参加升旗仪式,组织小朋友进行体育锻炼、教小朋友穿衣叠被,给小朋友讲英雄故事,让小朋友感到最可爱的人就在身边。在与解放军叔叔谈话的过程中,我们鼓励幼儿大胆提问,以满足幼儿对解放军叔叔的好奇心。这一系列活动,让幼儿感受到了解放军叔叔的可爱和伟大,激发了他们对解放军叔叔的崇敬和对祖国的热爱之情。

案例把国防教育的启蒙思想融入日常活动里,在幼儿幼小的心灵里种下保卫祖国、热爱和平、珍惜幸福生活的美好种子。同时,充分利用社区教育资源与学校教育资源的融合,为幼儿的成长提供了更多、更丰富的教育方式。

家庭、社区和幼儿园有着密不可分的联系,尤其对于学前阶段的教育来说,三方共育的优势和意义更为突出,三方相互支撑、相互补充,共同促进幼儿的健康和谐发展。

第一节 家庭、学校及社区育人关系概述

一、家庭、学校、社区共育合作的概念

传统的家庭、学校共育概念主要是指家长和学校共同完成孩子的教育,在孩子的教育过程中并不是家庭或者学校单方面进行教育工作。而在教育形式发展变化的今天,家庭、学校共育合作拓展了其内涵,涵盖了社区教育的内容和方式。就拿学前阶段的教育举例来说,新颁布的《幼儿园教育指导纲要(试行)》在总则里提出:"幼儿园应与家庭、社区密切合作,与小学衔接,综合利用各种教育资源,共同为幼儿的发展创造良好条件",并提出"充分利用自然环境和社区的教育资源,扩展幼儿生活和学习的空间,幼儿园同时应为社区的早期教育提供服务"。在新形势下,家庭、学校、社区共育在是指学校和家庭、社区都把自己当作促进个体发展的主体,三方积极主动地相互了解、相互配合、相互支持,通过学校、家庭、社区的三向互动共同促进个体的身心健康发展。

孩子们知道今天要去菜场实地买菜,都显得很兴奋。在去的路上手拉着手,嘴里欢快地唱着"今天的天气真呀真正好,我和奶奶去呀去买菜……"来到菜场,老师说:"请你们细心地去找一找、看一看、挑一挑你今天要买的菜。"于是孩子们纷纷来到各小商贩摊位前,有的看看黄瓜又看看番茄犹豫着不知买什么,有的想拿这个摊位的黄瓜跑到隔壁的摊位去作比较但是被摊主制止了,有的看见小伙伴买了白菜他也跟着买了白菜,还有的甚至像模像样地和卖菜的小贩讨价还价,问:"便宜点可以吗?"孩子们带着自己的成果走在回幼儿园的路上时,个个都兴奋地议论着自己买的菜,"我买了根黄瓜。""我买的比你多!""你看,他买的一点都不新鲜!"

这是幼儿园与社区委员会共同设计的一次社会活动,旨在让幼儿接触社会,了解社区的一些设施以及社区人员的工作状况。菜场是与幼儿生活联系较为紧密的场所,幼儿对于菜场有一定的了解,在玩角色游戏时常常会玩买菜卖菜的游戏。幼儿在整个买菜的过程中,通过接触了解菜场中的人与物,丰富了生活经验,同时,也培养了幼儿交往、判断和合作的能力,而这样的效果是在教室中模拟演示不可能达到的。[1]

二、家庭、学校及社区共育合作的意义

(一)构建学校、家庭、社区三维互动教育机制,有利于时空上的紧密衔接

几十年前,城镇化现象还没有这么普遍,农村或者落后地区没有正规的学校,学前儿童正式进入学校学习是在附属于小学的学前班,没有学前教育机构,小学的办学管理制度

---

[1] 宋睿. 家、园、社区合作共育的实践研究[D]. 南京:南京师范大学,2008:16.

也不正规。那时候人们的教育意识非常淡薄,认为孩子只要有人看管,顺便认识几个字就已经很满足了,家长自身也没有接受过文化教育,更是忙于生计没有时间和精力照管孩子,这就造成了一个现象:孩子在学校乖巧听话,回家判若两人,调皮任性。出现了家庭和学校教育在时空上的断层和分裂。而在城镇化现象普遍之前,农村及落后地区,甚至县城,根本没有社区的存在,也就谈不上社区对教育的推动和支持了。随着这几年城镇化脚步的加快,大部分人由农村来到了城镇,如何转变以往墨守成规的生活教育方式,是城镇化现象背后的一个重要问题。国家颁布的《国家新型城镇化规划(2014—2020)》(以下简称《规划》)对我国今后较长时间内在城镇发展中的各项问题指明了方向,尤其是在指导思想中提出了"以人的城镇化为核心,有序推进农业转移人口市民化"后,"人的城镇化"将作为一项重要指导原则贯穿城镇化的始终。儿童作为城镇化中最小的年龄群体,在教育中更加注重"人的城镇化"。在新的城镇化进程中,家庭、学校、社区等因素出现了新的变化。家庭方面,如家庭结构变化、消费水平提高、家长教养观念转变等;学校方面,如学校设施设备配备配套完善、新的教育思想的传播等;社区方面,如社区基础设施建设基本完成、居住环境有了较大改善等[1],这些都为家庭、学校和社区三方共育提供了便利和条件。家庭、学校和社区三方合力作为一种新型的共育机制,有着重大的意义,改变了传统教育当中家庭、学校教育脱节和断层的现象,也弥补了以往社区教育的不足和欠缺。更有利于教育内容、理念、思想、方式在时间和空间的紧密衔接。

某社区小学给一年级的孩子们布置了一个周末作业,参观气象台,等下周一入学后要给其他小朋友分享参观的结果。小学布置的这个任务得到了家长和社区的积极响应,最后由社区组织牵头,家长带领孩子们参观了气象台,并且家长通过天气预报节目,给孩子讲了代表不同天气的图案指示。为了加深孩子们对气象和天气的认识,社区更是请了气象台的专家,给孩子们生动演示怎么样看天气。

(二)构建学校、家庭、社区三维互动教育机制,有利于增强教育的实效

在传统的教育观念中,家长认为教育只是学校和老师的责任和任务,家庭只负责对孩子的养育和照顾,不涉及知识的传授。社区也仅仅是作为一个社会团体,更多的功能体现在宣传、公共服务及社会保障上,教育功能显得特别薄弱。随着社会经济水平的提高,人们的教育观念发生了巨大的变化,整个社会都开始肩负教育的责任与重担,而与教育直接相关的学校和家庭也做出了改变和创新,社区作为人们生活的区域,也开始重视教育。构建学校、家庭和社区三维互动教育机制,将教育延伸至家庭和社区,有利于教育内容、形式的拓展和深化,从而形成学校、家庭、社区的三方合力,促进教育效果的最大化。

某幼儿园中班举行了"爱护小动物"主题活动,老师给孩子们讲解了如何去保护小动物的知识,但是孩子们还是不理解怎么才能保护小动物,于是教师将孩子的困惑延伸到了家庭和社区。家长以自家养的小动物为例,给孩子讲了怎么去爱护小动物,比如对于小金鱼,我们要给它勤换水,清洗鱼缸,适量喂食。但是在家庭中孩子缺少动手做的机会。社区的管理人员知道家长的困难后,想到了一个办法,由于社区中有一些流浪猫和狗没有人照

---

[1] 李俊刚,郭苹.城镇化背景下幼儿园、家庭与社区合作共育的思考[J].早期教育,2015(07-08):77.

顾,很可怜。所以大家就想到让孩子去给流浪猫狗搭建一个家,并且每天分工照顾它们。通过学校、家庭、社区的配合,孩子们不仅学会了如何去保护小动物,还变得更有爱心了呢。

(三) 构建学校、家庭、社区三维互动教育机制,有利于教育途径的不断创新(拓展)

学校教育以规范化和科学化为最大特点,家庭教育以随意性、松散性为最大特点,社区教育的最大特点是区域性,这三方教育的特点就决定了其教育的途径和方法各有差异,各有优劣。在新的教育观念指导下,在教育中更加追求教育途径的多元化和多样化,学校、家庭和社区三维互动教育机制,有利于整合不同的教育途径和方法,在相互融合的碰撞中,达到教育途径的不断改革和创新。

垃圾分类箱

我园大班开展《绿色家园》主题活动时,垃圾分类箱引起了孩子们的一番讨论:"为什么要设垃圾分类箱?""垃圾分类箱与一般的垃圾箱有什么不同?""垃圾怎么回收?"当幼儿对垃圾分类箱感兴趣,并产生了一系列问题后,得到了家长的热情支持和积极配合。在教师的倡导下,家长带着自己的孩子走上街头,去认识垃圾分类箱,用眼睛看,用画面记录、用照相机和摄像机拍摄……家长还带领孩子到造纸厂去了解废纸的循环回收再利用,等等。有些问题孩子难以找出答案,家长就深入浅出地讲给孩子听,和孩子一起去图书馆或上网查找资料。

幼儿园教师的教学工作,如果没有家长的鼓励和支持是很难开展的。《绿色家园》活动也正是在大班全体幼儿家长的支持和协助下才得以顺利进行。同时,幼儿、教师及家长都掌握了很多有关垃圾分类的知识,而且拓展了教育的途径,让教育方式不仅局限在教师的示范上,更加体现孩子的自主性和探索性。

第二节 家庭、学校及社区育人目标和内容

南京军区幼儿园旁边新开了一家大型超市引起了孩子们的极大兴趣,他们希望去参观超市。于是,我满足了孩子们的要求。大多数孩子都有超市购物的经验,但他们还缺乏对超市的仔细观察与研究,因此,这一次"考察"让他们产生了许多问题:"超市里那么多的物品是从哪里来的?""商品的标牌为什么有蓝色、红色、黄色的?""超市里的冷饮为什么不会化掉?"孩子们还兴致勃勃地参观了超市的仓库,看到许多物品堆得很高,就觉得奇怪。

"那些物品是怎么放上去的?"

"超市中的东西没了,是不是要从仓库里拿?"

"超市中用的物品与吃的物品是不是放在一起的?"

"仓库里的物品是用什么运到超市里的?"

管理仓库的叔叔被孩子们的一个个问题问得无法招架。超市的工作人员一个劲地夸奖孩子:"你们真行,能发现那么多问题!"

在生活中发现问题并解决问题,便是此次超市之旅的主旨所在。在超市里,孩子们问了很多问题,同时也明白了许多事情。

"生活即教育"是陶行知先生生活教育理论的核心。陶先生认为:教育和生活是同一过程,教育含于生活之中,教育必须和生活结合起来才能发生作用。通过让幼儿去了解方便我们生活的公共场所——超市,能够让幼儿了解生活中的事物和现象,并增强幼儿的社会性,提高解决问题的能力。为了达到这个目标,就需要学校、家庭和社区积极配合,从生活中发现主题和教育内容,再通过三方的合力整合资源,给幼儿提供更多从生活中学习知识的机会。

一、家庭、学校及社区教育的目标

关于家庭教育的目标第四章已有详细的论述,在此不再赘述。

(一) 学校教育的目标

学校教育,其含义是指教育者根据一定社会(或阶级)的要求,有目的、有计划、有组织地对受教育者的身心施加影响,把他们培养成为一定社会(或阶级)所需要的人的活动。相较于家庭教育和社区教育,学校教育更为正规和系统,具有全面、科学的育人体系,是人类社会教育的主要形式。对于学前阶段的教育来说,学校教育主要是指幼儿园或者其他学前教育机构对3～6岁儿童实施的教育。

《幼儿园工作规程》中明确对学前教育的总目标做出了要求,要求如下:实行保育和教育相结合的原则,对学前儿童实施体、智、德、美诸方面全面发展的教育,促进其身心和谐发展。具体表现为:

(1) 促进学前儿童身体正常发育和技能的协调发展,增强体质,培养良好的生活习惯、卫生习惯和参加体育活动的兴趣。

(2) 发展幼儿智力、培养正确运用感官和运用语言交往的基本能力,增强对环境的认识,培养有益的兴趣和求知欲望,培养初步的动手能力。

(3) 萌发学前儿童爱家乡、爱集体、爱劳动、爱科学的情感,培养诚实、自信、好问、友爱、勇敢、爱护公物、克服困难、讲礼貌、守纪律等良好的品德行为和习惯,以及活泼、开朗的性格。

(4) 培养学前儿童初步感受美和表现美的情趣和能力。(《幼儿园工作规程》第一章)

萌萌和晨晨是一对小姐妹,在上幼儿园之前,她们是农村的两个土娃娃,由于父母也没有上过学,所以入园之前,她们知识方面的教育是缺失的,每天都滚在土堆里打闹,不爱洗手、洗脸,没有良好的生活卫生习惯。自从上了幼儿园之后,萌萌和晨晨大变样,由土娃娃变成了洋娃娃,每天回家的第一件事就是给妈妈汇报在幼儿园做的事,变得爱干净了,也不爱哭闹了,并且在姐姐的"教育"下,妹妹也学习了好多儿歌和故事。妈妈很高兴,逢人便说,孩子上了学就是不一样呢,还是得送到学校去接受教育。

(二) 社区教育的目标

社区教育是经济社会发展到一定阶段的产物。社区教育简而言之就是由社区举办的教育,是一种非正规与非正式的教育形式,目的是为了最大限度地集结和利用社区的资源和优势,改善人文生活环境,提高居民人口素质。社区教育强调以国家整体发展为目标,将社区视为整体社会改革中的一部分,其最终目的在于整个国家社会利益的提高。具体到学前教育阶段,社区教育担当着更加重要的角色,首先,社区要努力营造良好的社区教育大环境,提高社区的文明建设和文明程度,大力宣传社会公德,弘扬先进事迹,同时加强社区硬件设施的建设,如图书馆、健身设施等,从各方面来为个体的学习打造一个和谐、文明、健康的生活环境。其次,社区教育要补充家庭教育和学校教育的不足和欠缺,促进个体全面和谐健康发展。学校教育的正规性和家庭教育的随意性决定了社区教育具有广大的发挥空间,有些学校教育没有涉及的或者家庭教育无法开展的,都可以借助于社区教育。拿学前阶段的教育为例,社区举办的"家庭联谊""我是小小清洁工"等活动,既可以吸引孩子们积极参与,又可以让他们感受到人与人之间、邻里之间和谐温暖的关系,培养他们养成保护环境人人有责的意识。以社区为单位开展的教育讲座、教育参观等多种形式的活动,既可以丰富家长和孩子的业余生活,又有良好的教育性和普及性。

武汉市育才小学一分校未成年人思想道德建设教育案例

该学校位于百步亭花园社区内,百步亭社区是全国文明示范社区,学校与社区合作共同发展了540余名"小小楼栋长",请他们参与社区的服务管理。带头讲文明礼仪并发动社区的小朋友参加社区公益活动,劝阻社区内随地吐痰、乱扔纸屑、乱踩乱摘、不按规定时间遛狗、不按规定地点晾晒衣物等不文明行为。"小小楼栋长"们在社区发挥了很好的作用,受到社会各方的关注和好评。在他们的影响下,同学们又成立了"红领巾管委会",组成了若干个社区实践小分队,使社区实践活动经常化、传统化。如今,"小小楼栋长"和"红领巾管委会"已成为学校的两大品牌活动,对学生具有很强的吸引力,在社区具有很大的影响力,同时也得到了上级部门的高度评价。

综上所述,学校、家庭及社区教育的目标既有区别又有联系,学校教育更加注重整体国民素质的培养,教育方式和内容更加规范,家庭教育则更显松散,主要以教会孩子基本的生存能力,提高综合素质,而社区教育更多是一种良好文化氛围和人文素养的熏陶。三者之间的联系在于家庭教育和社区教育是学校教育的延伸和补充,学校教育是配合家庭教育和社区教育的主要力量,三方合力共同促进个体健康和谐的发展。

二、家庭、学校及社区教育的内容

家庭教育的内容主要包括家庭德育、家庭智育、家庭体育、家庭美育和家庭劳动教育这五个方面。这在前面第四章也已经具体谈到,不再赘述。

(一)学校教育的内容

学校教育是与社会教育相对的概念,专指受教育者在各类学校内所接受的各种教育活动,是教育制度重要组成部分。一般来说,学校教育包括初等教育、中等教育和高等教育。学校教育在幼儿阶段的体现主要是幼儿园依据国家对学前教育发展的要求,对幼儿身心发展的规划以及幼儿自身发展的规律和特点,实施的全面的、具有启蒙性的教育。幼儿园的教育内容划分为五大领域,分别为健康、语言、社会、科学、艺术。五大领域的内容相互渗透,相互支撑,共同促进幼儿情感、态度、能力、知识、技能等方面的发展。

消防演习

在小四班的散步中,沈老师指着墙上的灭火栓问道:"墙上有什么呀?""两只小狗。"起起不假思索地回答。"它的脚怎么这么长呀?""哈哈哈……好大的脚呀。"沈教师的有意引导却将宝宝的注意力引到了灭火栓橱窗周围的装饰画上,可见对于"灭火栓"孩子因为陌生而遗忘,无人正视。"这里面有两个红红的罐子,你们知道它们是用来干什么的吗?"沈教师又具体地问。一片哑然。"那是灭火器。"沈教师自问自答到。然后又追问:"灭火器是用来干什么的,你们知道吗?"迎来的仍是孩子们茫然的眼神。"当有东西着火了,我们就可以拿灭火器来把火灭掉。"沈教师继续自问自答。忽然运杰串出了一句话:"发烧了,也可以用它来喷一喷。"运杰的话并未引起其他宝宝的疑义,似乎是一种沉默的认可。"发烧了,怎么可以用灭火器喷呢?"沈老师的话刚说完,运杰又插了话:"可以的,我在电视里看到的。""发烧了头会很烫的,喷一喷就不烫了。"佳音竟然还会为运杰解释。可见孩子们并不了解灭火栓的用途。

于是小四班就发起了全园的消防演习活动,请来了江苏省消防中队的消防员叔叔来给我们上消防课,在全园拉起了警笛,放起了烟雾,小朋友在老师的带领下,用湿毛巾捂着鼻子从消防通道进行疏散。幼儿通过这次活动知道了每年的11月9日是国际消防日,并初步了解了消防。结合日常生活,知道了一些消防常识,有了初步的自我保护意识。

来自生活并能运用于生活的教学活动更受孩子们的青睐。消防演习给孩子们上了一堂生动的安全教育课,幼儿通过实地演习、游戏模拟和平时的生活教育相结合,直观深入地了解、体验和巩固对消防的认识,增强了自我保护的能力。

(二) 社区教育的内容

从大的范围讲,社区教育的主要内容包括:改进社区内的人际关系,构建和谐互助友爱的社区氛围;培养社区成员的自治精神和自助能力;发展社区全体成员的科学文化水平和职业、技术的能力;推进居民身心健康教育,社区法治教育,社区文化生活教育,举办各种娱乐活动,提倡建立良好的生活环境和社会秩序;运用各种教育资源,为社区教育服务;通过社区教育,提高社区的凝聚力,形成良好的社区风尚等。[1] 从幼儿的角度来讲,社区教育应该努力构建良好的社区生活环境和人文环境,给孩子提供好的成长环境;加强社区文化建设,给孩子营造浓浓的文化氛围,同时注重对幼儿良好行为习惯养成的培养,从社区规范和建设的方面加强对幼儿行为规范的培养。

综上所述,家庭教育内容的重点在于培养幼儿良好的生活习惯、基本的生活自理能力以及丰富幼儿的知识储备,是从为学校教育做准备及提高儿童的综合素质方面渗透的,而学校教育的内容更加系统和全面,比如国家近几年出台的《幼儿园教育指导纲要(试行)》

---

[1] 朱家雄,孙立双. 学前儿童家庭与社区教育[M]. 北京:北京出版社,2013:156.

和《3～6岁儿童学习与发展指南》，不仅就五大领域的教育目标做出了更加规范和科学的要求，而且就每个领域具体目标的指导给出了更加具体和针对性的建议。也就是说家庭教育的内容更加灵活，也略显随意性和松散性，而学校教育严格遵从着教育法规和政策的规定来执行。社区教育的内容更多体现在社区的文化建设和人文素养的营造上，更多是一种熏陶式的教育。三者是相互渗透相互支撑的关系，缺一不可，这样才能给孩子提供一个完整、系统的教育。

第三节 家庭、学校和社区共育的原则和方法

一、家庭、学校和社区共育的原则

（一）平等合作原则

"做蔬菜色拉"主题活动实录

"做蔬菜色拉"主题学习活动正在进行着，大3班的孩子们已装扮成小厨师的模样，三五成群合作制作蔬菜色拉。我们专门请来了当厨师的于然然小朋友的爸爸，他在活动中的定位就是：适时从美观的角度帮助有困难的幼儿。

于然然的爸爸一会儿用卷刀把黄瓜卷成一圈圈，围在盘子的四周，顿时使食物增色不少；再看，他用胡萝卜雕刻成一朵牡丹花，安置在盘子的前方，这盘蔬菜色拉让人眼前一亮；接着他又用鹌鹑蛋做成一只可爱的小白兔！呵呵，孩子们都嚷着要学着做。这次活动通过观看于然然爸爸的出色才艺，培养了幼儿的观察能力和表现能力，提高了幼儿的审美观。（宋睿：家园社区合作共育的实践研究）

从案例中可以看出，在家长中有许多有才艺的人，教师应充分挖掘并利用好这些资源，更好地为我们的教育服务，这样就会起到事半功倍的效果。

1. 平等合作原则的含义

家庭、学校和社区在互相尊重、理解的基础上，本着促进幼儿素质的全面发展，让幼儿更好地适应社会需要的理念，以真诚、友好的态度及时沟通，真正发挥家园和社区共育的作用。

2. 平等合作原则的要求

（1）互相尊重，创设良好的教育氛围

在亲子活动室里，小托班的小慧正和妈妈一起做沙画，小慧做得很投入，色彩的搭配也很好。轩轩看了也来做起了沙画，他刚做了一会儿就不耐烦了，将各种颜色混在一起，他觉得很有趣，专心玩起了混色游戏。可轩轩妈妈不乐意了，说："看小慧，画得多认真啊，每一块只用一种颜色，你看你，把这么多颜色混在一起，难看死了。"轩轩不听，继续埋头玩他的混色游戏，轩轩妈妈生气了，一把夺下他的沙画勺子，轩轩大声哭了。

这时一直在旁边观察的张老师走了过来，轻轻地把勺子还给了轩轩，轩轩看看妈妈，

又继续玩起了混色游戏。老师问轩轩:"好玩吗?"轩轩点点头说:"好玩,我发现了一个秘密!"

张老师假装神秘地问:"你发现了什么秘密啊?能不能告诉我啊?"轩轩小声地贴着张老师的耳朵说:"我发现将红色的沙子和黄色的沙子混在一起,就变成了橘黄色的沙子。你看,你不要告诉别的小朋友哦!"张老师也小声地对轩轩说:我一定不说,你明天把这个秘密告诉班上的小朋友吧,他们一定会很崇拜你的,轩轩很高兴地答应了。

张老师起身对轩轩的妈妈说:你瞧,孩子是在玩中发现和学习,他并不是像你想象的那样无所事事、在破坏。现在我们的课程理念就是强调互动,重视儿童在主题探索活动中与物质材料和环境的互动,与教师、同伴的互动,强调学校与家庭和社区间的互动,鼓励儿童在主题探索活动中多种多样的对世界的表达方式,尤其是视觉语言的表达方式。轩轩妈妈也说:我今天学到了不少科学育儿知识,看来我以前的许多观念都是错误的,家长学校真好啊,可以指导我们如何正确育儿。(宋睿:家园社区合作共育的实践研究)

从案例中可以看出,通过张老师的细心观察、耐心讲解,轩轩妈妈认识到了自己的错误观念,也意识到了与教师及时沟通的重要性。因此,教师和家长只有在互相尊重、平等合作的基础上,才能实现家园、社区共育的价值。

(2) 发挥幼儿园教育的主导作用

在个性化教养中,每位家长都会形成自己的教养优势,同时,幼儿园因其专业性与服务性,会给家长提供科学的教养指导。幼儿园是专业的教育机构,教师是专职的教育工作者,因此,在家园合作中,幼儿园应该发挥主导作用。

(二) 协商互信原则

小一班的孩子上了堂"妈妈的眼睛"的美术课。随着对"眼睛"这一主题探索的深入,孩子们的兴趣越加浓厚并不断产生新的问题。如:"眼睛里面究竟有些什么?""为什么保健老师给我们检查视力时,要求我们遮一只眼睛?""为什么检查视力时,有的小朋友能把表上的东西全部看清,有的却只能看清上面几行?"……面对孩子们提出的这些问题,小一班的教师只能坦诚地告诉他们:有些问题老师也得去查查资料。细细分析归纳这些问题后,老师发现孩子们主要是对眼睛的内部构造、眼睛与视力的关系、眼睛与眼镜的关系等一系列问题存在很多的困惑。

于是老师求助于家长委员会和社区委员会,联系了卫生院的眼科医生,家长委员会的家长又把孩子们提出的问题一一告诉医生,并和医生一起商讨约定第二天来园讲课的内容。就这样,第二天眼科医生带着眼睛模型和相关图片资料来到了孩子们中间,认真详尽地讲解关于眼睛的知识,耐心细致地回答孩子们急需了解的问题。(宋睿:家园社区合作共育的实践研究)

从案例中可以看出,通过老师与家长委员会和社区委员会的及时交流,在社区委员会的热情帮助下促成了这次卫生健康课的成功开展,孩子们对于眼睛的好奇终于在眼科医生那儿得到了答案。从此,他们知道了眼睛的重大作用,再也不乱揉眼睛,而且像保护宝贝一样的爱护眼睛了。

1. 协商互信原则的含义

家长和教师在生活和工作中,针对育儿问题经常沟通、共商对策、密切配合,在充分利用社区教育资源的基础上,切实将家园共育作为幼儿园素质教育的基本立足点。

2. 协商互信原则的要求

(1) 及时交流,促进幼儿全面发展

在小一班的一次家长学校活动中,班主任刘老师讲述了这样一件很不起眼的小事:午饭后,壮壮和丝丝本来在一起玩,因为老师叫丝丝喝药,她走掉了,没有和壮壮说。壮壮茫然地站在那里,以为小朋友不和他玩了,就在一旁闷闷不乐,也不说话(因为壮壮是个性格内向、憨厚的孩子)老师问他话,他也不回答,碰到这样的孩子,你会怎样处理?

家长讨论。

家长一:我想我会走过去,摸摸他的头,轻声对他说:"我能和你一起玩吗?"如果他还是不理我,我就玩他喜欢的玩具,吸引他的注意力。

家长二:我去请一个小朋友陪他一起玩,毕竟小孩子之间有共同语言,会马上玩到一起。

家长三:如果他就会认准丝丝一个朋友呢?

家长二:也许因为他太内向,只认准一个小朋友,所以才更要让其他小朋友与他多接触,这样壮壮才会开朗起来呀!

家长三:你说得有道理。

家长四:我想也可以让壮壮去做一些他自己喜欢的事做,如看看书,等丝丝回来,他自然就会高兴起来。

家长五:对呀,有时也不能太在意他们的小情绪,适当的冷处理或许能锻炼他们自己解决问题的能力。

家长六:成人过多的干涉有时反而会让孩子产生依赖。就比如孩子摔跤了,你不用急忙把他扶起来,让孩子自己爬起来,这样他遇到类似的情况,会试着自己解决问题。(宋睿:家园社区合作共育的实践研究)

家长三:但是成人在一旁要有一定的关注,随时了解壮壮的情绪反应。

家长一:要了解壮壮心里是怎么想的,成人只有多观察,从而采取有针对性的措施,才能让他变得合群、开朗。

从案例中可以看出,在家长学校活动中,通过教师与家长、家长与家长之间的及时交流,形成了许多一致的教育孩子的好方法。教师和家长畅所欲言、积极发表自己的观点,通过大家共同讨论、分析案例,明确认识到对于不同的孩子,需要用不同的教育方法。

(2) 相互理解,充分利用社区资源

2006年12月30日,南京军区×幼儿园中四班的小朋友和家长们与市福利院开展"亲亲宝贝,同享关爱"为主题的新年联欢会。孩子们一到福利院很快就融入福利院儿童中间,首先他们代表幼儿园向福利院儿童赠送祝贺新年的蛋糕和书籍,接着又各自把自己亲手制作的贺年卡和礼物送给新朋友,家长们也纷纷送上从家里带来的衣物、食品、玩具。当福利院的老师和孩子们接过礼物时,激动得热泪盈眶,他们看到并感受到老师、孩子和家长对福利院儿童发自内心的关爱。

孩子们虽然刚刚认识却又像一对亲兄弟、亲姐妹一样,陶醉在无比的幸福之中,他们尽情地说着、玩着,以幼儿特有的纯真,表达着彼此的真情。"亲亲宝贝,同享关爱"新年联欢会开始了,在"新年好"的歌声过后,小朋友向福利院儿童致新年贺词,福利院的小朋友也热情洋溢地致欢迎词,接着两园小朋友分别表演了文艺节目,又欢快地一起跳起了集体舞,联欢会在热烈欢快地气氛中结束了。临别时,福利院和我班的孩子一起欢呼、雀跃、抱着亲,用特有的方式表达着他们的依依不舍,表达着他们的友情。

从案例中可以看出,正如陈鹤琴老先生所说:"幼儿与环境和社会相接触的机会越多,他的知识越丰富,他的能力也越充分。"的确,我们的孩子通过大社会这本活教材,学会了关爱,学会了分享,学会了与朋友交往,与家长沟通,把自己享受到的亲情父母之爱,奉献一些给福利院的儿童,他们心里感到无比的快乐,这是孩子在社会活动中才能体验到的真实情感,是在幼儿园的活动室里无法体验到的。因此,家庭、学校和社区应在相互理解的基础上,充分利用社区资源。

二、家庭、学校和社区共育的方法

(一) 建立与发展家长、社区委员会

1. 家长委员会

春天到了,中二班的家长委员会经商议后决定组织亲子游活动,几名幼儿在小山坡的水沟里捉到了几只小螃蟹,其他的幼儿也非常感兴趣,都在那儿说着新发现:螃蟹是横着爬的,有两个大螯,教师和家长发现孩子兴趣这么浓,决定设计以螃蟹为主题的教育方案。于是家长委员会又临时召开全体家长会,向家长宣传主题教育方案,请教师介绍活动设计意图和目的,家长都非常感兴趣,也积极配合开展活动。

家长和幼儿一起把捉来的螃蟹带回园内,放入幼儿园西墙角的沙滩上,又上街去买了好多种螃蟹一起放到沙滩里的水池中,并收集了好多有关螃蟹的书籍、画册等置于图书角内供幼儿阅读参考。自由活动时,孩子老爱跑去观察,有几个幼儿对着水中的螃蟹指指点点地说:螃蟹为什么一直吐泡泡?教师没有马上回答,而是把孩子们没说到的"螃蟹如何呼吸"这个问题留给孩子们。

在此后幼儿通过问父母、逛书城、请教专家等多种方法收集资料,发现了许多未知的东西,教师也与幼儿同时收集资料,做研究、写小论文(收集图片或亲自利用废旧材料制作图片,让家长给配上文字或剪贴一些小资料),让幼儿互相传阅、交流,把自己知道的信息介绍给同伴们,教师的兴趣随着孩子们探索的深入而不断提高,孩子们也因为教师的参与而更加投入,从螃蟹主题的产生到发展,教师体会到:抓住儿童抛过来的球,并以某种方式抛还给他们,不仅能使他们更加投入地探索,而且还能生成新的活动。(宋睿:家园社区合作共育的实践研究)

从案例中可以看出,家长委员会在此次活动中起了非常重要的组织与策划作用,尽管各位家长们的教育方式各不相同,但他们同时有着一颗迫切教育孩子健康成长的心。并且幼儿、教师及家长们都在此次活动中都学到了很多东西,丰富了幼儿的生活经验,锻炼了幼儿的探索及发现能力。

(1) 家长委员会的含义

家长委员会是家长与幼儿园间的桥梁和纽带,充分发挥家长委员会的职能作用,能有

效地促进幼儿园与家庭、社会的密切联系,使幼儿园的保教工作取得良好的整体效应。国家教委颁发的《幼儿园工作规程》第五十条指出:"家长委员会的主要任务是:帮助家长了解幼儿园的工作计划和要求,协助幼儿园的工作;及时反映家长对幼儿园工作的意见和建议;协助幼儿园组织交流家庭教育的经验。"

(2)家长委员会的组织形式

家长委员会由班级老师推荐和自荐组成,任期一年,到期可改选也可连任。家长委员会定期开会,每学期至少开一次,必要时可临时召集会议。

(3)家长委员会的职责

家长委员会要在积极参与幼儿园民主管理,促进幼儿园保教质量提高,提高家庭教育水平和加强家长自身建设上发挥作用。

- 定期听取班级教师对幼儿工作计划、总结、工作情况的介绍。
- 对幼儿园各项工作提出建设性意见。
- 广泛听取家长对保教工作、幼儿伙食等方面的意见,并及时与幼儿园相关部门联系,交换意见。
- 参与协助幼儿园搞好各种大型文体活动,不断丰富孩子的生活世界。
- 积极参加或召开家长会、促进家庭教育交流,推广家庭教育先进经验。

小资料:

×××幼儿园家长委员会活动记录表

活动时间		活动地点		主持人	
参加人员					
活动主题					

2. 社区委员会

2015年10月10日,北京市朝阳区清友实验幼儿园胡雪莲主任带领早教教研组的8位老师到北苑家园清友园社区广场,开展走入社区0～3岁亲子活动。

老师们根据本学期制订的活动方案准备好各种玩具、早教教具等,早早来到社区广场播放幼儿喜爱的律动音乐,吸引在广场上零散玩的幼儿和家长。老师们为家长免费发放了《儿童家长手册——实践篇》一书,为孩子们铺起地毯,摆好各种锻炼动手灵活性的玩具。

在活动过程中,教师们引导幼儿与其他小朋友一起玩玩具,和别人分享玩具,主动与人交流,提高了幼儿参与游戏的兴趣;与社区家长进行交流与沟通,共同探讨早期教育话题;针对家长们在平日育儿中遇到的疑难问题给予了专业的解答,得到了家长们一致好评。

从案例中可以看出,社区是婴幼儿成长的重要环境,蕴含着丰富的教育资源,是婴幼儿接触现代生活的源泉,不但可以扩展教育空间,更能引发婴幼儿参与的积极性和学习愿望。

(1) 社区委员会的含义

社区委员会是由社区内街道居委会、企事业单位,以及社区内各种与幼儿教育有密切联系的职能部门和经济实体参与构成的组织。

(2) 社区委员会的作用

成立社区委员会,健全社区教育机构,构建一个能统筹、协调社区内各种教育因素的组织机构,并充分发挥其参教、议教、资教、助教的作用,使得幼儿园教育与社区教育紧密联系,有计划、有步骤地进行,这十分有利于社区幼儿教育的开展。社区委员会成立的目的在于架起幼儿园与社区之间的桥梁,加强教师和家长、社区之间的伙伴关系。社区委员会举办的活动多种多样,如负责家长教育,出版幼儿园教育、家长教育材料,协助家园合作的研究和实践工作,参与教育决策和监督,组织大型联欢活动,组织义演、义卖、捐献活动等。

(二) 创建家长学校,搭建家校合作平台

父母课堂对话实录。

教师:有一个小朋友叫倩倩,她可聪明了,就是脾气有点怪,只要她心情好,叫她干啥就干啥,学知识也快,可是要是谁无意中惹她不高兴了,不管你怎样,谁叫也不理,自己在那别扭很长时间。各位家长认为,对于这种幼儿,该如何引导她向积极健康的方向发展?

家长一:这个孩子与我们家的天天有点像,平时我若多说些好听的话哄她开心,她就比较乖。

家长二:我家的浩浩呀,有时我都没在意,他就躲在房间生闷气去了,不过还好,一段时间后,他自己会出来的。事后,他倒能把自己不开心的事说一说,然后我就和他分析到底该不该生气呢,他也能接受一些建议。

家长三:我家也是这样,经常看到孩子莫名其妙地生气,一次他正在画画,我不小心碰了他一下,他居然拿蜡笔扔我,我批评他,他就大哭,把我气得要死。

教师:心情好的时候先不说,如果孩子在闹别扭了,到底该睬她还是不睬她?

家长四:我觉得要因人而异,因事而异,自己的孩子自己了解,我的孩子比较爽快,只要我一说好话,他立刻就能恢复过来,不过有的孩子就只能冷处理了。

家长一:是呀,等孩子平静下来,家长再进行点拨,效果会好一些。不过有时碰上家长脾气不好的,不由分说就以暴力解决,这就万万不该了。

家长二:孩子的心,天上的云,只要摸准了,还是能找到一些解决的方法的!(宋睿:家园社区合作共育的实践研究)

掌握科学的育儿方法是每个家长必须学习的,从案例中可以看出,开设"父母课堂"给教师与家长的互动交流开创了一个平台,帮助家长创设一个温馨和谐的家庭环境,更加了解自己的孩子,让幼儿与家长在学习中共同成长。

1. 家长学校的含义

家长学校是在党组织领导下普及家庭教育知识、指导家长改进家教方法、提高家教能力的学校,是我园办学的重要组成部分。

2. 家长学校的任务

家长学校的基本任务是提高家长素质,协同幼儿园、社会培养聪慧乐群、活泼健康的高素质幼儿。

(三)充分利用家长资源,促进家校一体化

飞行员爸爸

大一班请来耿乐的爸爸——一名飞行员来当老师。当耿乐的爸爸穿着飞行员制服,带着飞机模型走进班级时,喧闹的班级一下子就安静下来。耿乐的爸爸用形象化的语言向孩子们介绍了飞机的结构和简单的飞行原理,孩子们听得津津有味,许多孩子还好奇地问东问西,追根究底。耿乐不仅充当了爸爸的小助手,回答小朋友提出的问题,还主动把自己在飞机场看到的和自己了解的有关飞机的知识告诉大家。

通过这次活动,许多小朋友尤其是男孩子,对飞机!对科学产生了浓厚的兴趣,他们回家和父母一起查阅飞机的资料,去飞机场参观,很多孩子都树立了长大当飞行员、当科学家的理想。其中变化最大的要数耿乐小朋友了,他平时上课不认真,喜欢说话,不愿意举手发言,在班上的人缘也不好,可自从爸爸来当了老师后,他就像换了一个人似的,不仅上课认真听,积极举手发言,还主动和大家玩,好朋友也多了。他爸爸也反映在家无论是自控能力还是自我服务的意识都有所增强,变成一个有责任感的小小男子汉了。(宋睿:家园社区合作共育的实践研究)

从案例中可以看出,飞行员爸爸的到来开阔了大一班全体幼儿的眼界,认识了飞机的结构和简单的飞行原理。同时爸爸也帮助耿乐树立了信心,真是一举两得啊!

充分利用家长——这一教育资源,可以丰富幼儿园的教育活动,加强家园联系。幼儿园的家长来自各行各业,从事不同工作,有医生、科学家、作家、厨师、律师、警察、主持人等,他们具有各种专业知识技能和特长,是幼儿园宝贵的教育资源。请他们来当老师,给孩子讲解或进行表演,会使幼儿感到新鲜,增强学习兴趣,丰富知识和感受。除了请家长当老师讲课外,还可以组织幼儿参观家长工作单位、工厂、邮电局、银行、大学等,请内行的家长作适当介绍,使孩子获得初步的社会知识,这样做可以丰富幼儿园教育活动内容。

✦ 能力训练

活动一:以小组为单位组织参观走访社区,调查社区举办的和幼儿园或者家庭联系的活动并记录下来。

社 区	活动类型	活动名称	活动成果	备 注

活动二：收集自己成长过程的教育案例，分析总结家庭、学校、社区教育一致性的重要性。

我记得小时候

我发现

小组总结

分享：

(1) 什么因素阻碍了教育一致性的达成？

(2) 教育的不一致性对个人的消极影响有哪些？

(3) 家庭、社区、幼儿园如何合力达成教育的一致性？

活动三：为了增强学习的趣味性，增加学习方式的多样性，也为了让学生更加深刻的理解家庭、学校和社区对教育的影响，组织了以下辩论赛活动。

一个人是否成功受到诸多因素的影响，古有"头悬梁，锥刺股"，也有凿壁借光，克服万难，依靠自己的努力和坚持成功的；也有孟母为了子女的成长几次搬家，只为了给孩子提供一个良好的生活环境，进而促使子女成才的。你认为成功是依靠自身的努力还是家庭、学校、社会的支持？两组同学各选择一个观点进行辩论。

甲方观点：成功在于自身的努力

乙方观点：成功在于学校、家庭、社会支持

思考与练习

1. 社区教育有哪些特点？
2. 家庭、学校、社区共育的意义是什么？
3. 社区育人的目标与家庭和学校有什么区别？
4. 家庭、学校和社区共育的原则分别是什么？
5. 实施家、校、园共育的策略和方法有哪些？

第十章
亲子沟通训练

下面是发生在一个家庭中一天之内的几段对话,用心去体会。

情境1
孩子:妈妈,我累了。
妈妈:你刚刚睡过觉,不可能累。
孩子:(更大声地)但我累了。
妈妈:你不是累,你只是还有点儿没睡醒。起来穿衣服吧。
孩子:(大号起来)不要,我累了。

情境2
孩子:妈妈,我好热。
妈妈:天冷,别把毛衣脱下来。
孩子:我要脱。我热!
妈妈:我跟你说了,别把毛衣脱下来!
孩子:我要脱。我热!

情境3
孩子:这个节目真没劲。
妈妈:别瞎说,这个节目挺有意思。
孩子:这个节目蠢透了。
妈妈:这个节目很有教育意义。
孩子:这个节目好恶心。
妈妈:不许这样讲话!
……

良好的亲子关系是父母教育子女的基础,若没有这个基础,一切管教策略和方法形同空谈。而建立良好的亲子关系,首先要开启和增进亲子沟通的管道。案例中类似的情境在很多家庭中常有发生,亲子之间的谈话最后都变质为争吵。我相信天下所有的父母都爱他们的孩子,只是他们不懂得沟通的技巧,接下来就让我们一起来探讨如何更好地进行亲子沟通。

第一节 传统的沟通模式

孩子从出生起就是一个独立的个体,有着自己独立的意愿和个性。即使婴幼儿年龄小,表达能力不强,内心的想法无法清晰地表达出来,但他们内心要求实现自己独立的意愿却非常强烈,希望能得到他人的理解和帮助。此时父母只有通过沟通才能了解孩子的真实意图,只有沟通才能对孩子的行为加以正确的引导。

一、了解父母习惯化的沟通方式

沟通最重要的方式就是父母与孩子之间的谈话,我们只需要观察父母与孩子之间的谈话方式,尤其是父母回应孩子的方式,就能对他们的亲子关系有更多的了解。接下来让我们做一个练习,当我们的孩子带着自己的情绪和问题来找我们时,我们通常使用哪种回应方式。

假使有一天,你13岁的孩子在晚餐桌上宣布:

"学校太没意思了,你能学到的只是一堆无关紧要的事实,一点用处也没有。我决定不上学了。我想成为一个重要人物,根本不需要接受学校教育。要想取得成功还有很多其他的方法。"

现在,你会怎样回答这一信息,把它一字不差的写下来。写下你的口头沟通语言——你用来回答孩子的话。

写完之后,再来设想另一种情况。你8岁的女儿对你说:

"娜娜过去很喜欢和我一起玩,但现在却变了,她再也不来找我玩了。如果我去找她,她总是和圆圆一起玩,她们两个一起玩得很开心,而我只能站在一旁。我恨她们两个!"

再一次写下你用来回应孩子的话语。

现在,假设你11岁的孩子对你说:

"为什么我必须打扫房间和丢垃圾?雷雷的妈妈从来不让他做这些事!你这样做不公平!孩子不应该做那么多家务。没有人像我一样必须做这些愚蠢的事情。"

写下你的回答。

下面这种情况。晚饭后,爸爸妈妈正在陪两位客人专注的谈话,他们已经很久没见过面了,谈得很开心。5岁的儿子由于无法获得爸爸妈妈和家里客人的关注,而变得越来越沮丧。突然,你们的儿子指着客人大声地喊道:

"我讨厌你们,我不欢迎你们来我们家,你们走!"

再次写下你会如何回答这个口头信息。

通过上面的练习,我们可以把父母对于这些信息的不同回应方式进行分类。父母的口头回应方式大致可以分为7个类型。下面我们来探讨这些类型。大家拿出刚才练习的答案,试着把他归入最为接近的一种类型。

（一）指挥官的角色

这种类型的父母认为自己是一家之主,当面对孩子负向情绪困扰时,往往采用命令、指挥、控制的方式来消除孩子的负向情绪。父母这种命令的语气,虽然心存好意要帮助孩子解决困扰,或解决自己的困扰,但命令的语气往往对孩子的心灵造成威胁,而扼杀了孩子表达的勇气。

- "别再抱怨了!该干吗干吗去!"
- "现在你马上回到那儿去,跟娜娜和圆圆一起玩儿!"
- "我不管其他家长怎么做,你必须打扫房间!"
- "不许那样和别人讲话!"

（二）说教者的角色

这种类型的父母面对孩子的困扰往往采取说教的方式,告诉孩子什么是应该的,什么是不应该的,无形中表现出一副道德家的脸色。这种类型的父母总是喜欢唠唠叨叨地讲一大串道理,让孩子感到不胜其烦。

- "你如此垂头丧气是不对的,应该振作点。"
- "你应该这样……"
- "做家务可以起到锻炼的作用,我们那个时候……"
- "你在任何时候都应该尊重大人,你应该为你的行为道歉。"

（三）万能者的角色

这种类型的父母会表现出一副无所不知,无所不晓的态度,很喜欢替别人解决问题。常常给孩子提供一些建议或"忠告",为孩子提供答案或解决方案,告诉孩子怎样解决问题。这种类型父母的做法,不仅剥夺了孩子自主解决问题的机会,破坏了孩子对于问题的感觉,而且久而久之还会使孩子养成依赖心理。

- "你完全可以请朋友来这里玩呀!"
- "我建议你和老师谈谈这件事情。"
- "用用你的大脑,花时间好好想想,就会有答案的。"
- "看吧,和我告诉你的结果一样吧!"

（四）法官的角色

当父母表现出仲裁是非的法官角色的时候,通常会评价孩子的行为,会对孩子的情绪做出一个评判。这种类型的父母一般都表现出高高在上的领导的样子,一般都是证明自己是对的,而子女是错的。这样不仅会对孩子的信心造成很大的打击,而且亲子之间的关系也比较疏远。

- "来吧,自己说说最近表现得如何?"
- "学习不好要从自己身上找原因。"
- "在这件事情上,你大错特错了。"

- "那样是很不成熟的做法。"

(五) 批评者的角色

批评型的父母和说教者、万能者、法官的父母目的大致相同,都是证明自己才是对的、正确的,孩子是不正确的、错误的。只不过采用的手段不同而已。批评型父母通常会利用嘲笑、讽刺、责备、贴标签的方式来对孩子做出一个负面的评价或判断。这种回应方式给孩子的自尊带来莫大的伤害,不仅造成了亲子之间很大的代沟和隔阂,还给孩子心理成长带来了阴影。

- "你真的笨的可以,谁教你都会疯掉。"
- "你的行为真是幼稚的可以。"
- "你都多大了,还犯这种错误?"
- "长大了,翅膀硬了,管不了你了!"

(六) 安慰者的角色

当父母视自己是孩子安慰的来源时,通常并不真正参与孩子困扰问题的处理,而只是通过安慰、安抚、表达同情等方式,尽力使孩子好受一些。比如,通过谈话让他摆脱不良情绪,给孩子一杯热腾腾的鸡汤以解除孩子的困扰,轻拍孩子肩膀,给孩子以力量……从而达到安慰的目的。

- "所有的孩子偶尔都会经历这样的事。"
- "别担心,事情会解决。"
- "我也有过那样的想法。"
- "你那么优秀,一定会成为一个好学生的。"

(七) 分析者的角色

这种类型的父母善于通过分析、询问、调查等途径试图找出问题的根源所在。在这个过程中,父母会反复指出问题的来源是孩子自己造成的,从而无形中增加了孩子的压力。

- "你是从什么时候开始这样想的?"
- "我想你是太在意他人的看法了。"
- "问题在于你自己放弃了努力,让她超越了你。"
- "那些孩子有没有告诉你,为什么不和你一起玩?"

如果你的每条回答都能归入其中的一种类别,那么你是一个非常典型的父母。如果你的一个或几个回答无法归入上面的 7 个类型,那么我们会在第二节介绍另外一种回应类型。但是调查发现,大部分的父母的答案可以归入这 7 种类型,所以,我们又把这 7 种沟通类型称为传统沟通模式。

二、传统沟通模式的障碍

在上面的沟通模式中,父母企图灌输孩子正确的观念,培养孩子良好的习惯。在这个过程中,父母不知不觉地给孩子传递着令人沮丧、受挫、拒绝的信息。举例来说,当你对一个抱怨朋友不喜欢她或不再跟她一起玩的孩子说"我建议你试着对你的朋友好点,那样一来,她或许就愿意跟你玩了",这句话传递给孩子的意思远远超过了你建议的"内容"。孩子可能会听到下面一些隐藏的信息。

- "你不接受我的感受,因为你希望我做出改变。"
- "你不相信我能自己解决问题。"
- "你认为是我的错。"

这些隐藏的信息都是拒绝的信息,他们不能为父母与孩子建立开放式、鼓励性的正向沟通,反而扼杀了孩子表达的勇气,剥夺了孩子对做决定的学习,以及对自己事情负责任的锻炼机会。

父母与孩子的每一次谈话,都进一步定义了他们之间建立的关系。每一条信息都向孩子传达了父母对于她的看法。孩子会逐渐在脑海中形成一幅你如何看待他这个人的图画。因此,沟通对于孩子和亲子关系可以是建设性的,也可以是破坏性的。

请父母回忆一下,自己与朋友分享感受时,朋友类似于上面的谈话,自己的反应。借此我们总结了一下,传统的沟通模式对于亲子关系可能造成的破坏性影响。

- 他们使我不再开口,将我的心封闭起来。
- 他们使我采取防御和抵抗的姿态。
- 他们使我争论和反击。
- 他们使我感到缺乏能力和自卑。
- 他们使我感到憎恨和愤怒。
- 他们使我感到内疚。
- 他们使我感到面临转变的压力。
- 它们使我感到自己没有被理解。
- 他们让我感到我的情绪是不合理的。
- 他们让我感到沮丧。

社会的变迁,传统的权威式人际关系已经变为平等的民主式人际关系。以往父母对孩子使用的奖赏、训诫、威胁、说教甚至惩罚的管教方式,在现在讲求民主平等关系的社会中,已渐渐失效了。遗憾的是,大多数父母仍然未觉察到。于是,父母自以为了解孩子,但对孩子的行为、动机、情绪感受却茫然无知。前面的分析让我们意识到了传统的沟通模式对于关系的破坏,接着让我们一起探讨一种新的、具有建设性的回应方式。

第二节　怎么听,孩子才会说:接受性语言

孩子的感觉与行为之间有着直接的联系,孩子感觉好,自然会通情达理。传统的沟通模式父母通常不承认并接受孩子的感受。那么,怎样才能帮助孩子们感觉良好呢?接受性语言能使孩子敞开心扉。它可以使孩子自由地分享他们的情感和问题。

接受就像肥沃的土壤,能够让小小的种子开出它所能开出的可爱的花朵。土壤的作

用仅仅在于使种子成为花朵。他释放了种子成长的能力,但这种能力是完全存在于种子之中的。与种子一样,一个孩子在其生命体内也蕴含着成长的能力。接受性的土壤——他能使孩子实现他的潜力。

一、父母表达接受的类型

(一)用非语言方式表达接受

沟通信息的传递方式有语言的和非语言的两种。非语言信息是通过手势、姿态、面部表情等行为来传达。如果你用手掌对着孩子想远离你的方向挥手,孩子会把这个手势理解为"走开""别烦我"或"现在我不希望被打扰"。如果你把手掌转过来,朝着你自己的方向挥动,孩子可能会把这个手势理解为"过来""离近点儿"或"我想让你到我这来"。第一个手势传达的是不接受的信息,第二个手势传达的就是接受的信息。

(二)用不干涉表达接受

父母可以通过不干涉孩子的活动来向他显示自己的接受。当一个孩子致力于某项活动时,放手不管是一种表达接受的有效的非语言方式。很多父母都没有意识到,他们经常通过干涉、打扰、检查和介入等方式向他们的孩子传达了不接受的信息。父母往往不会对孩子放手不管,他们会侵犯孩子房间的隐私,或介入他们的个人空间,拒绝给他们独自一人的自由。这通常是由于父母的恐惧和担忧以及他们自己的不安全感使然。因此,当孩子正在从事某项活动时,袖手旁观是一种能够明确传达父母对孩子接受感的行为。

(三)用被动倾听来表达接受

什么也不说也可以明确的传达接受信息。沉默——被动倾听——是一种有效的非语言信息,可以用来传达接受感。下面的这段家长与刚从学校放学回家的女儿的一段对话可以说明这一点。

孩子:今天我被叫到了副校长办公室。

家长:哦?

孩子:没错,老师说我上课太多话了。

家长:我明白了。

孩子:我受不了那个老家伙。他端坐在那儿,滔滔不绝地谈论他的种种麻烦或是他的孙子孙女,还指望我们感兴趣。你都不知道那有多无聊。

家长:嗯哼。

孩子:坐在那样的课堂上,你不可能什么也不做!你会疯掉的。在他讲话时,我和同桌在那开玩笑。哦,他真是你能想象出的最糟糕的老师。有这样一个差劲的老师真让我生气。

家长:(沉默)

孩子:我猜我最好习惯习惯,因为我不可能一直遇到好老师。如果我因为遇不到好老师而一蹶不振,我想我伤害的首先是自己……

在这幕短剧中,明确的显示出了沉默的价值。父母的沉默,促成了孩子"成长的时刻",这个小小的"微量的成长",是生命体发生自我引导转变的过程。如果在这个对话中插入下面的表示不接受的回应会怎样呢?

"什么?你被叫到了副校长办公室!哦,天哪!"

"嗯,这回该给你个教训了!"

"亲爱的,你必须学会一些自我控制。"

"你最好学着适应各种老师。"

这些信息,不仅向孩子传达了不接受感,而且还会阻碍进一步的沟通。因此,什么也不说与什么也不做一样,都可以传达接受。而接受感可以促进建设性的成长与转变。

(四)以语言方式表示接受

在人际互动中,一个人无法长时间地保持沉默。人们需要语言交流。前面谈到的传统的沟通类型都属于语言交流,但那些交流都不是接受性的。那我们能用什么样的话来回应孩子,孩子才能感受到被接受呢?

1. 继续谈话的邀请

对于孩子的情感信息或问题信息,最有效、最有建设性的回应方式之一就是使用"继续谈话的邀请"。在这种回应中,不包含任何自己的想法、判断或情绪,却邀请孩子分享他自己的想法、判断或情感。其中最简单的可以是类似下面的回答。

"是吗?"

"我明白了。"

"怎么样?"

"你这样做了,哈。"

"真的吗?有趣。"

"哦。"

"嗯哼"

还可以用更加明确的回答来传递邀请对方继续开口的信息。例如:

"给我讲讲。"

"我想听听。"

"告诉我更多的情况。"

"我很想知道你的看法。"

"你想谈谈这件事情吗?"

"继续,我听着呢。"

"听起来你似乎还有什么要说的。"

这些谈话邀请能够很好地帮助对方与你沟通。它们鼓励人们开口说话或继续交谈。它们还能"把球留在他的场地"。这些继续谈话的邀请也传达了对孩子的接受以及对孩子的尊重,孩子会感受到鼓励,从而敞开心扉,倾诉它们的情绪和想法。孩子在这样的谈话中可能接收到了这样的隐信息。

• 你有权利表达自己的情绪。

- 我尊重你以及你的想法和情绪。
- 我真的想听听你的观点。
- 我对你的事情很感兴趣。
- 我想更多地了解你的事情。

2. 积极倾听

积极倾听远比被动倾听更有效,他是使信息"传递者"与"接受者"建立联系的一种非常有效的方法。在这个过程中,接受者和倾听者同样积极。那么如何做到积极倾听呢?

(1) 学习"停、看、听"

当孩子对某事感到不安或遇到一个问题时,孩子的生命体就处于一种不平衡的状态。为了使生命体恢复到平衡状态,孩子决定开口说话。因为他们和成人一样需要别人的接纳,渴望有人能了解。为了更好地了解孩子的问题和情绪,建立起良好的问题解决基础,父母首先就应该做到"停、看、听"三个字。

停:父母要暂时停止进行中的工作,注视孩子,提供孩子表达感受的时间和空间。

看:仔细观察孩子沟通时的非语言的行为表现。包括面部表情、肢体动作,等等。

听:倾听孩子说些什么,注意孩子说话时的语调和语速。

(2) 反映的方式

当父母倾听孩子所表达的问题后,应该对孩子有所"回馈",让他觉得"我被了解了"。但父母不可能完全明白孩子的意思,因此可以用反映孩子感受的方式,看看自己是否完全了解孩子的意思。

安丽在学校参加足球赛甄选,但是失败了,回家后安丽和妈妈的对话。

安丽:"我没有入选足球队,有太多的同学条件比我优秀。"

妈妈:"你似乎因为没有被选入足球队而感到失望和难过。"

这就是一种反映孩子内心感受的回应方式,父母就像一面镜子,将孩子感受反映出来,帮助孩子看清楚自己,了解自己。在反映时,父母需要整理孩子的叙述,借助对非语言信息的了解,找出孩子隐藏的感受,然后真实地呈现孩子想要表达的一切。

此外,父母还可以通过反映孩子内心真实想法的方式,找出孩子隐藏的想法,并且真实地把它表达出来。

一个孩子饿了,他和爸爸发生了下面的对话。

孩子:"爸爸,晚饭什么时候准备好?"

爸爸:"哦,你饿了?"

孩子:"我真的饿了。"

爸爸:"马上就好。"

这就是反映孩子内心真实想法的表达,父母通过这样的方式看看自己是否完全了解了孩子的意思。但是如果爸爸把孩子的表达理解为孩子着急吃饭,以便能在睡觉之前出去玩,那么矛盾就产生了。因此,有的时候我们并不能完全看透孩子的想法或感受,所以在信息传递的过程中需要进行求证,那么上面的例子就会变成:

孩子:"爸爸,晚饭什么时候准备好?"

爸爸:"你想在睡觉之前出去玩?"

孩子:"不,我不是那个意思,爸爸,我是真的饿了。"

爸爸:"哦,我明白了。你很饿。饭马上就好,我尽快。"

也就是说,父母在进行反映时候,即可以通过反映孩子内心感受的方式进行反馈,也可以通过反映孩子话中隐含意思的方式进行反馈。但进行反馈之前,父母首先可以尝试回答三个问题:一是孩子在讲话过程中流露出了怎样的情绪?二是造成孩子这样情绪反应的原因是什么?三是孩子的讲话隐含了怎样的意思?然后再组织语言,由于反映的不一定是孩子真实的情绪或想法,所以在语言组织上,父母可以运用一些不确定的词,比如:听起来、也许、大概、可能、好像,等等。下面是关于"积极倾听"的例子。

(1) 孩子:哦,今年我遇到了一个愚蠢的老师,我真的受不了他。

家长:听起来你好像对你的老师感到很失望。

孩子:没错。

(2) 孩子:爸爸,当你还是个男孩的时候,你喜欢什么样的女孩?是什么让你真正喜欢一个女孩的?

爸爸:听起来你想知道怎样才能让男孩子喜欢你,是吗?

孩子:是的,不知道为什么他们似乎不喜欢我,我想知道原因。

在上述的例子中,父母准确地解读了孩子的情绪和问题,孩子也表达了父母的理解是正确的,从而奠定了沟通的基础。

在"积极倾听"的过程中,信息接收者试图了解信息传送者的情绪或信息的含义。然后把自己的理解转化为他的语言,反馈给传送者进行求证。接收者并没有发出自己的信息,例如批评、意见、分析或质疑。他只是把他对传送者的信息含义的理解反馈了回去,不多也不少。

在表达接受的四种类型里面,"积极倾听"是表达接受的最高、最有效方式。

二、积极倾听的重要性

也许有些父母认为,运用"积极倾听"的技巧和子女进行沟通,太不自然了,太麻烦了,觉得自己像一个傻瓜,也没有必要。实则很有必要。

第一,"积极倾听"能帮助孩子减少对负面情绪的恐惧。很多人认为负面的情绪可以通过压制、忘记、转移注意力等方式来消除。而实际上,当人们受到鼓励,坦诚的说出自己的困扰时,这种情绪才能得到有效的释放。"积极倾听"正是促成这种精神宣泄的办法。当一位家长通过"积极倾听"表现出他接受孩子的情绪时,也可以帮助孩子接受这些情绪。孩子能够从父母的反应中得知,情绪是特定情境下的反映,它并不可怕。

第二,"积极倾听"可以有效地促进良好亲子关系的建立。被另一个人倾听和理解,这种经历会带给人极大的满足感,并使信息的传送者对倾听者产生温情。倾听者也会被激起类似的情绪——他开始对传送者产生更加温暖和亲密的感情。"积极倾听"技术使父母能够站在孩子的角度,理解他们看世界的方式,从而对孩子产生亲密、关怀和爱的感情。作为回报,孩子也会对父母抱以同样的感情。

第三,"积极倾听"能够帮助孩子自己解决问题。"积极倾听"不是给孩子提供现成的问题解决方案,而是通过鼓励孩子把问题说出来,理清思路,使孩子自己找到问题的答案。我们知道,当人们可以把问题说出来时,会比仅仅在心中思考想得更加透彻,而"积极倾听"在鼓励谈话方面效果显著,因此能起到帮助孩子自己解决问题的作用。

第四,"积极倾听"会使孩子更加愿意倾听父母的想法和观点。当某个人愿意倾听你的观点时,你才会更容易倾听他的观点,这是一种普遍的情况。如果父母首先倾听孩子的话,孩子就更容易敞开心扉,接受父母的信息。当父母抱怨他们的孩子不听他们的话时,很有可能这些父母在倾听孩子说话时也做得不好。

第五,"积极倾听""把球留在了孩子的场地"。当父母用"积极倾听"回应孩子的问题时,他们会看到孩子常常开始自己思考。孩子开始自己对问题进行分析,并最终找到某些建设性的方案。"积极倾听"传达的是信任感,相信孩子自己能够解决问题。建议、推论、指示等信息由于剥夺了孩子解决问题的责任感,因此传达了不信任的信息,不相信孩子自己能独立地解决问题。因此,"积极倾听"是促使孩子更加有方向感、责任感、更加独立的有效方法。看下面的例子。

孩子:马蒂尔今天不和我一起玩。不论我做什么,他都说不想做。

妈妈:嗯,你为什么不提议做他想做的事?你必须学会跟朋友相处。(建议、说教)

孩子:我不想做他希望做的事,此外,我不想跟他相处!

妈妈:嗯,去找别的人玩儿吧,如果你还继续作一个被宠坏的小孩。(提供一个解决方法,归类)

孩子:他才是被宠坏的小孩,我不是。而且没有其他人可以跟我一起玩。

妈妈:你感觉心烦只是因为你累了。明天你就会感觉好一点。(解释、安慰)

孩子:我不累,明天我也不会感觉好一点。你不明白,我有多恨他。

妈妈:不许说这样的话!如果我再听到你这样说你的朋友,你会后悔的……(命令、威胁)

孩子:(生气地走开)我恨这个地方。真希望我们能搬走。

下面用"积极倾听"技术来帮助这个孩子。

孩子:马蒂尔今天不和我一起玩。不论我做什么,他都说不想做。

妈妈:你好像对马蒂尔有点生气。(积极倾听)

孩子:是的,我再也不想跟他一起玩了。他不再是我的朋友了。

妈妈:你非常生气,以至于你觉得再也不想见到他了。(积极倾听)

孩子:没错,但是如果他不做我的朋友了,我就再也找不到其他人一起玩了。

妈妈:你讨厌自己一个人玩。(积极倾听)

孩子:是的。我猜我不得不试着和他相处。但是我还是很难不生气。

妈妈:你想跟他更好的相处,但你又觉得不生他的气很难。(积极倾听)

孩子:我过去从来都不习惯——但是那时候他总是做我想要做的事情。现在他不再让我指挥他了。

妈妈:他不能一直赞同你想做的事。(积极倾听)

孩子:不……现在他不再是个听话的小孩子了。但是他变得更加有趣了。

妈妈:你更喜欢他现在这样。(积极倾听)

孩子：是的。但是不再向他发号施令是很难的——我已经习惯了那样。或许，如果我偶尔让他按自己的想法做，我们就不会总是吵架了。你认为这样会有用吗？

妈妈：你在想如果你偶尔让步，就会有所帮助。（积极倾听）

孩子：是的……或许是这样。我会试试。（托马斯·戈登：父母效能训练手册）

三、"积极倾听"的注意事项

（一）注意"积极倾听"的适用范围——划分问题所有权

"积极倾听"是帮助另一个人解决归属于他的问题的一种非常有效的方法。所以运用"积极倾听"技术进行沟通时，首先要确定这个问题是否属于孩子的问题。事实上，和孩子有关的问题可以分为两种：一种是孩子的问题；另一种是父母的问题。孩子的问题，父母可以运用"积极倾听"技术，而父母的问题，"积极倾听"技术则无用武之地。

- 当父母赶时间时，孩子却磨磨蹭蹭。
- 孩子没按时回家吃饭却忘记打电话。
- 孩子骑车很快，妈妈担心会发生危险。

这些问题都属于父母的问题，因为是父母满足自己需要的权利受到了影响，父母生气、担心、着急，而孩子的需要并没有受到影响，所以孩子没有情绪问题。我们试一下。

孩子没按时回家吃饭却忘记打电话。运用"积极倾听"技术。

孩子：（孩子兴奋地回到家）我回来了。

妈妈：你好像很高兴。（积极倾听）

孩子：是的，今天和朋友玩得很嗨，还没玩够，天就黑了。

妈妈：你想继续和他们玩。（积极倾听）

孩子：嗯，下次我们继续……

通过上面的对话我们可以看到，"积极倾听"并不能使问题解决，对话绕到了别的方面。当孩子的行为给父母带来了一个问题时，必须使用另外的技巧。这些技巧我们将会在下一节内容里介绍。下面介绍一些属于孩子的问题，大家感受一下。

- 孩子被一个朋友拒绝。
- 孩子发现自己的家庭作业太难。
- 孩子对老师的不公平感到气愤。

这些是孩子在他们自己的生活中经历的问题，情绪产生方是孩子。孩子因为被朋友拒绝而难过，因为作业太难而发愁，因为老师不公而生气。这时，父母需要使用倾听技巧，让孩子为自己的问题负责。

因此，只有当属于孩子的问题发生的时候，我们才能运用"积极倾听"技术，这时父母向孩子传达的信息是："你似乎遇到了一个问题，需要我的帮助吗？"属于父母的问题发生时，父母要承担问题的解决权，这时父母向孩子传达的信息是："嘿，我遇到一个问题，需要你的帮助。"这个技巧我们会在后面讲到。

(二)"积极倾听"需要的态度

"积极倾听"不是一种当孩子遇到问题时,父母都可以从他们的"工具箱"中随手抽出的简单工具。这种方法的运用需要从一系列的基本态度开始。

(1)父母必须愿意花时间去倾听。如果没有时间,要实话实说。

(2)父母必须真诚地希望在当下帮助孩子解决问题。如果不想,那要等到想的时候再说。

(3)父母要真诚的接受孩子的情绪。不管这些情绪是什么,也不管这些情绪与你认为孩子"应该"产生的情绪有多么的不同。

(4)父母必须对孩子处理自己的情绪和问题的能力有足够的信任。

(5)父母要认识到孩子的情绪只是暂时的,不是永久的。所以父母无须害怕孩子情绪的表达,他们不会永远存在于孩子的心中。

(6)父母需要把孩子看成是独立于自己之外的人。孩子是一个独立的个体,有自己感知世界的方式,在孩子面临问题时,父母需要与孩子在一起,但不是介入其中。

(三)几点提醒

(1)不要怕尴尬。刚开始练习"积极倾听"时,有些父母可能会觉得麻烦或不好意思。事实上,无论什么新的技巧或事物的运用,刚开始总会令人感到奇怪。但为了良好亲子关系的建立,相信暂时的尴尬是值得的。

(2)不要强迫孩子做感受和情绪的分享。有些孩子在不高兴的时候不喜欢和别人讲话。对这样的孩子来说,有父母陪在身边就可以了。

(3)不要过度倾听。父母千万不要对孩子的一言一行事无巨细地加以回应。过度的倾听会使孩子产生退缩行为。

(4)不要期望自己十全十美。父母不要期望自己是完美的倾听者,有时不能正确的反应孩子的情绪,也是正常的。

(5)积极倾听不是对孩子所说事情的"鹦鹉学舌"般的重复,而是对孩子内心情绪或隐意的积极反馈。

四、孩子有话不说

由于传统的沟通模式是对孩子的不信任与否定,久而久之,可能会对亲子关系带来严重的影响。如果亲子之间已经发生问题,孩子有问题不愿意与父母分享,父母应该怎么办?首先,"冰冻三尺非一日之寒",所以改善不良亲子关系也非一朝一夕就可以成功的,需要花费较长的时间和努力。其次,要孩子改善原有的沟通态度,有赖于父母的自我改变来影响孩子的改变。父母要变对孩子的不信任为信任,变对孩子的否定为肯定,变命令、指责、说教等为倾听。下面提几点具体的建议。

(一)合理的非语言行为猜测

孩子的非语言行为可以显示出许多孩子内心的情绪与想法,特别是面部表情是父母最有力且方便的线索来源。当孩子面带微笑、皱眉或生气的表情时,父母可以适时地给予回应:"你好像很高兴,有什么开心事?""你似乎有些生气,怎么了?"

也许父母的这种回应并不能引起孩子的反应,也或者孩子故意说:"没有啊,我才不少瞎猜。"这时父母千万不可以生气,尊重孩子的选择,尊重孩子的回答就好。过段时间,再进行类似地尝试。因为孩子也需要确定父母是否真的发生了改变。

(二)给孩子陈述意见的机会

父母可以通过参与或了解孩子感兴趣的事情,来缓和亲子关系。父母把自己对孩子感兴趣事情的理解与困惑说给孩子听,从而给孩子提供发表意见的机会。过程中,父母要表现出对孩子谈话内容的极大兴趣,并给予"哦""是的""很好"等的回应,最终达到改善亲子关系的目的。

(三)以身作则,与孩子分享自己的情绪与想法

父母是孩子的榜样,在亲子沟通不畅的情况下,父母可以通过与孩子分享自己的故事、情绪等办法,打破沉默。比如与孩子谈谈自己的工作、朋友、运动、书籍等话题。父母的示范作用在无形中告诉孩子父母对他的信任。这种方式可以建立安全的沟通气氛,让孩子慢慢地也愿意分享。

第三节 如何说,孩子才肯听

"积极倾听"技术告诉了父母如何做一个好的听众,使属于孩子的问题得到了很好的解决。那么属于父母的问题发生的时候该怎么办呢?换句话说就是"怎样让孩子听父母的话?"这无疑是很多家庭关心的问题。

孩子有的时候会不可避免地激怒、打扰或挫败他们的父母,他们在努力满足自己需求的过程中会不顾别人的感受,不替别人着想。正如每个父母都知道的,孩子会给父母带来额外的工作:在你赶时间的时候拖你的后腿;在你很累的时候对你纠缠不休;在你想保持沉默的时候和你说话……因此,父母需要有效的方法,来应对孩子的这些打扰,以满足父母自己的需要。

一、应对孩子的无效方法

当子女的行为令父母觉得不安或愤怒时,大部分父母习惯于用"问题孩子"这个词来进行思考,从而把问题锁定在孩子身上。看下面的情况,你会做出怎样的处理。

(1)工作了一天你非常疲劳。你特别想坐下来休息一会儿。你希望用这段时间看看电视,听听新闻。但是,你5岁的儿子缠着跟你玩。他不断地拽着你的胳膊,爬到你的腿上,挡着电视。陪他玩是你现在最不想做的事情。

面对这种情况,你会怎样做?

(2) 你10岁的女儿报了一个特长班,你们商量好下课后会去接她,但是在过去的几次里,她都没有在你们约好的地方等你。

再次写下你的回答或反应:

(3) 你的孩子从学校回到家,给自己做了一个三明治,把厨房的台面弄得乱七八糟,而之前你刚刚花了1个小时才把厨房清理干净,以便开饭。

你的反应:

通过上面的练习,我们可以把父母对于这些情况的不同回应方式进行分类。

(一) 提供一个"解决方案"

这种类型的父母往往不会等待孩子做出体谅他们的行为,而是直接告诉孩子必须怎样做或者应该怎样做。父母主要通过以下几种方式给孩子提供解决方案。

1. 命令、指示、指挥

- "自己去找点东西玩。"
- "你必须在规定的地方等我。"
- "不要自己做三明治了,我可以帮你。"

2. 警告、训诫、威胁

- "赶紧停下来,不然我就生气了。"
- "下次在规定的地方还见不到你,我就再也不管你了。"
- "如果你不把这儿收拾干净,你会后悔的。"

3. 劝告、说教

- "你应该尝试自己玩了,因为你已经长大了。"
- "你应该在规定的地方等妈妈,不应该让别人着急。"
- "用过的东西要收拾好。"

4. 建议、提出意见

- "你为什么不出去玩?"
- "如果我是你,我绝不会那样做。"
- "你用完每件东西以后不能把它放回去吗?"

父母通过类似于上面的口头回应,将解决方案传达给了孩子。事情的控制权在父母手里,把孩子排除在了事情之外。这对于父母来说也许是最简单、最容易操控、最放心的做法了,但结果呢?结果往往并不理想。因为父母的这种做法可能会对孩子产生以下影响。

(1) 孩子拒绝按照父母说的做。当孩子被告知"必须""应该"怎么做时,他们往往会产生抗拒心理。

(2) 当父母给孩子提供解决方案时,同时也向孩子传达了另一个信息:"我不相信你自己可以找到更好的解决办法"或"我不相信你会主动想办法解决这个问题"。

(3) 父母送出解决方案等于告诉孩子:父母的需要比孩子的更重要,孩子必须做出父母认为应该做的事。

这样一来,孩子对父母进行抵抗或以防卫和敌意的态度进行回应也就不足为奇了。有些孩子可能不会这么过激,很温和地长大了,但在整个成长过程中一直期望每个人都能为他提供解决方案。即使长大了,在家庭中仍然缺乏责任感,不会体谅父母的需要。那么请问,是谁夺走了孩子学会承担责任的机会呢?因此"提供孩子解决方案"是一种无效的应对方法。

下面我们来假设一个情景。

有一个朋友来你家做客,碰巧把他的鞋放在了你新餐椅的坐垫上,你不想让他放,因为你担心新的椅子会被弄脏,所以你会不会对你的朋友说出下面的话。

- 马上把脚从我的椅子上放下来。
- 你永远不应该把脚放在人家的新椅子上。
- 我建议你以后不要把脚放在我的新椅子上。

在有朋友在场的情况下,这样的话听起来很荒谬,因为大多数人都会更加尊重他们的朋友。成年人希望给他们的朋友"保留面子"。同时很多人也相信:"朋友这样做不是故意的,因为他们并不知道我们这么在意,不然一定不会这样做的。"其实孩子也需要父母给予他们类似于朋友般的尊重和信任,希望能够得到父母足够的体谅和理解。

(二) 送出一个"否定的信息"

每个人都知道,当你收到一个包含责备、批评、嘲笑或羞辱的信息时,你会感到"被否定"。"否定信息"的表达可分成以下几种。

1. 批评、责备

- "你应该更懂事。"
- "你这样是非常不体谅别人的。"
- "你是我所知道的最不体谅别人的孩子。"

2. 嘲笑、羞辱

- "你简直就是一个被宠坏的小孩。"
- "我为你感到羞耻。"
- "你就是一个自私的家伙。"

3. 教导、说教

- "你要学会体谅别人。"
- "你为什么不能听话一点?"
- "如果我这样对你,你会怎么想?"

所有这些都是表达否定的信息,这样的语言是对孩子性格的排斥,对孩子个人的轻视,对孩子自尊的伤害。它们将指责的手指对准了孩子,会给孩子带来负面的影响。

(1) 当孩子被批评或被指责时,一方面孩子会很生气;另一方面又会感到内疚和懊悔。

(2) 孩子会感到不公平。他们觉得自己并没有做错,即使做错了,也不是故意的,所以不应该受到这样的待遇。

（3）孩子常常感觉自己的父母不爱自己。"他们不喜欢我，因为我做错了事，他们只喜欢懂事的孩子。"

（4）孩子常常会对这样的信息做出抵抗行为。因为放弃那个烦扰父母的行为将意味着承认父母的责备或评价是正确的。

（5）否定的信息会使孩子感到自己的不足，会伤害他们的自尊。

总之，否定的信息会对一个孩子的自我概念造成破坏性的作用。遭到负面信息轰击的孩子会觉得自己不够好，是坏孩子，不知道替别人考虑，不体谅别人等。因此，送出一个否定的信息，并不能使问题得到很好的解决，也是一种无效的解决办法。

二、"你的信息"

当我们检查前面提到的无效信息时，会惊讶地发现这些信息都以"你"字开头，或者都包含"你的信息"的字样。所有这些信息都是指向"你"的。

- 你这孩子太不懂事了。
- 你怎么这么不听话呀。
- 你真是淘气。
- 告诉你多少次了，不要把玩具到处扔！
- 你为什么不这样做。
- 你如果不停止那样，那么……
- 你就像一个长不大的孩子。

……

想象你是一个孩子，当别人这样和你讲话时，你内心是怎样的感受？"你的信息"带有"贬损"子女的意味，所采用的方式通常为"责骂"或"批评"。是对孩子的否定与不信任，因此不能取得好的效果。

三、应对孩子的有效方法——运用"我的信息"

当一个父母仅仅告诉孩子他们对一些不可接受行为的感受时，这些信息通常会成为"我的信息"。"我的信息"是"你的信息"的一种改良方式，只对子女表示自己的感受和关心，并且表达信任子女会尊重父母的内心感受。所以，本节开始的练习，父母运用"我的信息"可以表述为：

"妈妈现在很累，所以想休息一下。"

"我去接你，而你不在那儿时，我会觉得很沮丧。"

"我刚收拾完的厨房，现在被搞成这个样子，我有些生气。"

在"我的信息"中没有命令和要求子女做什么的表示，但子女将会了解到他们的责任，明白自己需要做什么。避免告诉子女解决问题的方法，就是尊重子女的智能、善良本性以及合作的期望，是对子女"尊重"的最佳形式。

（一）如何表达"我的信息"

首先，"我的信息"强调父母对子女"行为"本身的感受，而非对自己或对子女"个人"的感受。父母当表达对子女行为的感受时，必须注意的是对事不对人，这就意味着应强调行为本身，而不是人本身。其次，当父母描述对不满意或不愉快事件的感受时，用第一人称来表达。例如："我很失望""我很担心"等。最后，父母应该了解，不是行为本身使他们不快乐，而是行为的"后果"使他们觉得不舒服。

因此，"我的信息"的表达包含三部分的内容。

（1）先描述使自己觉得困扰、不安的行为。这里的行为是孩子所做的事或所说的话。

一个孩子早晨上学时说好一放学就回家，但是他回家晚了一个小时，并且没有打电话。

"我的信息"：你没有按时回家，也没有打电话说你要晚些回来……

"你的信息"：你怎么回事？不是说好按时回家的吗？，真是不考虑别人的感受。

（2）然后陈述自己对行为可能后果的感受。

上面的案例用"我的信息"：你没有按时回家，也没有打电话说你要晚些回来，我很担心（表达感受）……

"你的信息"：你气死我了！（我生气是因为你的原因）

（3）陈述后果，使父母困扰的行为对他们造成的实际而具体的影响。

上面的案例用"我的信息"：你没有按时回家，也没有打电话说你要晚些回来，我很担心，因为我怕你发生意外（陈述后果）。

当父母送出一个完整的由三部分组成的"我的信息"时，就为孩子提供了完整的情况——不仅说明他的所作所为给父母带来了什么问题，而且还说明了父母对此的感受，并且同样重要的是，说明了这种行为为什么将会或已经给父母带来了困扰。

父母可以考虑把自己置于孩子的位置。孩子正在做的事情是为了让孩子自己的一些需要得到满足，现在，仅仅由于他人（父母）对她说"你做的事让我很烦"，孩子会有动力改变自己的行为吗？或许没有，因为孩子必须听到一个很好的理由，才会改变。这就是为什么父母需要非常坦率地说出孩子的行为对他们产生的实际而具体的影响。如果没有向孩子说出这种影响，孩子就没有很好的理由去改变自己。

（二）"我的信息"的练习

情景一：妈妈带孩子去买衣服，孩子不愿意试穿。

当你不想试穿这些新衣服时（不可接受行为），我不敢买他们（感受），因为如果他们不合适，我就不得不再跑到商场去换（陈述后果）。

情景二：小华是全家最后一个出门的，却忘记了将门锁上。

当发现大门没有锁时（不可接受行为），我非常担心（感受），因为小偷可能会进来搬家（陈述后果）。

情境三：妈妈多次告诉孩子，不要把外套丢在沙发上。

当我看到外套丢在沙发上时（不可接受行为），我觉得很不舒服（感受），因为我很想保持客厅的整洁(陈述后果)。

这种沟通模式并非一成不变的,前后顺序是可以因情况而加以调整的。比如,情景二的例子,父母可以说:"我非常担心,因为大门没锁会遭小偷",这仍是一种"我的信息"的沟通方式。另外在"我的信息"的沟通方式中,不要强调负面的信息,负面信息传达出的字眼是"责骂""不满意"的否定信息。看下面的对话。

父亲:我非常强烈地感到你对你的家务一直玩忽职守。

孩子:什么家务?

父亲:嗯,就是修整草坪。每次看到你游手好闲我都会觉得心里不舒服。就像上星期六。我对你很生气,因为你没给后院草坪除草就偷偷地溜出去玩了。我觉得你这样是很不负责任的,我因此感到不安。

在这个对话中,我们确实听到了不少"我觉得",但是让孩子听到更多的是什么?父亲在几句话里,清晰地告诉孩子"他游手好闲、他不负责任、他偷偷摸摸"。这是一种经过伪装的"你的信息",虽然父亲很巧妙地把"我觉得"置于指责性信息的开头。

此外,有时孩子的行为会引起父母的复杂感受,这时候父母应该表达自己的第一感受。

妈妈和女儿有一个约定:孩子晚上外出最晚不可以超过11点。这一天,孩子12点才回家。妈妈在这1个小时里睡不着觉,而且很担心,后来变得很生气。

妈妈:(在孩子进门的那一刻)我对你很生气。

孩子:我知道我回家晚了。

妈妈:你让我睡不着觉,真的令我很生气。

孩子:你为什么睡不着觉?我希望你去睡你的觉,不要为我担心。

妈妈:我怎么能睡着?我对你很生气,而且担心得要命,不知道你是不是发生了意外,对于你没有遵守约定我很失望。

在这个对话中,妈妈送出了很多负面的信息,在孩子回家的那一刻,妈妈的第一感受是什么?不是生气,不是愤怒,而是放心。所以表达第一感受。

妈妈:哦,你终于安全回家了,真让我松了一口气。我很担心你遇到什么意外。

孩子:我回来晚了。(拥抱妈妈)

两种对话,哪一种让你更舒服呢?第二种对话,在妈妈真诚的表达信息之后,再去处理孩子没有遵守约定而让妈妈失望这件事情,就会顺利很多。

父母在表达情绪的时候,愤怒、生气的情绪和其他的情绪不同。"我很生气"这一信息传递的是"你让我很生气"。这其实是一条"你的信息",父母不能通过在这条信息前面加上"我觉得很生气"就把它伪装成"我的信息"。孩子接受这一信息之后,也会认为自己作为引起父母发怒的那个人而受到责备。从心理学的角度上来讲,愤怒背后一定有原因,有一个最初的情绪,是最初情绪引发了后续的愤怒,所以愤怒不是父母经历的首要情绪,父母在表达情绪时,要以第一情绪为准。

(三)"我的信息"之优

第一,"我的信息"不太容易激起抵抗和叛逆。坦诚地对一个孩子说出他的行为对父母造成的影响,这样比告诉孩子因为他采取了某种行为,所以他在某种程度上是个坏孩子的威胁性要小得多。

第二,"我的信息"能够帮助孩子学会为自己的行为承担责任。一条"我的信息"告诉孩子,你把责任留给了他,信任他能够用建设性的方法处理当前的情况,相信他会尊重你的需求,给他一个机会做出具有建设性的行为。

第三,由于"我的信息"是坦诚的,它们会促使孩子在产生某种信息时也发出同样坦诚的信息。在沟通中,一个人发出的"我的信息"会促使另一个人也发出"我的信息"。就好像在恶化的关系中,冲突常常会演变成谩骂和相互指责是一样的。

第四,"我的信息"的表达会给父母带来反思,从而促进父母的成长。很多父母在试着运用"我的信息"和孩子进行沟通时,他们常常会意识到,孩子的行为根本没有给父母带来实际的影响。一位母亲对这种现象进行了解释。

我发现"我的信息"在帮助我认识到自己对孩子多武断方面发挥了最大的价值。当我试着传达"我的信息"的全部三部分,并且到了解释这种行为对我的影响时,我会发现,"嗯,我没有很好的理由!"如果我说:"当你在屋里弄出这么大噪声时,我会受不了",当说到因为这部分时,我会问自己,我为什么会感到生气?并意识到我其实没有生气。

我总是对孩子进行很多控制。我认为这是养育孩子的一个好方法——一切尽在掌握。但是通过练习我发现,"我怎么能那样做呢?"它使我的工作量有增无减,因为我要为他们做的每一件小事操心……现在,我大多数时候都会退一步说:"那又怎么样呢?"(托马斯·戈登:父母效能训练手册)

第五,"我的信息"能够让孩子了解自己的行为对他人造成的影响。在孩子的成长过程中,很多时候他们对自己行为可能产生的影响浑然不知。一旦有人把这种影响告诉他们,他们常常就会愿意更多地为别人考虑。所以孩子在接收到我的信息时,他们常常会对父母说:

"我不知道,我这样做会给您带来这么大的困扰。"

"我不知道这样会让您不安。"

"你以前为什么不告诉我你的感受呢?"

第六,"我的信息"可以有效地向孩子传递正向情绪。通常,父母向孩子传递正向能量时,用的都是"你的信息"。

"你真是一个好孩子!"

"你干得不错!"

"你在学校有了很大的进步!"

这些信息都包含了父母对孩子的评价,容易被理解为父母通过这一评价来操纵或控制孩子的行为。用"我的信息"传递正向能量,会取得更好的效果。

"我真的很感谢你去丢垃圾,虽然这是我的工作——非常感谢!"

"谢谢你去学校接你弟弟——省得我跑一趟了。我真的很感激。"

"你让我知道你什么时候回家,这让我松了一口气,因为这样我就不会担心你了。"

四、"积极倾听"与"我的信息"

在和孩子进行沟通时,首先要确定问题的所有权,当问题归属于孩子时,我们运用"积极倾听",当问题归属于父母时,我们可以运用"我的信息"。由于技术不同,父母在这两个过程中承担的角色也不同,如表 10-1 所示。

表 10-1 "积极倾听"与"我的信息"父母角色比较

当问题归属于孩子时	当问题归属于父母时
积极倾听	我的信息
由孩子发起对话	由父母发起对话
父母是倾听者	父母是发送者
父母是建议者	父母是影响着
父母希望帮助孩子	父母希望帮助孩子
父母是一块"回声板"	父母希望发表自己的看法
父母帮助孩子寻找她自己的解决方案	父母必须寻找他自己的解决方案
父母接受孩子的解决方案	父母必须对他自己的解决方案感到满意
父母主要关注孩子的需要	父母只要管制自己的需要
父母更加被动	父母更加主动

下面对于这两种技术的运用进行举例(见表 10-2)。

表 10-2 "积极倾听"与"我的信息"的运用

情 况	谁的问题	积 极 倾 听	我 的 信 息
儿子很难过,朋友没有邀请他参加生日会。	孩子	因为你没有被朋友邀请,所以有被排斥的感觉吗?	
孩子骑车速度太快。	父母		你骑车速度这么快,我很担心,因为可能因此发生意外。
女儿计划在开学前拿掉齿裂矫正器,牙医却说还要再带上两个月。	孩子	原本希望开学前拿掉矫正器,现在又必须再等两个月,一定很失望吧?	
儿子在朋友面前耍威风,为了使朋友折服而以粗鲁的语气与父母说话。	父母		(朋友离开后)你用这种口气与我说话,我很难过,因为我希望能被尊重。

第四节 寻求问题的解决方案

当属于孩子本身的问题发生时,父母也并非袖手旁观,可以帮助孩子寻求解决的办法,但是寻求解决办法不是给予忠告,也不是帮助孩子解决问题。一般而言,忠告是强加于子女身上的警költ，因为那将使子女视其为父母控制他们的意图。而且忠告也会使子女养成依赖父母的习惯。寻求解决办法是帮助子女寻找各种可能解决问题的方法。当归属于父母的问题发生时，父母应当负责或承担起这个问题的解决权。在运用"我的信息"的沟通方式进行沟通时，如果过程不顺利，此时，父母有必要进入"协商阶段"。总的来说，寻求问题解决办法其过程包括五个步骤。

一、了解和澄清问题

首先，确定是否真的有问题需要解决，出现的问题是"暂时性的假问题"还是真正的问题。其次，运用沟通技巧展开谈话。两种沟通技巧交叉运用，以了解问题的本质。比如，属于父母的问题发生时：

（1）正如父母强烈感受到的那样，明确地告诉孩子你有什么感受，你的哪些需要没有被满足，或者什么事情正在困扰着你。

孩子不断恳求让父母带他去看电影，但是他已经好几天都没有整理他的房间了，而整理房间是他答应做的家务。

妈妈："当你没有按照约定整理你的房间时，我不太想答应你的请求。"

（2）进行大量的积极倾听，以便明确了解孩子的需求。

孩子："我不知道为什么，我总是不能很好地安排自己的时间，而忘记了需要打扫房间，哦，也许我真的不想打扫。"

（3）阐述父母之间的冲突或问题，以便你和孩子对需要解决的问题达成共识。

现在，我们的问题是，你没有按照约定打扫房间，而我不是很满意。

二、运用集思广益的方法

在这个阶段，关键是要产生各种不同的解决方案。父母可以建议说："我们来想一个可能的解决方案"，"让我们开动脑筋，想出一些可行的办法"，"我们可以做的事情有哪些"……在这个过程中，有一些关键点需要提醒一下：

（1）先试着获取孩子的解决方案，父母稍后再提供解决方案（年纪较小的孩子可能无法自己提出解决方案）。

孩子：妈妈，下次我再忘记打扫房间，你或许可以提醒我；或者我应该提前把一天必须完成的事情写下来，贴在学习桌上，这样我就不会忘记了；我也可以让自己在学习累得时候整理房间，这样就可以劳逸结合了；我想我应该注意一下，尽量保持房间的整洁……

妈妈：我想我可以先提醒你一段时间，到你养成习惯；或者你把打扫房间的时间固定下来，每天在固定的时间打扫房间。

（2）最重要的是，不要评判、评价或贬低孩子提出的任何解决方案。

（3）尽量不要用任何方式表示任何一个解决解决方案是你无法接受的。

（4）鼓励孩子提供尽可能多的解决方案，直到他们已经没有更多的建议。

三、评估备选解决方案

在这个阶段,父母和孩子可以就前面提出的解决方案进行评估。父母可以说:"好吧,哪个解决方案看起来最好?""现在让我们来看看我们想选哪个解决方案?""我们认为我们想出的这些解决方案怎么样?""是不是有哪个解决方案比其他的更好?"

通常可以通过排除那些父母或孩子无法接受的方案,从而把选择的范围缩小。在这个阶段,父母要坦诚地说出自己的感受——"我不喜欢这个解决方案""我不认为那个解决方案公平"……最后评选出让父母或孩子都满意的方案。

但如果最后仍然无法找到一个可以接受的解决方案,我们可以尝试以下办法。

（1）继续谈话。

（2）返回步骤二,找到更多的解决方案。

（3）暂停冲突解决,第二天再开始。

（4）给谈话以鼓励,例如:"让我们再努力一些。""来吧,肯定有一个办法可以解决这个问题。"

（5）试着找出是否存在一些潜在的问题或"隐藏的议程"妨碍了冲突的解决。我们可以说:"还有什么其他没有明确说出的事情在困扰我们吗?""我想知道是什么阻碍了我们找到解决方案?"

四、确定最终解决办法

当父母和孩子已经开诚布公地交流了各自的想法和感受时,一个明确的最佳的解决方案常常会在讨论中浮出水面。但在这个抉择的过程中,有些小窍门可供大家参考。

（1）用如下的问题不断测试孩子对余下的解决方案的想法:"这个解决方案现在可行吗?""你认为这个解决方案能解决我们的问题吗?""你对这个方案满意吗?"

（2）不要把一个决定看成不可改变的最终决定。你可以说:"好吧,让我们来试试这个办法,看看它是不是有效。"

（3）如果解决方案涉及的要点比较多,可以写下来,以免忘记。

好,看来我们都认为每天固定时间打扫卫生比较好,如果你忘记,妈妈会提醒你的。

五、承诺和设定评估时间

通常,在一个决定被制定后,我们需要详细说明如何执行这个决定。父母和孩子可能需要明确"谁在什么时候做什么""这个方案从什么时候开始实行,试行的时间""如果过程中有人不遵守协议怎么办",等等。举例来说,在关于孩子房间整洁度的冲突中,可能需要讨论"整洁程度"的问题;关于就寝时间的冲突中,全家人可能要讨论由谁来看表和报时的问题。最好等大家对最后的决策达成明确的一致意见之后再来讨论执行的问题。为了确保问题能够被很好地解决并顺利地执行,父母和孩子可以建立口头或书面的协议,承诺,并设定好评估的时间。

看来,我们都同意每天固定时间打扫卫生这个方案,要求每天保持房间没有垃圾、桌面整洁无灰尘的标准,对吗?如果你忘记了,妈妈就会提醒你。让我们试一试这个方法,三个星期为限,如果三个星期内不能按照这个约定进行活动,那么你将会受到打扫所有房间的惩罚,这是我们说好的对吗?好,三个星期之后,我们再来一起讨论计划实施的结果。

有时候,孩子可能不会遵守承诺,可能的原因有:

（1）他们发现自己承诺的东西太难履行。

（2）他们在自律和自我指导方面没有太多的经验。

（3）他们以前过多地依赖父母的权利来对他们进行约束和控制。

（4）他们可能忘记了履行承诺。

（5）他们可能也在试探自己是否可以违背承诺而不会被发现。

（6）他们在当初接受这个承诺时,可能仅仅因为厌倦了解决问题的过程。

父母面对孩子不遵守约定时,可以通过"我的信息"与孩子进行正面交谈。

"你没有遵守约定令我很失望。"

"你没有遵守承诺让我感到惊讶。"

"我发现你没有履行你的义务,我很不喜欢。"

……

运用前面的五个步骤来进行问题解决时,父母可能会遇到孩子最初的不信任和抗拒,这是不可避免的。他们可能拒绝坐下来谈,也可能坐在那里一言不发。应对这种不信任和抗拒心理的最好办法是,父母暂时停止解决问题,试着理解孩子的想法。"积极倾听"是很好的工具。如果孩子仍然有所保留,不愿参与,父母可以表达自己的感受,当然是以"我的信息"的方式。

有时问题的解决并不需要一定按照上面的五个阶段进行。尤其当属于孩子的问题发生时,父母通过谈话邀请或巧妙地运用"积极倾听"就会使问题得到很好的解决。

两个孩子在打架,而父母感到应当插手帮助他们解决问题,一个谈话邀请常常就会有帮助。

嘟嘟:我想要这辆卡车!把他还给我!放手!放手!

蛋蛋:我先拿到的!还给我,那是我的!

父母:我想你们在卡车的问题上发生了冲突。你们想不想到我这来谈谈这个问题?我愿意帮助你们!

孩子:哦,这不是什么大不了的事。

孩子可能不愿意父母参与解决他们的问题,所以冲突终止。但有时可能需要父母扮演一个更加积极的角色。在这种情况下,父母可以通过"积极倾听"来鼓励孩子解决问题。对话可能是这样的。

嘟嘟:我想要这辆卡车!把他还给我!放手!放手!

父母:嘟嘟,你真的很想要那辆卡车!

蛋蛋:但是我先拿到的!他跑过来把它拿走了,我想把他要回来!

父母:蛋蛋,你觉得卡车应该归你,因为你先拿到的。你对嘟嘟很生气,因为他把卡车从你那儿拿走了。我想你们之间真的发生了冲突,你们有想到什么办法解决这个问题吗?

蛋蛋:他应该把卡车还给我。

父母:嘟嘟,蛋蛋提出了一个解决方案。

嘟嘟:是的,他当然会,因为这样一来她就达到目的了。

父母:蛋蛋,嘟嘟的意思是他不喜欢这个解决方案,因为这样一来你就赢了,他就输了。

蛋蛋:嗯,我会让他玩我的小汽车,直到我玩完卡车。

父母:嘟嘟,蛋蛋提出了另一个解决方案——在他玩卡车的时候,你可以玩他的小汽车。

嘟嘟:他玩完之后,我可以玩卡车吗?

父母:蛋蛋,嘟嘟要确认你玩完卡车之后会不会给他玩。

蛋蛋:好吧,我很快就会玩完的。

父母:嘟嘟,蛋蛋说他同意了。

嘟嘟:那好吧。

父母:我想你们已经解决了这个问题。

在上面的对话中,父母运用"积极倾听",扮演了一个传送带,而不是裁判者,使问题得到很好的解决。

✦ 能力训练

练习一:反思父母的"帮助"

根据下面的情境描写,写下你的反应。

(1) 你4岁了。一天到晚你不停地听父母对你说:

"把豆角吃了,蔬菜对你有好处。"

"等一下,让我来替你把拉链拉上。"

"你累了,躺下来休息。"

"我不许你和那个男孩子玩儿,他满口脏话。"

"你真的不需要去厕所吗?"

你的反应:

(2) 你9岁了。一天到晚不停地听到父母对你说:

"不用试那件外衣,绿色不适合你。"

"把瓶子给我,让我来替你把瓶子打开。"

"我把你要穿的衣服都拿出来了。"

"你作业写完了吗?我帮你检查一下。"

你的反应:

(3) 你17岁了。你的父母对你说:

"你不必去学开车,我太担心车祸了。你要去哪儿我开车送你去好了。"

你的反应:

(4) 你是大人了。你的老板对你说：

"我要对你说件事儿，这是为你好。以后不要再提什么合理化建议，你只管把你的工作做好就行了。我不是花钱雇你来提建议的，我是雇你来干活的。"

你的反应：

(5) 你是一个新国家的公民。在一次公共集会上，一个来自富有强国的来宾对大家宣布：

"由于你们的国家尚处于婴儿期，仍有待发展，我们对你们的需要深表关注。所以，我们准备给你们派来专家，教你们如何管理农场、学校及你们的政府。"

你的反应：

总结：没有人希望自己的孩子对自己拥有那样的感受。当一个人属于依附地位时，在体会到一丝感激之情的同时，它必然会深深地感到无助、没有价值、沮丧甚至愤怒。如何帮助孩子成为一个有责任感、独立性强的人是为人父母的人们需要深思的问题。

练习二：倾听孩子的感受

下面是孩子发出的一些典型"信息"。单独阅读每条信息，试着仔细倾听孩子的情绪，并把他写下来。

(1) 哦，只有10天学校就放假了。

孩子的情绪：

(2) 看，爸爸，我用我的新工具做了一架飞机！

孩子的情绪：

(3) 我们走进幼儿园的时候，你会拉着我的手吗？

孩子的情绪：

(4) 我永远不会像他那样棒，我练了又练，但他仍然比我好。

孩子的情绪：

(5) 我的老师给我留了太多的作业，我永远都做不完。

孩子的情绪：

(6) 我自己能行，你不用帮我。我已经长大了。

孩子的情绪：

(7) 我再也不要和丽丽玩了，他很坏。

孩子的情绪：

(8) 数学太难了，我学不会，我太笨了。

孩子的情绪：

(9) 他们都不愿意和我玩，说我是一个坏孩子。

孩子的情绪：

(10) 我只是在课上和小朋友借了一张纸，老师就批评我。

孩子的情绪：

练习三：孩子是独立的个体

请父母认真品读下面的这首诗，用心去感受。

你们的孩子并不是你们的孩子。

他们是生命对自身渴求的孩子。

他们借你们而来,却不是因你们而来。

尽管他们在你身边,却不属于你们。

你们可以把你们的爱给予他们,却不能给予思想,

因为他们有自己的思想……

你们可努力仿效他们,却不可企图让他们像你。

因为生命不会倒行,也不会滞留于往昔。(《先知》)

分享:读完这首诗,你感受到了什么?孩子归属于孩子自己的思想你认同吗?你在教育孩子的过程中是否把孩子当成一个独立且独特的个体?

总结:孩子是独立的个体,不是父母的附属物。我们要平等的对待他们。

思考与练习

1. 什么是"积极倾听"技术?在什么情况下需要运用"积极倾听"技术?
2. 什么是"我的信息"?在什么情况下应用"我的信息"进行亲子沟通?
3. 传统的沟通技术为什么会对亲子关系造成影响?
4. 简述亲子沟通问题解决的五步骤。
5. 在本周内至少和孩子谈一次话。在谈话过程中要认可孩子的感受,并写下你们的谈话记录。

参考文献

[1] 李燕,吴维屏. 家庭教育学[M]. 杭州:浙江教育出版社,2009.
[2] 黄河清. 家庭教育学[M]. 上海:华东师范大学出版社,2014.
[3] 邓佐君. 家庭教育学[M]. 福州:福建教育出版社,2013.
[4] 缪建东. 家庭教育学[M]. 北京:高等教育出版社,2009.
[5] J. 罗斯·埃什尔曼. 家庭导论[M]. 潘允康,等,译. 北京:中国社会科学出版社,1991.
[6] 赵忠心. 家庭教育学——教育子女的科学与艺术[M]. 北京:人民教育出版社,2001.
[7] 吴航. 家庭教育学基础[M]. 武汉:华中师范大学出版社,2014.
[8] 彭立荣. 婚姻家庭大辞典[M]. 上海:上海社会科学院出版社,1998.
[9] 王兆先. 家庭教育辞典[M]. 南京:南京大学出版社,1992.
[10] 叶立群. 家庭教育学[M]. 福州:福建教育出版社,2013.
[11] 曾汝弟. 家庭教育学[M]. 北京:中国书籍出版社,2013.
[12] 伯克. 伯克毕生发展心理学[M]. 陈会昌,等,译. 北京:中国人民大学出版社,2013.
[13] Jerry J. Bigner. 亲子关系:家庭教育导论[M]. 郑福明,冯夏婷,译. 北京:高等教育出版社,2012.
[14] 吴奇程,袁元. 家庭教育学[M]. 广州:广东高等教育出版社,2011.
[15] 李建辉,张国超. 现代家长教育学[M]. 广州:中山大学出版社,2012.
[16] 杨宝忠. 大教育视野中的家庭教育[M]. 北京:社会科学文献出版社,2003.
[17] 李天燕. 家庭教育学[M]. 上海:复旦大学出版社,2013.
[18] 洛克. 教育漫画[M]. 杨汉麟,译. 北京:人民教育出版社,2007.
[19] 刘艳珍,刘小林. 家庭教育学[M]. 北京:科学出版社,2011.
[20] 丁连信. 学前儿童家庭教育[M]. 北京:科学出版社,2014.
[21] 蔡岳建. 家庭教育引论[M]. 合肥:时代出版传媒股份有限公司,安徽教育出版社,2010.
[22] 张贵敏,李群,李莲英. 现代家庭教育导读[M]. 济南:山东教育出版社,2009.

[23] 路书红,乔资萍. 中外家庭教育经典案例评析100篇[M]. 济南:山东人民出版社,2010.

[24] 云晓. 爸爸妈妈家庭教育心理学[M]. 北京:朝华出版社,2009.

[25] 田瑞华. 家庭教育——孩子成功第一课堂[M]. 石家庄:河北科学技术出版社,2011.

[26] 刘梅. 儿童发展心理学[M]. 北京:清华大学出版社,2010.

[27] 林崇德. 发展心理学[M]. 北京:人民教育出版社,1999.

[28] 王世军. 坚强与无奈——单亲家庭[M]. 石家庄:河北人民出版社,2002.

[29] 托尼·法尔博. 独生子女与独生子女家庭[M]. 王亚南,译. 昆明:云南教育出版社,2001.

[30] 孙立双. 学前儿童家庭与社区教育[M]. 北京:北京出版社,2014.

[31] 张丹海,汪明骏. 我国社区教育研究[M]. 北京:中国计量出版社,2010.

[32] 叶忠海,朱涛. 社区教育学[M]. 北京:高等教育出版社,2009.

[33] 宋睿. 家园社区合作共育的实践研究[D]. 南京:南京师范大学,2008.

[34] 闫灵麟. 幼儿园家园共育研究——以禅城区为例[D]. 华中师范大学,2012.

[35] 李湘云. 以幼儿园为中心的社区学前教育模式探讨[D]. 西南师范大学,2002.

[36] 托马斯·戈登. 父母效能训练手册[M]. 天津:天津社会科学院出版社,2009.

[37] 钟思嘉. 开明父母大学堂[M]. 北京:商务印书馆,2006.

[38] 阿戴尔·费伯,伊莱恩·梅兹立希. 如何说孩子才会听,怎么听孩子才会说[M]. 北京:中信出版社,2007.